Restaurant
창업 노하우

The Food Service Professionals Guide To :
Restaurant site location Finding, Negotiating &
Securing The Best for maximum profit :
365 Secrets Revealed
by Lora Arduser

The Food Service Professionals Guide To :
Buying & Selling A Restaurant Business
For maximum profit : 365 Secrets Revealed
By Lynda Andrews

The Food Service Professionals Guide To :
Restaurant Design Designing, Constructing &
Renovating A Food Service Establishment :
365 Secrets Revealed
By Sharon L. Fullen

Restaurant 창업 노하우

로라 알듀서 · 린다 앤드류스 · 샤론 풀렌 저
외식경영연구회 역

백산출판사

역자의 글

인간의 삶을 영위하는데 있어 음식만큼 중요한 것은 없으며 이는 생명의 근간을 이루고 있습니다. 우리의 삶이 고도로 첨단화되어도 인간은 음식을 섭취해야만 살아갈 수 있으므로, 음식은 예나 지금이나 시대의 변화와 상관없이 매우 중요합니다. 오늘날 경제성장과 핵가족화, 여성의 사회진출 증가 등으로 인해 현대인들의 음식문화가 급속하게 변화되어감에 따라 과거 가정 내의 문제만으로 여겨졌던 식생활이 이제는 사회 · 경제적인 쟁점으로 부상되고 있습니다. 이와 같은 사회변화로 인하여 새로운 음식 소비양식이 창출되었고, 이는 곧 외식산업(foodservice industry)이라고 하는 새로운 산업분야의 태동과 발전을 가져왔습니다.

국내 외식산업의 전체시장 규모는 50조 원을 넘어 괄목한 만한 성장을 보이며 국가경제발전에 기여하는 중요한 산업으로 자리매김하였으나, 아직까지도 다른 산업과 비교해 볼 때 여러 측면에서 미숙한 것이 사실입니다. 외식산업이 앞으로 성숙된 발전을 도모하기 위해서는 해결해야 할 많은 선결과제를 지니고 있으며, 외식산업을 둘러싼 환경의 불확실성과 국내 · 외의 빠른 변화는 우리 외식산업의 불안정한 현주소를 대변해 주고 있습니다. 국내 외식산업이 지금까지 보여준 양적인 성장에서 질적인 성숙으로의 발전을 도모하기 위해서는 급속한 환경변화에 대처할 수 있는 창조적인 패러다임의 도입이 필요하다고 생각합니다. 새로운 패러다임의 모색을 위해서는 무엇보다 이 분야의 전문가를 배출하는 것이 시급한 과제라고 생각합니다.

그간 외식분야 학계에 몸담고 대학에서 외식관련 강의를 하면서 항상 외식산업계의 독특한 산업성격과 현장적용 사례를 담은 교재의 필요성을 절감하였습니다. 그러던 중에 'The Food Service Professional'이라는 15권 단행본 책을 만나게 되었고, 이는 그동안의 학문적 갈증을 해결해 줄 수 있는 시원한 생명수로 역자들에게 다가와 바로 번역을 위한 작업에 들어갔습니다.

이 책은 레스토랑을 창업하고자 하는 사람들이 가장 우선적으로 고려해야 할 세 가지 주제, 입지선정, 업소의 매각과 매입, 레스토랑 디자인에 대해 다루고 있습니다. 1장에서는 성공적인 레스토랑의 첫 번째 요건이라고 흔히 말하는 입지의 선정과 관련된 기본적인 원칙을 다루고 있습니다. 2장에서는 복잡하게 느껴지는 레스토랑 매각·매입 과정과 임대에 관하여 레스토랑 경영자가 알아야만 하는 법적 지식과 전문가의 경험에서 나오는 유용한 정보가 제시되고 있고, 3장에서는 레스토랑의 오픈과 확장 그리고 개보수시 레스토랑 디자인 과정에서 발생할 수 있는 다양한 상황에서 올바른 결정을 내리는데 도움이 되는 내용을 전달하고 있습니다.

이 책은 외식경영에 대한 체계적인 이론을 외식산업 현장의 다양한 사례를 통해 이해하기 쉽도록 구성되었기에 외식관련 분야의 전문가뿐 아니라 외식산업 관련 전문분야 진출을 준비하는 학생들을 위한 교재로도 충분히 활용될 수 있다는 작은 바람으로 임하였습니다. 특별히 외식산업 현장에서 활용할 수 있는 전공서를 만들어보고자 뜻을 같이한 '외식경영연구모임'의 교수들이 한마음으로 작업하여 오랜 기다림 끝에 이번에 출간하게 되어 더욱 의미가 새롭습니다.

이 책이 완성되기까지 필요한 자료를 제공해 준 외식업계 관계자 분들과 본 번역서가 나올 수 있도록 원본 'The Food Service Professional' 책을 소개해주신 (주)KCC의 홍미숙 대표님께 심심한 감사를 표합니다. 이 책의 기획부터 출판까지 전 과정을 꼼꼼하게 챙겨주신 백산출판사의 진욱상 대표님과 임직원분들에게도 진심으로 감사드립니다.

2010년 10월

역자 일동

The FOOD Service Professional GUIDE TO SERIES

차 례

CONTENTS

레스토랑 입지 선정

The Food Service Professional
GUIDE TO SERIES

INTRODUCTION

누구나 이런 말을 들어보았을 것이다 : 부동산을 구할 때 가장 중요한 것 3가지는 첫째도 입지, 둘째도 입지, 셋째도 입지라고. 이 문구가 점차 진부하게 들리지만, 정말 맞는 말이다.

레스토랑을 위해 선택하는 입지는 당신의 모험을 성공적으로 만들 수도 있고 망가뜨릴 수도 있을 만큼 중요하다.

입지를 선정하는 것은 간단하게 결정할 문제도 아니지만, 그렇다고 어려운 일도 아니다. 입지를 찾고 확보한다는 것은 엄청난 시간을 투자하고 심도 깊은 조사가 필요한 과정이다. 잘못된 입지 선택은 쉽게 고칠 수 있는 문제가 아님을 기억해야 한다. 마케팅 계획이나 메뉴 레시피를 변경하는 것은 가능하지만 레스토랑 입지를 바꾸는 것은 완전히 다른 일이기 때문이다.

입지 선정 과정은 상황에 따라 조금씩은 달라질 수 있지만 신규 레스토랑을 추가해서 기존 영업을 확장하는 경우나, 아니면 처음 레스토랑을 오픈하는 경우 모두 입지 조사의 일반적인 원칙은 동일하다.

반가운 소식은, 당신은 조사 작업에 이미 한 걸음을 내디뎠다는 것이다. 이 매뉴얼은 당신이 필요로 하는 정보를 제공해줄 것이며, 최대수익을 달성하기 위한 최적의 레스토랑 입지를 찾고, 협상하고, 확보하는 과정을 안내해 줄 것이다.

The FOOD Service Professional

레스토랑 창업 노하우

1 자신과 시장을 먼저 파악하라

▣ 자신의 프로파일

외식 사업을 하려고 입지를 보러 다니기 전에, 먼저 자신을 들여다 볼 필요가 있다. 경험이 풍부한 외식경영 전문가이든 아니면 열정을 따라 직업을 전환한 사람이건 상관없이 레스토랑을 창업한다는 것은 정말 어려운 일이기 때문이다. 레스토랑을 창업하기 전에 고려해야 할 요인들도 많고, 연구조사도 해야 하지만, 가장 먼저 자신에 대한 연구를 시작하는 것이 좋다. 그리고 나서 레스토랑 컨셉이 타당한지 시장 조사를 실시한다.

• 스스로에게 물어봐야 할 질문들

다음 질문에 대한 대답들은 레스토랑 창업 준비가 되어 있고 그에 필요한 자원들을 가지고 있는지 여부를 판단하는 데 도움을 줄 것이다. 아직 결정하지 않았다면 어떤 종류의 레스토랑을 창업하는 것이 맞는지 파악하는 데도 도움을 줄 것이다. 예를 들면, 만약 올빼미형 인간이라면 아침 일찍 문을 여는 조식 레스토랑(breakfast restaurant)을 창업하는 것은 바람직하지 않다. 아침에 못 일어나기 때문에 매일 일하러 나가는 것 자체가 고욕일 가능성이 높다. 외식사업은 이 사업을 사랑한다 할지라도 매우 어려운 사업일 수 있다. 따라서 레스토랑 컨셉과 개인의 특성이 조화되지 않아 고생하는 일이 없도록 해야 한다. 그리고 현실적일 필요가 있다.

- ■ 레스토랑을 창업하는 것과 연관지어 당신 개인의 진정한 목표는 무엇인가?
- ■ 자신의 특성은 무엇인가? 당신은 아침형 인간인가, 아니면 올빼미형 인간인가?
- ■ 가족들은 당신의 창업 결정을 지지하는가? 그리고 당신을 위해 그들의 시간을 희생할 준비가 되어 있는가?
- ■ 지금까지 어떤 경력을 가지고 있는가?
- ■ 레스토랑과 관련된 경력을 가지고 있는가?
- ■ 레스토랑 운영에 필요한 자금은 어떻게 조달할 것인가?

• **기업의 목표**

외식 기업이 레스토랑 입지를 찾고자 한다면, 회사의 특성과 목표를 분석하기 위해 같은 전략을 활용한다.

- ■ 어떤 종류의 메뉴를 제공하는가?
- ■ 우리의 주고객은 누구인가?
- ■ 어느 정도까지 매출을 올려야 하는가?
- ■ 우리의 목표 고객을 확장해야 하는가?

▣ 개인적인 재무상태

주객전도(主客顚倒)되는 일이 없도록 한다. 레스토랑 입지를 찾는 작업이 너무 많이 진행되기 전에 당신의 재무상태를 잘 살펴봐야 하고 자금을 충분히 조달할 수 있는지 판단해야 한다. 이 문제는 단독으로 사업을 시작하는 경우 더욱 중요하다. 왜냐하면 개인적인 재무상태는 사업자금 조달을 찾기 시작할 때 중요하게 작용하기 때문이다. 스스로에게 다음과 같은 기본적인 질문을 해 본다.

• **당신의 신용상태는 어떠한가?**

신용상태가 불량하면 창업자금 지원을 받기가 어려워진다.

- **창업할 때 투자가 가능한 자기 자본은 어느 정도인가?**

  외부로부터 자금조달이 필요하다면, 레스토랑 구매비용의 일부를 스스로 조달할 수 있다는 것을 보여줘야 할 것이다. 매월 발생할 대출금을 갚을 능력이 있는가?

▣ 레스토랑 컨셉

점포를 확장하려고 하는 외식기업에서 근무한다면, 이미 레스토랑 컨셉이 있을 것이다. 그러나 개인 창업자라면, 레스토랑 입지를 보러 다니기 전에 레스토랑 컨셉을 결정해야 한다. 먼저 다음의 사항들을 고려해 본다.

- **당신의 관심사를 생각해 본다.**

  레스토랑을 창업한다면, 하는 일을 정말로 즐겨야 한다. 왜냐하면 레스토랑 사업이란 주 7일 24시간씩 일해야 하는 직업이기 때문이다. 당신은 어떤 특정 음식에 관심이 있는가? 만약 프랑스 요리를 무척 좋아한다면, 프랜차이즈 샌드위치 전문점을 운영하는 것이 별로 행복하지 않을 것이다. 당신은 디저트 만드는 것을 좋아하는가?

- **결정한 컨셉이 시장성이 있는가?**

  당신의 관심이 결국 레스토랑 컨셉을 결정하는 데 영향을 미칠지라도, 컨셉이 어떤 것이든 일반인들에게 판매해야 한다는 사실을 잊어서는 안 된다. 판매하려고 하는 음식과 서비스의 구매에 고객들이 관심이 있는지를 생각해 봐야 한다. 고객들의 관심이 없다면 당연히 판매가 될 수 없고, 판매가 안 된다면 수익을 낼 수도 없다.

- **시장성과 당신의 관심이 잘 조화되도록 한다.**

  시장성과 관심, 이 두 가지 요인들을 명심해야 한다. 사업에 도움이 될 혁신적인 아이디어를 도출하도록 해줄 것이다.

- **기업 사명문을 개발한다.**

컨셉에 확신이 서질 않는다면, 다른 접근 방법을 시도한다. 기업 사명문을 개발한다. 이것은 의사결정에 진정으로 도움이 될 것이다. 기업 사명문에는 회사의 가치는 무엇이며, 당신의 고객은 누구인지, 매출 목표는 무엇인지, 사업의 목적은 무엇인지, 당신의 상품과 당신의 시장은 무엇인지 등을 말해 줄 수 있어야 한다. 기업 사명문을 개발하기 위해서는 종이를 꺼내 아래 주제를 적어 놓고 각각에 대해 생각나는 대로 써본다.

■ 목표(goals)
■ 가치(values)
■ 고객(customers)
■ 신조(beliefs)
■ 상품(product)
■ 시장(market)

- **이러한 정보를 당신의 생각을 반영하는 데 도움이 되도록 활용한다.**

목표가 '15%의 수익률 달성'이거나 '최고급 아침식사 레스토랑을 만드는 것' 등이 될 수 있다. 신조란 '적절한 가격에 품질 좋은 음식을 제공하는 것'이 될 수도 있다. 고객은 '높은 가처분 소득을 가지고 있는 자녀가 없는 젊은 직장인 부부들'이 될 수도 있다. 시장은 '도시 중앙' 또는 '전원 지역' 등이 될 수 있다. 구상 단계에서는 기업 사명문을 아주 상세하게 기술할 필요는 없다. 기업 사명문은 당신이 가고자 하는 방향에 초점을 맞추도록 하고 당신이 찾고자 하는 입지 유형에 대한 아이디어를 고안하는 것을 도와주는 도구이다.

▣ 시장성 평가—경쟁상황을 파악한다.

컨셉이 정해졌다면, 잠재 시장을 파악하는 데 중점을 둔다. 컨셉이 인구가 밀집된 대도시에서 더 성공할 것인지, 아니면 조용한 전원지역이 더 좋은지를 자문해 본다. 대부분의 거주자가 싱글인 지역이 더 나은가, 아니면 가족들이 사는 곳이 더 나은가? 어떤 고객층이 당신의 상품을 구매할 것인가? 수익 목표를 달성하기 위해 몇 명의 고객에게 서비스를 제공해야 하는가?

당신의 아이디어가 성공 가능성이 있는지를 알아보려면, 먼저 외식산업에 대해 전문적인 지식을 가져야 한다. 다음의 사이트를 방문해 본다.

- **한국음식업중앙회를 방문하면 외식업에 관련된 다양한 정보를 얻을 수 있다. 협회 웹사이트는 www.ekra.or.kr이다.**

- **업계 신문이나 잡지를 구독한다.**

  외식산업과 관련된 폭 넓은 정보를 제공하고 있고 레스토랑 컨셉 아이디어에서부터 세척기 구매 정보까지 모든 내용을 담고 있어 매우 유용하다. 식품외식경제신문(www.foodbank.co.kr), 월간식당(www.foodbank.co.kr), 월간외식경영(www.foodzip.co.kr), 월간호텔레스토랑(www.hotelrestaurant.co.kr) 등이 있다.

- **경쟁사에 대해 알아야 한다.**

  시장에 어떤 레스토랑들이 영업하고 있는지 파악한다. 어떤 레스토랑이 당신과 동일한 세분시장을 대상으로 영업하고 있는가? 또한 어떤 음식을 얼마에 판매하는지를 파악한다.

- **스파이 손님이 된다.**

  경쟁사가 어떻게 하고 있는지 알 수 있는 가장 쉽고 재미난 방법은 스파이 손님이 되는 것이다. 경쟁사 레스토랑에 방문해서 식사를 한다. 어떤 곳은 집에 가져 갈 수 있는 메뉴판을 제공하는 곳도 있다. 가격과 서비스를 살펴본다. 음식은 얼마나 맛있는가? 음식을 담는 방법은 어떠한가? 뭔가 차별화된 서비스를 제공하는가? 좌석 수는 얼마인가? 분위기는 어떠한가? 얼마나 장사가 잘되는가? 가장 바쁜 시간대는 언제인가?

▣ 인맥 만들기

외식산업은 인맥을 가지기 쉽지 않은 산업이다. 인맥을 만들기 위해 몇 가지 제안을 하면 다음과 같다.

- **조리 프로그램에 등록한다.**

  조리를 배우는 많은 사람들은 레스토랑 창업을 희망한다. 어떤 사람들은 사업가가 되거나 그들의 스킬을 활용하는 외식경영 전문가가 될 수도 있다. 이런 사람들과 알아두는 것이 좋다. 당신이 이런 네트워킹 그룹을 직접 만드는 것도 생각해 볼 수 있다.

- **최고 고위자 과정에 등록한다.**

  레스토랑 업계뿐만 아니라 다른 산업의 경영인들과 관계를 맺고 만날 수 있는 아주 좋은 기회를 가질 수 있다.

- **지역 재래시장을 방문한다.**

  유명한 조리장들은 지역 재래시장을 자주 이용한다. 사람들에게 대화를 걸어보고, 그들이 도시에서 사람들과 친분을 쌓는 기회에 대해 알고 있는지 알아본다.

- **한국조리사회중앙회와 한국음식업중앙회 지부를 접촉한다.**

- **솔선수범한다.**

스스로 조직을 구성한다. 지역의 레스토랑 경영자에게 연락하여 지역 단체를 만드는 데 관심이 있는지 알아본다.

▣ 최신 음식 경향을 따라잡는다.

개인 레스토랑을 운영한다면, 남들과 보조를 맞출 필요가 있을 것이다. 최신 음식 경향을 알고 있어야 하고 뒤떨어져서는 안 된다. 음식 관련 잡지들이나 업계 잡지의 구독은 필수이다.

- **외식산업전망 보고서를 읽어본다.**

한국외식년감을 통해 관련 자료를 얻을 수 있다. 레스토랑 업계의 시장 규모 전망과 향후 경향에 대한 정보를 제공해 줄 것이다. 요즘 레스토랑 경영자들은 고객들이 아시아음식, 인도음식 등을 포함한 이국 요리에 관심이 있다고 주장한다. 또한 테이크아웃 시장이 커져가고 있고 건강한 메뉴 선택 및 신선한 식재료와 국내 재료로 만들어진 음식에 관심을 가지고 있다.

- **산업의 특정 세분 시장에 대해 친근해져야 한다.**

외식산업에 대해 전반적인 지식도 필요하지만 이와 함께 당신의 세분 시장에 대해서도 잘 알아야 한다. 예를 들면, 피자 레스토랑을 창업하고자 한다면, 피자 레스토랑을 성공하게 하는 것들이 무엇인지 알아야 할 것이다. 어떤 마케팅이 성공할 것인가? 피자 레스토랑의 고객은 누구인가? 산업의 세분 시장만을 위한 잡지들도 있다. 예를 들면, 커피전문점 사장들은 월간커피, 월간커피앤티, 온라인잡지인 www.coffeero.com을 방문해 커피에 대한 전문화된 뉴스를 찾을 수 있다.

- **한국음식업중앙회 사이트를 방문한다.**

  다른 방법으로는 음식업중앙회나 월간식당 사이트를 방문하여 당신의 목표 시장에 관한 자료가 있는지 찾아본다.

- **외식을 자주 한다.**

  다른 레스토랑들은 어떻게 하고 있는지 알아본다. 성공요인이 무엇이고 실패요인이 무엇인지 파악한다.

▣ 고객 프로파일

당신이 찾고 있는 시장이 결정되면, 다음에는 끌어들이고 싶은 고객의 유형에 초점을 맞춰야 한다. 싱글과 가족 중 누가 목표 고객인가? 세대 당 평균 수입이 1억 원 이상 또는 4천만 원 미만의 고객들을 대상으로 하는가? 이러한 정보는 입지 선택을 좁혀가도록 하는 데 매우 중요하다. 고급 레스토랑을 창업하고자 마음먹었다면, 세대 당 평균 수입이 가처분 소득이 높은 사람들이 살고 있는 지역을 찾아야 한다. 만약 패스트푸드 프랜차이즈를 창업하고자 한다면, 저소득 가정들이 많은 지역의 입지를 선택할 수 있다. 고객을 파악하는 데 도움을 줄 수 있는 정보를 어떻게 수집할 것인지에 대해 몇 가지 아이디어를 제공한다.

- **잠재고객들과 인터뷰를 한다.**

  컨셉과 목표 시장이 결정되었다면 고객이 될 만한 사람들과 인터뷰를 실시한다. 인터뷰 대상자는 친구가 될 수도 있고, 창업하고자 하는 레스토랑과 유사한 레스토랑을 방문하는 고객들일 수도 있다. 지역의 식료품점을 방문하여 그곳을 이용하는 고객들과 인터뷰가 가능한지 알아본다.

- **유사한 레스토랑을 방문한다.**

  비슷한 테마를 가진 레스토랑에서 식사를 한다. 그 레스토랑의 고객들이 어떤 사람들인가? 고객들에게 어떻게 마케팅하고 서비스 하는가를 알아본다.

- **레스토랑 오너와 얘기해 본다.**

일반적으로 레스토랑 사업은 경쟁적인 산업이다. 그러나 특정 레스토랑과 직접적인 경쟁관계에 있지 않다면 레스토랑 오너나 매니저들은 기꺼이 당신의 인터뷰에 응할 것이며 탁월한 정보원이 될 것이다.

- **업계 잡지 구독은 필수이다.**

월간식당, 월간외식경영, 월간 B&F는 일반 고객에 대한 정보를 얻기에 좋은 자료이다.

- **한국음식중앙회 사이트를 방문하여 목표고객에 대한 자료를 구해 본다.**

이 협회에서도 일반적인 고객 조사방법과 가이드라인을 제공해줄 수 있다.

- **한국프랜차이즈협회를 방문한다.**

가맹 레스토랑을 창업하고자 한다면, 가맹사업 단체에서 시장, 경쟁사 및 고객정보를 제공할 수 있다. 또한 기업에서 근무한다면, 사내 마케팅 팀의 도움을 받는다. 판매촉진 자료와 회사홍보 자료 등을 요청한다.

또한 매년 각 지역에서 열리는 프랜차이즈 박람회나 창업 박람회를 참관한다.

The Food Service Professional

레스토랑 창업 노하우

2 시장 조사

입지 조사

신규 레스토랑 입지를 구하고 창업하는 업무를 수행할 때 너무 급하게 서두르지 않는 것이 중요하다. 시간을 가지고 생각한다. 충분한 조사를 실시하고 나서도 조금 더 조사한다. 입지를 찾기 위한 입지 조사의 4가지 필수단계는 다음과 같다.

- **전국적인 입지 조사(National Research)**

  이런 조사는 주로 체인 레스토랑 또는 프랜차이즈 조직에서 활용된다. 이 단계에서는 나라 전체를 잠재시장으로 보는 것이다.

- **시장 지역 조사(Market Area Research)**

  시장은 한 도시가 될 수도 있고 통계적 수도권지역이 될 수도 있다. 레스토랑을 창업하기에 적합한 도시가 결정되었다면, 그 도시 내에 가장 잠재력이 높은 지역들을 조사할 필요가 있다. 당신의 컨셉과 목표를 가장 잘 반영하는 곳을 찾는다.

- **상권 조사(Trade Area Research)**

  상권이란 레스토랑을 방문하는 대부분의 고객들이 거주하는 지역을 의미한다. 예를 들면, 당신의 시장은 베비스빌(Bevisville)이라 불리는 교외 지역이라고 정했다고 하자. 그 지역 내에서 레스토랑 매출의 대부분은 3개 블록 정도의 지역에서 발생한다. 이 3개 블록들이 바로 당신의 상권이 된다. 전체 매출의 몇 퍼센트가 이 상권에서 발생하는지에 대한 확실한 법칙은 없지만, 입지 전문가들은 보통 80% 정도라고 말한다.

- **입지 조사(Site Research)**

마지막으로, 실제 레스토랑이 들어설 잠재 입지를 조사한다. 이 단계에서는 몇 개의 잠재 입지를 살펴보고 레스토랑에 가장 좋은 입지가 어디인지 서로 비교해 보면서 결정한다.

▩ 상세한 시장 조사

특정 상황에 따라서 위의 네 단계를 모두 거쳐야 하는 경우도 있고, 아니면 그 중 몇 개의 조사만 실시해도 되는 경우가 있다. 조사가 실시되는 초기단계에서는 레스토랑에 가장 적합한 잠재 입지에 대해 몇 가지 상세한 시장조사를 실시하는 것이 중요하다. 입지 선정에서 이 부분을 그냥 넘어가서는 안 된다. 몇 가지 방법을 제시하면 다음과 같다.

- **조사 자료 출처**

정보는 다양한 정보원으로부터 얻을 수 있다. 이러한 정보원의 대부분은 모든 단계의 조사에서 사용될 것이다. 예를 들면, 통계청이나 시·군·구청의 인구 통계 자료를 활용해 본다. 그 외에도 산업 통계표나 인구 동태표 등을 정부간행물을 통해 입수할 수 있다.

▣ 가장 많이 활용하는 정보의 유형들은 아래와 같은 것들을 포함한다.

- ■ 인구 밀도
- ■ 모집단의 인구 통계학적 특성(연령, 세대의 특성 등)
- ■ 지역 내 경쟁사 정보
- ■ 입지의 특성
- ■ 시장의 특성
- ■ 레스토랑에서 고객들이 소비하게 될 금액

▣ 모집단과 인구 통계학적 특성

고려하고 있는 지역의 인구수 뿐만 아니라 그들의 인구 통계학적 특성을 파악하는 것이 중요하다. 예를 들면, 당신이 패스트푸드 레스토랑을 창업하고자 한다면, 당신의 고객 프로파일은 정통 프렌치 레스토랑을 방문하는 고객들의 특성과 매우 다를 것이다. 어떤 특정 지역에 창업한 첫 점포가 성공했다할지라도, 지역에 따라 고객 특성이 다르기 때문에 같은 컨셉이 다른 지역에서는 실패할 수도 있다. 그렇다면 필수적인 자료는 어디서 구할 것인가? 다음을 시도해 본다.

• 필수적인 자료

조사하고 있는 특정지역 또는 도시에 대해 다음과 같은 통계자료를 얻도록 한다.

■ 인구수	■ 세대수	■ 연령대
■ 소득 수준	■ 교육 수준	■ 세대 규모

• 공개 자료에 의한 조사

공공 및 민간기관이 조사해서 보유하고 있는 자료들에는 다음과 같은 것들이 있다.

- 지역 인구·세대수(시·구·동 담당부서나 인구 센서스, 주민등록)
- 전국 인구·세대수, 인구 동태표(인구 센서스, 주민등록, 지방자치단체, 정부간행물)
- 시·도별 장래 계획인구(구청, 시청)
- 구·동별 장래 계획인구(구청, 동사무소)
- 지자체 통계 연보

▣ 경쟁사

경쟁사에 대한 정보는 치열한 경쟁이 벌어지고 있는 레스토랑 산업에서는 인구 통계학적 정보보다 얻기 더 어려울 수 있다. 경쟁사에 관한 가장 좋은 정보원은 단순히 경쟁사 레스토랑을 방문하여 식사를 해 보는 것일 수 있다. 경쟁사에 대한 다른 정보원은 다음과 같다.

- **전화번호부**

  개괄적인 경쟁 규모를 파악할 수 있다. 업종별 부분을 조사해 보면 적어도 경쟁 레스토랑의 수와 위치 정보를 얻을 수 있다.

- **대한상공회의소**

  상공회의소는 그 지역 사업체의 명단을 가지고 있다. 그러나 이 리스트를 활용할 때에는 그 지역의 모든 사업체가 아닌 회원사들만을 포함하는 경우가 많다.

- **업계 잡지**

  이러한 잡지들은 유용한 경쟁사 정보를 제공할 수 있다. 특정 지역에서 발간되는 업계 잡지의 경우 매우 정확한 정보를 얻을 수 있다.

- **지역 신문**

  신문의 광고란이나 구직란을 통해 경쟁의 정도를 가늠할 수 있다. 대부분의 신문들은 주말 섹션을 만들어 지역 레스토랑들에 대한 소개와 메뉴 및 가격 등의 정보를 제공한다.

- **한국음식업중앙회**

  협회에서는 지역별로 레스토랑 사업장 수, 예상매출, 종사원 수 등의 리스트를 제공한다.

외식산업 현황 조사

외식산업의 시장조사를 실시한다. 다시 말하지만 업계 잡지와 한국음식업 중앙회야말로 이런 정보를 얻기 가장 좋은 정보원이다.

- **2009년에 발간된 한국외식년감도 유용한 정보원이다.**

- **업계잡지를 구독하면 최근 업계 현황 등을 업데이트할 수 있다.**

입지 특성의 개요

잠재 입지의 방문과 평가 작업을 통해 레스토랑 위치의 입지 특성을 파악한다('제7장 특정 입지 탐색'에 구체적인 입지 특성에 대한 더 많은 아이디어가 나와 있다). 그러나 이 단계에서 가장 중요한 것은 다음과 같은 일반적인 문제점들을 짚고 넘어가야 한다.

- **시장 특성**

  이것은 지역 경제상황, 실업률, 인구 성장률이나 하락률 그리고 산업 성장률 및 하락률 등에 관한 정보를 포함한다. 일반적으로 이러한 정보는 경제개발 단체, 도시구획 부서, 도시건물인허가 부서, 지역 대학, 신문, 고속도로 관리부서, 그리고 지역 설비회사 등으로부터 얻게 된다.

- **레스토랑에서 고객들이 지출하게 될 금액**

  이러한 수치는 통계청 소비자지출 조사로부터 얻을 수 있다. 이 조사는 얼마나 많은 돈이 집 밖에서 식사하는 데 사용되었는지에 대한 정보를 제공한다. 이 정보는 지역별, 연령별, 소득 및 교육 수준별로 다양한 형태로 정리되어 있다. 2009년도 한국외식년감을 참조하면 관련 통계를 얻을 수 있다.

▣ 조사를 좁히는 작업을 누가 도와줄 수 있을까?

레스토랑의 위치를 조사하기 시작하면서 아마도 누군가의 도움이 필요하다는 것을 알게 될 것이다. 이것은 아주 중요한 일로서 당신에게 주어진 모든 자원을 활용하는 것이 좋다. 다음을 고려해 본다.

- **입지 개발팀**

  기업에서 근무하고 있다면, 입지 개발을 위해 여러 명이 모여 팀을 구성한다. 멤버들은 과거에 부동산 개발 경력을 가지고 있는 사람들로 선정한다. 동시에 가능한 한 다양한 이슈 또는 질문을 던지기에 충분한 정도로 여러 분야의 사람들로 구성한다. 예를 들면, 영업의 생산부문 전문가뿐만 아니라 재무 전문가 등도 포함하여 이들의 관심과 의견을 모두 참조하는 것이 바람직하다.

- **개인 사업주**

  단독으로 사업을 준비하는 경우도 마찬가지로, 조사를 도와줄 수 있는 팀을 구성하는 것이 바람직하다. 팀 구성원은 당신과 파트너로 구성될 수도 있고, 아니면 경영학을 전공한 대학 동창 중에 가장 친한 친구도 포함할 수 있다.

- **회계사와 법률 전문가**

어느 시점에서는 회계사나 법률 전문가의 도움을 받을 필요가 있다. 사업을 하는 동안에도 우수한 회계사와 법률 전문가의 서비스가 항상 필요할 것이다. 따라서 사업 초기단계에서 믿을 수 있고 함께 일할 이런 전문가들을 발굴하는 것이 바람직하다. 입지 개발 진행상황에 따라 이들 서비스에 드는 비용은 나중에 계약을 잘못하여 발생하는 비용과 비교할 때 충분한 가치가 있다.

■ 기타 자료

물론 어떤 조사 자료는 다른 것들에 비해 매우 비싸기도 하지만, 아래 리스트는 입지 개발시 도움을 주는 무료 정보원을 제시하고 있다.

- **가맹사업**

가맹사업은 잠재 사업주들에게 그들의 입지 조사와 관련된 풍부한 정보를 제공할 수 있다. 가맹 레스토랑을 구매하고자 한다면, 이러한 정보원을 구하기 위해 특정 가맹 사업자와 접촉한다. 가맹사업에 대한 일반적인 정보는 한국프랜차이즈협회(www.ikfa.or.kr)를 방문해 본다.

- **소상공인지원센터의 상권정보시스템을 이용한다.**

기존 자영업자나 자영업을 창업하고자 하는 사람들은 전국 모든 상권의 업종별 점포현황, 소비패턴, 소득수준 등 자영업 운영에 필요한 정보를 무료로 제공받을 수 있다. 상권정보는 소상공인지원센터 웹사이트(www.sbdc.or.kr)를 통해 파악할 수 있다.

• **기타 웹사이트**

깔세114(www.ggalse.com), 상가뉴스레이더(www.sangganews.com) 등을 방문하면 주요도시 입지상권 정보 및 상가정보 등을 얻을 수 있다. 상권정보 온라인 서비스를 제공하는 상권닷컴(www.sangkwon.com)도 유용한 정보를 제공하고 있다.

▣ 자금조달 및 조사

때로는 레스토랑에 적합한 완벽한 장소를 찾는 일과 신규 사업을 위해 자금조달 가능성을 함께 검토하는 것이 현명한 방법이다. 앞으로 어떤 형태의 자금이든 필요하게 될 때가 있을 것이다. 은행이나 재무기관과 함께 초기 단계에 일을 시작해두는 것이 나중에 점포개발 작업이 많이 진행되고 나서 하는 것보다 낫다. 그들은 정보의 원천이자 자금조달의 원천이 될 수 있다. 아래의 가능성을 타진해 본다.

• **상공회의소**

지역 상공회의소는 인맥을 넓히기 아주 좋은 장소이다. 사업자금 마련 및 조사와 관련된 자원들을 가지고 있을 수도 있다.

• **중소기업청**

많은 도시들은 중소기업협회를 가지고 있다. 다시 말하자면, 이런 단체들은 당신에게 네트워킹 기회를 제공해줄 뿐만 아니라 사업자금 대출 정보도 제공하고 있다. 중소기업협회는 보통 매우 낮은 이자율로 대출을 해준다.

▣ 부동산 중개인

레스토랑 입지가 몇 개의 지역으로 좁혀졌을 때 부동산 중개인들을 활용하면 매우 유용하다. 다음과 같은 가능성을 고려해 본다.

- **먼저, 친구와 동료들에게 문의**

  기억하는가, 부동산은 구전 사업이다. 그리고 이것은 좋은 중개업자를 찾는 가장 좋은 길이다.

- **상가전문 부동산 중개인**

  상가전문 부동산 중개인에 대한 정보를 인터넷에서 찾아본다. 상가전문 인터넷 사이트를 찾아본다.

▣ 컨설턴트를 선정한다.

입지 개발 컨설턴트의 서비스를 필요로 할 수도 있다. 이는 입지 조사 작업을 좁혀가는 데 비싼 방법일 수 있다. 그래서 컨설턴트를 고용하기 전에 정확히 어떤 일을 위해 고용할 것인지를 명확히 할 필요가 있다. 개인이 입지를 찾는 경우에는 이러한 서비스를 받는 것이 바람직할 수 있다. 컨설턴트는 합리적인 정보를 제공할 것이고, 발로 뛰어다니며 입지를 찾는 일에 도움을 줄 수 있다. 입지 컨설턴트를 고용하기로 결정했다면 다음과 같은 사항들을 검토해 봐야 한다.

- **비용**

  컨설턴트를 고용하기로 결정했다면, 시장 및 입지분석 컨설턴트들의 비용이 만만치 않음을 명심해야 한다. 선정한 컨설턴트가 정말 필요로 하는 능력을 모두 갖춘 사람인지 확인하기 위해 많이 돌아다니고 주변으로부터 애기를 듣는 것은 의미 있는 일이다. 무엇보다도 컨설턴트는 레스토랑 입지 개발 경력이 있어야 한다.

• **컨설턴트에 관한 정보원**

인터넷 검색사이트에 들어가 상권분석 전문가를 찾아본다. 한국프랜차이즈협회에서는 상권분석 전문가 양성교육도 실시하고 있다.

• **컨설턴트가 해야 할 일 결정**

컨설턴트들은 여러 가지 서비스를 제공할 수 있다. 컨설턴트를 고용하기 전에 일을 얼마나 시킬 것인지를 결정해야 한다. 당신이 할 수 있는 일이 얼마나 있는지 자문해 본다. 컨설턴트에게 입지 선정을 완전히 맡길 수도 있으며, 또는 일반적인 지역을 선정하는 일만을 맡길 수도 있다. 당신이 하기 어렵다면 컨설턴트를 고용해서 최종 의사결정을 내리기 전에 몇 개의 지역을 선정하고 평가하는 일을 맡겨본다.

• **입지 컨설턴트를 고용할 때 해야 할 일**

컨설턴트를 고용할 때에는 한 사람만 보지 말고 여러 사람 가운데 당신의 요구를 가장 잘 충족시켜 줄 가장 괜찮은 사람을 선택한다. 중서부 지방에서 사람을 찾는다면, 그 지역에서 입지 개발 경력을 가진 사람을 선정한다. 잠재 후보자 리스트를 가지고 있을 때에는 자격 진술서, 추천인, 상세한 제안서 등을 요구한다.

The Food Service Professional

레스토랑 창업 노하우

3 광역 지역 조사방법

▣ 주요 입지 위치 찾기

광역 지역을 조사하는 것을 시작으로 레스토랑 점포 개발을 하는 경우, 특정 장소를 선정하기 전에 레스토랑을 창업하고 싶은 주요 지역에 대한 연구가 먼저 필요하다. 만약 기업에서 근무하거나 가맹점을 개점한다면, 창업하고자 하는 컨셉에 가장 적합한 시장이 어디 있는지를 포함해서 손끝에 풍부한 시장 정보를 모두 가지게 될 것이다. 그러나 개인 사업자의 경우 그렇게 넓은 지역에서 한 지역을 어떻게 선정할 것인가를 결정하는 것은 매우 두려운 일일 수 있다. 초기 단계에서 당신의 조사를 도와줄 몇 가지 정보를 소개한다.

• 컨셉 확인

레스토랑 컨셉이 레스토랑의 입지를 결정한다고도 볼 수 있다. 예를 들면, 만약 전주 스타일의 비빔밥 전문점을 오픈하고자 한다면, 전라도 지역에서 사업을 시작하는 것이 더 나을지 모른다. 반면 경쟁이 별로 없고 레스토랑만의 특정시장을 개척해 나갈 수 있는 경상도 지역에서도 사업이 잘될 수도 있다.

• 개인적인 삶을 고려

배우자와 아이들을 모두 데리고 다른 지역으로 갈 준비가 되어 있는가?

레스토랑 컨셉에 가장 적합한 장소가 경상도라 할지라도, 당신이 지금 살고 있는 곳에서도 잘될 수도 있다.

- **지역 도서관 방문**

다양한 도시에서 발간되는 일간신문의 매매 등과 같은 광고란을 눈여겨본다. 어떤 종류의 건물들이 나와 있으며 적절한 가격에 적절한 시설을 가졌는지 가격대도 알아본다. 이런 정보를 통해 서로 지역에 따라 생활비가 얼마나 차이가 나는지에 대한 아이디어를 얻을 수 있다. 이사를 한다면, 이런 정보는 개인적인 삶과 사업에 있어서 매우 중요한 요인이 될 것이다. 남부의 작은 도시에서 월 백만 원 정도에 편안한 생활이 가능했다면 큰 도시로 옮길 경우 기존의 백만 원 가지고는 도시 생활이 거의 불가능할 것이다.

데이터베이스 만들기

사람들은 다양한 방법으로 레스토랑 입지를 찾는다. 전국을 대상으로 조사를 시작할 수도 있고, 또는 현재 살고 있는 지역 내에서만 입지를 찾을 수도 있다. 여기에서는 데이터베이스가 어떻게 활용되고 당신에게 왜 도움이 되는지에 대한 기본적인 정보를 제공한다. 다음 가이드라인은 일반적인 것에서 구체적인 것으로 단계별로 설명되지만, 상황에 맞게 중간 어디에서도 시작할 수 있다.

- **시장 조사 자료의 적용**

레스토랑 컨셉이 어느 지역에 가장 적합한지 대충 감을 잡았다고 하면, 이러한 시장 조사가 실제 활용되도록 한다. 레스토랑 입지를 찾을 때 가장 먼저 해야 할 일은 어느 지역 시장이 레스토랑을 성공하도록 해주는 고객 특성을 가졌는지 결정하는 것이다. 가장 성공할 것으로 예상되는 도시 등 시장지역을 선정한 후, 가장 최적의 입지를 결정하기 위해 지역을 선정한다. 마지막으로, 동네가 결정되고 난 후, 그 동네에서 레스토랑에 가장 적합한 특정 장소를 찾는다.

• **조직화**

레스토랑 입지 조사에서 많은 정보를 수집하고 있다. 그리고 만들어낼 많은 문서는 중요한 자료를 포함하고 있을 것이며, 숫자를 조직화하고 가공하지 않는 한 그 정보 자체로는 큰 의미가 없을 것이다. 가장 편한 방법은 마이크로소프트 액세스(Microsoft Access)와 같은 프로그램에 데이터베이스를 만드는 것이다. 자료를 데이터베이스에 입력함으로써 자료를 쉽게 볼 수 있고, 자료들 간의 관계성, 그리고 레스토랑 입지와 관련해 매우 유효한 의사결정을 내릴 수 있다.

• **데이터베이스 활용의 장점**

데이터베이스는 한 장소에 서로 다른 많은 세트의 자료를 보관할 수 있는 용량과 서로 비교할 수 있도록 되어 있다. 당신의 시장조사를 위해 데이터베이스를 만들기로 결정했다고 하자. 마이서치(My Search)라고 명명한 파일 안에 데이터베이스는 테이블로 저장된 여러 부분집합의 정보들이다. 이런 부분집합들은 근본적으로 전자 계산표(spreadsheet)와 유사하다. 스프레드시트 1은 신규 레스토랑 입점 후보지로 생각되었던 모든 도시의 인구 밀도와 인구 통계 정보를 저장해둘 수 있고, 스프레드시트 2는 당신이 찾고 있는 도시에 대한 보다 구체적인 정보가 들어 있을 수 있다. 스프레드시트 3은 다른 도시에 대한 정보를 저장해두고, 스프레드시트 4는 특정 도시의 경쟁사 정보를 포함할 수 있다. 스프레드시트 5는 찾고 있는 특정 입지에 대한 정보를 저장할 수 있다.

• **전자 계산표**

데이터베이스 프로그램이 불편하다면, 자료를 조직화하기 위해 엑셀(Excel)과 같은 프로그램을 사용할 수 있다. 그러나 데이터베이스 프로그램에서처럼 정보를 쉽게 비교하는 것은 불가능할 것이다.

▣ 데이터베이스를 활용한 조사 사례

아래 제시되는 사례가 현실의 단면만을 보여줄지라도 어떻게 시작해야 하는지, 그리고 어떻게 자료를 조직화하고 어떻게 분석 자료를 해석해야 하는지 등에 대한 아이디어를 제공해 줄 것이다. 수집한 정보는 아마도 여기서 제시한 자료보다 더욱 상세해야 할 것이지만, 기본적인 틀은 동일하다. 다음에 나오는 내용은 데이터베이스에 포함되어야 할 조사 정보의 유형이 무엇인지에 대한 가이드라인 정도로 생각하면 좋을 것이다.

• **첫 번째 정보는 고객 프로파일**

어떤 고객들을 찾고 있는가? 만약 가맹 레스토랑을 시작하거나 기업체에서 근무할 경우에는 중요한 인구 특성에 대한 모든 정보는 가맹사업 본사와 회사로부터 얻을 수 있다. 개인으로 창업한다면, 스스로 조사를 하거나 누군가의 도움으로 정보를 수집해야 할 것이다. 인구밀도는 항상 중요한 요인이며 조사연구에서도 꼭 포함되어야 한다. 첫 번째 오픈 장소에 잠재고객이 없다면 레스토랑은 매출을 달성할 수 없다.

• **인구 통계학적 특성**

피자 레스토랑을 창업한다고 가정하자. 고객 프로파일과 외식산업 연구 조사에서 피자 레스토랑 운영에 가장 중요한 인구통계학적 특성은 연령대와 인구의 가족형태라고 밝혔다. 그럼, 가정 먼저 해야 할 일은 고심하고 있는 지역의 인구 통계 정보를 수집하는 것이다. 업계 잡지나 연감으로부터 얻은 외식산업 연구보고서는 피자 레스토랑의 주요 고객들은 세대의 가족 구성원의 나이가 25세에서 45세 사이라고 보여주고 있다.

• **인구·주택조사 자료**

개인의 삶의 요구수준과 업계 조사를 바탕으로 6개 도시로 조사영역을 좁혔다면 6개 도시에 대한 다음과 같은 정보를 당신의 데이터베이스에 입력한다.

도시	인구수	세대수	25~45세 인구수	가족이 있는 세대수
A	2,804,506	1,034,979	746,701	624,195
B	312,526	145,127	130,305	115,696
C	463,677	188,120	144,217	202,445
D	901,109	325,078	252,448	202,445
E	456,924	187,391	151,061	118,690
F	680,809	288,010	200,589	190,470

위의 표는 각 도시들의 가족이 있는 세대수 비율을 보여주고 있다.

A 도시 ……………………………………………… 60%
B 도시 ……………………………………………… 80%
D 도시 ……………………………………………… 62%
E 도시 ……………………………………………… 63%
F 도시 ……………………………………………… 66%

• **퍼센트에 집중**

자료를 퍼센트로 보는 것이 중요한데, 원 자료로부터 잘못된 인식을 가질 수 있기 때문이다. 예를 들면, 만약 원래 숫자만을 본다면 A도시가 B도시보다 가장 많은 세대수와 가족이 있는 세대를 보유하고 있다고 볼 것이다. 하지만 이것은 A도시가 B도시보다 당신 고객 프로파일에 적합한 세대를 더 많이 가졌다는 의미는 아니다. 이러한 숫자들을 퍼센트로 전환시켜 봄으로써 당신은 더 효과적인 비교를 할 수 있게 된다.

▣ 기업인구 통계 대 주택인구 통계

많은 입지 및 시장 조사는 세대수에 바탕을 두고 있다. 식료품점과 같은 사업들은 세대수를 기초로 한 시장 조사가 의미 있다. 그러한 이러한 시장조사가 레스토랑에도 항상 적용되는 것은 아니다. 이러한 차별점은 매우 중요하다. 사람들은 집 밖에서 외식할 때 항상 세대 단위로 돈을 지출하는 것이 아니다. 예를 들면, 직장에서 점심 식사하러 나가는 사람이나 친구들과 나가는 청소년들을 생각해 보자. 다시 말하면, 레스토랑에서의 지출은 개별적인 단위로 이루어진다는 것을 의미한다. 또한, 다음과 같은 요인들을 항상 기억해 둬야 한다.

- **세대 정보의 유용성**

  점포가 가족 중심의 레스토랑이라면, 세대 정보는 당신이 관심 있게 보는 중요한 특성이라고 할 수 있다. 반면에 만약 회사원들을 대상으로 하는 점심 식사 중심의 레스토랑을 운영한다면, 세대 정보는 별로 도움이 되지 못한다.

- **기업체 중심의 고객층**

  레스토랑의 주고객이 주택 지역이 아닌 기업체에서 오는 사람들이 대부분이라면, 초점을 맞추고 있는 인구 통계에 대해 좀더 창의적일 필요가 있다. 당신이 이런 상황에 처해 있다면, 시작하기 가장 좋은 출발점은 통계청의 사업체 통계조사 자료이다. 다양한 방법으로 기업체 정보를 검색할 수 있다.

- **정보를 확인**

인구 조사 정보를 검색한 후 지역 내에 있는 상공회의소와 설비 회사를 접촉해야 할 필요가 있다. 이들도 지역 기업체의 특성에 대한 일반적인 정보를 가지고 있을 것이다.

The FOOD Service Professional

레스토랑 창업 노하우

4 시장지역 조사방법

선정된 지역에 대한 조사

입지 조사가 특정 도시로 좁혀졌으면, 그 도시 안에 있는 특정 지역 또는 커뮤니티에 초점을 맞춰야 한다. 각 지역이 제공할 수 있는 것들이 무엇인지에 대한 좀더 구체적인 아이디어를 얻기 위해 여러 지역의 인구 특성들을 비교해 본다. 다음을 고려한다.

- **설문 조사**

  현 조사 단계에서의 또 다른 중요한 정보원은 고객, 시장, 그리고 경쟁사 설문조사이다.

- **시각적인 도구로 지도 이용**

  도시 지도를 구하고 확대 복사한다. 벽에다 부착하고 조사하는 정보들을 지도에 기록한다. 예를 들면, 인구 통계 정보와 고객 정보, 경쟁사 정보 등이 포함된다.

설문지 및 질문 문항 개발

이 단계에서는 그동안 수집된 인구 통계 정보보다 설문지가 더욱 중요하다고 할 수 있다. 설문 조사를 수행하기 위한 몇 가지 정보를 제시한다.

- **설문 종류**

레스토랑 입지를 조사할 때는 시장지역을 선정한 후에 3가지 종류의 설문 조사를 실시하는 것이 좋다.

- ■ 시장 조사
- ■ 고객 설문 조사
- ■ 경쟁사 조사

- **사업과 관련된 질문으로 구성**

이러한 설문 조사로부터 얻는 정보의 품질은 설문지에 있는 질문들이 얼마나 잘 만들어졌느냐에 달렸다. 만약 제대로 된 질문을 하지 못한다면 당신은 유용한 자료를 얻질 못할 것이다. 따라서 충분한 시간 동안 많은 고민을 통해 설문지의 문항을 개발하는 것이 중요하다.

- **테스트**

질문이 완성되었다면 친구나 가족 또는 동료들에게 실험조사해 본다. 이렇게 함으로써 설문 문항 중 이해가 가지 않는 것이나 공격적인 문항들이 있는지 등의 문제점을 찾아낼 수 있다.

설문지 구성을 위한 일반적인 요령들

- **이해하기 어려운 질문하지 않기**

응답자들이 질문을 이해하지 못하면 혼란스러워하며, 결국은 당신의 질문과 상관없는 응답을 얻을 수 있다.

- **질문은 짧게 만들기**

사람들은 보통 너무 긴 설문지를 작성하다 짜증스러워한다. 모두가 바쁜 사람들이고 설문지를 작성해 주는 사람들은 당신을 위해 수고를 해주는 것이다. 그들의 시간을 존중해 줘야 한다.

- **유도질문 피하기**

응답자에게 특정한 방향의 대답을 유도하는 질문은 전혀 도움이 되지 않는다.

- **질문 문항 주제별로 정리**

응답자들이 설문을 작성하는 데 도움이 될 것이다. 나중에 정보를 정리할 때도 도움이 될 것이다.

- **설문지 앞에 간단한 소개 포함**

설문을 진행하는 사람이 누구이며 이 정보가 어떻게 사용될 것인지에 대해 언급한다. 응답자들에게 그들의 의견이 절대 비밀로 부쳐진다는 것을 말해준다. 우리 모두 너무 많은 텔레마케팅 전화를 받고 있기 때문에 고객들에게 명백하게 밝혀두는 것이 중요하다. 이렇게 함으로써, 설문 참여자들에게 신뢰감을 줄 수 있다.

- **첫 번째 질문**

설문지의 첫 번째 질문이 가장 중요하다. 응답자들이 끝까지 설문을 작성할 것인지 말 것인지를 결정하는 중요한 요소이기 때문이다. 끝까지 참여하도록 하기 위해서는 첫 번째 질문은 흥미 있는 것으로 만든다. 첫 번째 질문에서 응답자들을 끌어들이도록 한다.

▣ 시장 조사

시장 조사는 당신의 인구 조사 자료에 덧붙여 사용할 수 있는 유용한 도구이다. 기억할 것은 5년마다 간이 인구 조사를 시행하고 있지만, 인구 조사는 매 10년에 한 번씩 이루어진다는 것이다. 만약 당신이 관심 있는 지역이 지난 10년 동안 큰 변화를 겪어왔다면, 당신은 시장의 인구 통계에 대한 추가적인 정보를 구하고자 할 것이다. 다음은 시장 설문 조사의 사례이다. 조사표에 채워야 할 정보는 보통 공공 도서관, 시청, 상공회의소 등에 가면 자료를 찾을 수 있다. 중소기업청도 풍부한 정보를 제공할 수 있다.

시장 조사

도시명 :

1. 목표시장 지역의 총 인구수 :
2. 세대수 :
3. 평균적인 세대규모 :
4. 연령 :

18~24	______%	25~34	______%
35~50	______%	51~65	______%
65 이상	______%		

5. 연간 가계소득 :

Below $11,000	______%	$11,000~24,999	______%
&25,000~36,999	______%	$37,000~49,999	______%
&50,000~80,999	______%	$81,000~$100,000	______%
$100,000 이상	______%		

- **고객의 프로파일 확인**

시장 조사에 적합한 레스토랑 컨셉을 결정하는 데 도움이 된다.

고객의 설문 조사

고객의 설문 조사는 잠재고객에 대한 중요한 정보원이다. 만약 프랜차이즈 업체나 기업에 근무한다면, 이러한 고객 정보는 이미 조사되어졌을 것이다. 프랜차이즈 본사와 회사 본부에 요청한다. 만약 기존의 레스토랑을 운영하고 있고 새롭게 확장하거나 장소를 바꾸고자 할 때는 기존 고객을 활용하여 정보를 얻을 수 있다. 만약 처음 창업하는 레스토랑인 경우 여러 가지 다른 방법으로 이러한 정보를 축적해야 할 것이다. 전화 설문 조사 또는 우편 설문 조사를 고려해 본다. 새로운 레스토랑 장소가 쇼핑몰 또는 기타 다른 많은 상점들이 있는 지역에 위치한다면, 그 지역을 방문해 직접 설문 조사를 실시한다. 몇 가지 가이드라인을 제시하면 다음과 같다.

- **점포 내 설문 조사**

점포 내 설문 조사는 간단하게 할 수도 있고 아니면 심도깊게 할 수도 있다. 간단한 설문 조사의 예로는 레스토랑 출입구에 확대 복사된 지도를 놓고 고객들에게 레스토랑에 올 때 어디서 출발했는지, 그리고 어디로 가는지를 물어본다. 색깔 있는 압정 핀을 사용하여 고객들이 말한 장소를 표시한다. 붉은 핀은 그들이 출발한 것을 나타내고 초록 핀은 그들이 가는 곳임을 표시할 수 있다. 이런 설문 조사가 충분한 정보를 제공하지는 못하지만, 상권에 대한 좋은 아이디어를 얻게 해준다. 또 다른 방법의 간단한 설문 조사는 고객들의 우편번호를 묻는 것이다. 이 정보는 인구 조사 웹사이트로부터 얻은 정보와 함께 세대 규모, 소득 수준, 교육 수준 등 고객 프로파일을 작성하는 데 유용하다.

- **확장된 설문 조사**

확장된 설문 조사는 더 많은 정보를 포함하고 있고, 다음 페이지에 있는 사례와 유사하다고 볼 수 있다.

고객 설문 조사

가장 좋아하는 음식(요리)은 무엇입니까?
최근에 방문한 레스토랑 3개는 어디입니까?
1. ____________ 2. ____________ 3. ____________

이 레스토랑에서 가장 좋았던 점은 무엇입니까?
____
____
____

가족이 몇 명입니까? ❑ 1 ❑ 2 ❑ 3 ❑ 4
어느 지역에 사십니까?
____
____

일주일에 몇 번 외식하십니까? ❑ 1 ❑ 2 ❑ 3 ❑ 4
외식할 때, 보통 어디서 출발하고, 어디로 가십니까?
____
____

레스토랑에 오는데 얼마나 걸렸습니까?
____

일주일에 레스토랑에서 얼마정도 소비하십니까?
____
____

- **고객의 설문 조사 참여 유도**

설문에 참여한 고객들에게 식사 할인쿠폰이나 무료 디저트 쿠폰을 제공한다. 비용 대비 당신이 얻는 정보는 충분한 가치가 있다.

- **신규 경영자**

만약 신규 개인 영업자이거나 기존 고객 또는 회사 자료에 접근할 수 없는 경우에는 다른 종류의 설문 조사를 실시할 수 있다. 당신을 대신해서 설문 조사를 실시해 줄 시장조사 전문기관을 활용할 수 있다. 물론 비용이 들지만, 설문지 작성이나 설문 조사 수행 경력이 있기 때문에 당신 스스로 하는 것보다 훨씬 유용한 정보를 얻을 수 있다.

- **정중함**

자신이 직접 또는 다른 사람의 도움으로 설문 조사를 실시하고자 결심한 경우, 설문 조사를 실시하는 사람들은 원하는 것이 무엇인지 명확하게 알고 있어야 하고, 설문에 응답해주는 모든 고객들에게 항상 친절해야 함을 명심한다.

- **전화 설문 조사와 방문 설문 조사**

두 방법 중 전화 설문 조사가 덜 비싸다. 그러나 방문 설문 조사는 더 간접적인 정보를 제공할 수 있다. 후자의 경우 질문자는 단순히 방문한 동네, 집의 규모, 자동차 종류 등을 보고 괜찮은 정보를 얻을 수 있다.

- **거절 예상**

예전 같지 않게 요즘은 설문 조사에 참여할 사람들을 구하는 데 많은 어려움이 있다. 사람들에게 처음에 다가갈 때 물건을 팔러온 것이 아니며, 설문 조사만을 실시하고자 한다는 것을 명확히 밝힌다. 설문에 참여하고 싶어 하지 않는 사람이 있다면 정중하게 고맙다고 인사하고 다음 장소로 옮긴다.

- **인센티브**

응답자에게 그들의 시간에 대한 보상을 해준다. 레스토랑이 오픈하면 사용할 수 있는 무료식사 쿠폰 등을 줄 수 있을 것이다.

▣ 경쟁사 조사

경쟁 상황을 조사하려면, 실제 현장 견학을 하는 것이 현명하다. 경쟁사를 방문하고 제공하는 것이 무엇인지 구경한다. 아래 사례와 같이 간단한 설문지를 활용하는 것이 경쟁사 정보를 알아내는 데 도움이 될 수 있다.

경쟁사 조사

경쟁사 이름 : ____________________
위치 : ____________________
주요 도로는 무엇인가? ____________________
____
사인은 있는가? ❑ 예, ❑ 아니오
주차가 얼마나 가능한가? ____________________
영업시간은? ____________________
독립점포인가? 아니면 몰에 있는가? ____________________
점포 면적 : ____________________
빌딩의 외관은 어떠한가? ____________________
____
____
____
빌딩의 내부 모습은 어떠한가?
____
____
____
레스토랑 홀을 묘사하면? (좌석형태, 테이블 등) ____________________
____
____
고객수 : 월, 화, 수, 목, 금, 토, 일
알코올 음료를 제공하는가? ❑ 예, ❑ 아니오
테이크아웃을 제공하는가? ❑ 예, ❑ 아니오
배달은? ❑ 예, ❑ 아니오
케이터링은? ❑ 예, ❑ 아니오
좌석수는? ____________________
음식 종류는? ____________________
회전율은? ____________________
예상 객단가는? ____________________
즐길거리를 제공하는지? ❑ 예, ❑ 아니오
전채요리의 가격대는? ____________________
앙트레는? ____________________
디저트는? ____________________

몇 명 정도 조사해야 하나?

불행하게도 이 질문에 대한 간단한 답은 없다. 설문 조사해야 할 고객수는 수행하는 설문 조사 유형에 따라 다르다. 그러나 다음 사항들을 고려해 본다.

- **내점고객 설문 조사**

  만약 점포 내에서 설문 조사를 할 경우, 조사대상자수는 레스토랑 내에 얼마나 많은 고객이 있느냐에 달려 있다. 레스토랑에 앉아 있는 고객들은 고정 고객들이므로, 가능한 한 많은 고객들이 설문 조사에 참여하도록 노력해야 한다.

- 방문 또는 전화 설문 조사를 하고자 하는 경우 일반 설문 조사와 규칙이 다르다. 먼저 시장의 규모를 확인해야 한다. 설문 조사 지역에 14,000명의 사람이 있다면, 예를 들어, 모든 14,000명의 습관을 반영할 정도의 충분한 조사대상자수를 얻기 원할 것이다. 그러나 동시에 인터뷰를 담당할 사람들을 그만큼 구할 수 있느냐 하는 문제도 간과할 수 없다.

인구 통계 데이터베이스표 구축

잠재 시장 지역의 인구 통계에 대한 더 많은 정보를 수집한 상태이고, 당신의 설문지 정보를 가지고 있다. 그 다음으로는 자료를 조직화하기 위해 좀더 상세한 데이터베이스표 또는 전자 계산표를 만들 수 있다. 앞서 언급했던 사례를 계속 들겠다. 인구 조사 정보와 시장 조사로부터 신규 레스토랑을 창업하고자 하는 각각의 시장지역에 대한 아래와 같은 정보를 얻게 된다.

도시	인구수	세대수	25~45세 인구수	가족있는 세대수
A	2,000	750	600	750
B	3,500	1,800	2,400	850
C	1,500	600	720	500
D	2,000	1,800	1,200	400
E	3,800	1,500	1,400	1,300

이 표가 제공해 주는 정보는 몇 가지가 있다.

- **A도시**

전체 인구의 30%가 25~45세이며, 전체가 가족이 있는 세대로 나타났다.

- **B도시**

전체 인구의 69%가 25~45세이며, 전체 세대수의 47%만이 가족이 있다.

- **C도시**

전체 인구의 40%가 25~45세이며, 전체 세대수의 83%는 가족이 있다.

- **D도시**

전체 인구의 60%가 25~45세이며, 전체 세대수의 22%만이 가족이 있다.

- **E도시**

전체 인구의 37%가 25~45세이며, 전체 세대수의 87%가 가족이 있다.

- **자료의 해석**

이런 정보로부터 다음과 같은 결론을 내릴 수 있다. 피자 레스토랑을 창업하기에는 B도시가 연령층이나 세대 구성면에서 가장 적합한 도시로 보인다. D도시는 연령층에서 장점을 가지고 있고, C도시, E도시 그리고

A도시 모두는 당신 고객 프로파일을 반영하는 세대 구성을 가지고 있는 것으로 볼 수 있다.

▣ 고객 설문 조사 데이터베이스 구축

수집한 인구 통계 자료 이외에 고객 설문 조사를 통해 기타 정보를 수집할 수 있다. 다음의 표는 잠재고객의 정보 원천을 제공해준다. 뿐만 아니라 고객들이 언제 당신 레스토랑에서 식사하고 식사 후 어디로 가는지에 대한 정보를 제공해준다. 입지 방문을 실시할 때 수집한 교통정보와 함께, 이러한 정보는 가장 적합한 도로변 입지는 어떤 방향인지를 알려줄 수 있다. 같은 도로라 할지라도 어느 쪽에 점포를 창업하는 것이 더 나은지를 말해줄 수 있다. 예를 들어, A도시에 레스토랑을 창업하려고 결정한다면, 가장 교통 많은 시간에 대해 알고자 할 것이다. 교통이 가장 많은 오후 5시에 차가 가장 많이 다니는 방향은 어느 방향인가? 이는 레스토랑을 창업하고 싶어 하는 도로변을 말하는데, 퇴근길 방향으로 위치해 있다면 쉽게 들릴 수 있기 때문이다.

• 일주일 동안의 외식 횟수 파악

이러한 숫자는 그 시장에 점포를 창업했을 때 예상할 수 있는 매출 지표를 보여준다.

도시	출발지	도착지	주당 평균외식 빈도
A	직장	집	5
B	학교	집	6
C	집	집	2
D	직장	집	5
E	집	집	3

- **고객 유동인구수**

위의 표에서는 고객들이 어디로 가며, 레스토랑을 올 때 어디에서 출발했는지를 보여준다. 또한 A, B, 그리고 D도시 지역 주민들이 가장 외식을 많이 함을 보여준다. 위의 변수들만을 가지고 단순히 판단한다면, 이 3개 지역에 레스토랑을 창업하는 것이 다른 지역보다 더 바람직하다고 볼 수 있다.

▣ 경쟁사 데이터베이스 구축

잠재고객뿐만 아니라 잠재 경쟁사에 대한 자료를 수집하는 것이 필요하다. 아래 표는 각 시장 지역에 위치한 경쟁업체수, 평균 규모, 평균 객단가, 주중 평균 고객수 등을 보여준다. 이러한 정보는 이미 다녀왔던 현장방문 뿐만 아니라 경쟁사 조사를 통해 얻을 수 있다. 아래 자료를 분석해 본다.

도시	경쟁업체수	점포 규모	평균 객단가	주당 고객수
A	4	186m^2	6,700원	250
B	7	223m^2	8,700원	400
C	3	223m^2	7,900원	310
D	10	112m^2	10,200원	600
E	2	167m^2	6,700원	300

- **통찰력을 갖게 하는 3가지 정보**

■ 잠재 매출액
■ 예상되는 시장점유 금액
■ 필요한 시설 규모에 대한 전반적인 아이디어

• **경쟁사 데이터베이스의 정보**

예를 들면, D도시 경쟁사들은 점포 규모가 훨씬 작다는 것을 알 수 있다. 이는 도심 지역의 임대료가 더 높음을 나타낸다. 또한 D도시와 B도시에서는 메뉴가격이 높게 책정됨을 알 수 있다.

▣ 지역 수요

고려해야 할 또 하나의 요인은 바로 수요이다. 지역사회 정보를 분석해 보면, 어떤 지역은 원하는 인구통계 특성과 완벽하게 일치하고 경쟁도 별로 없지만, 레스토랑 컨셉에 대한 수요가 전혀 없을 수 있다. 창업한 레스토랑에 대한 어떤 수요가 존재하는지 파악할 수 있는 몇 가지 정보를 제안한다.

• **국민 1인당 소비지출**

수요를 파악하기 위해서는 각 지역의 '인당(per capita)' 소비지출이라 불리는 것을 계산해야 한다. 이 정보는 통계청을 통해 얻을 수 있다.

• **연간 소비지출**

통계청의 도시가계 소비지출 설문 조사 결과표는 가구당 연간 얼마만큼의 돈이 지출되었는지, 외식비로 연간 얼마를 사용했는지 등을 알려줄 것이다. 이들 표는 지역에 따라 자료가 정리되어 있다.

▣ 현장 방문

이제 한 도시로 후보입지를 좁혔다면, 시간을 갖고 도시에 대해 알고자 할 것이다. 도시 사람들의 소비 습관은 어떠한가? 도시의 교통 흐름은 어떤가? 도로 시스템은 어떻게 되어 있는가? 이런 것을 알 수 있는 가장 좋은 방법은 도시 문화에 직접 뛰어드는 것이다. 그 도시에 만약 살고 있다면, 당신은 이미 도시

정보를 가지고 있을 것이다. 그러나 이 도시에 처음 왔다면, 어느 정도의 시간을 보내면서 배워야 할 것이다. 몇 가지 정보를 제시한다.

- **자동차로 돌아보기**

할 수 있는 만큼 도시를 돌아다녀 본다. 교통량이 많은 퇴근시간, 오후 시간, 주말과 주중 등에도 운전해 본다. 운전하고 있는 동안도 신규사업에 대한 생각을 항상 염두에 두고 하루 중 이러한 특별한 시간대에 관심을 가지고 돌아본다. 지도와 노트북을 가지고 다니며, 거점 간에 시간이 얼마나 소요되는지 계속 측정한다.

- **쇼핑하기**

지역의 점포에서 시간을 보낸다. 사람들은 무엇을 사는가? 식료품점에서 판매하는 상품들을 눈여겨본다. 식료품점은 그들 고객이 사려고 하는 상품들을 진열해 놓는다는 것을 기억한다. 예를 들어, 학생들이 많이 거주하는 지역의 경우 식료품점에서 대용량 포장의 상품을 찾기 쉽지 않을 것이다. 이들 고객들은 3kg 감자보다는 낱개로 사는 것을 더 좋아할 것이다. 만약 부유층이 사는 지역의 식료품점을 방문한다면, 노동근로자가 거주하는 지역 점포에서는 보기 어려운 건강식품들과 특수식품들은 쉽게 보게 될 것이다. 식료품점에서 판매되는 상품을 통해, 잠재고객들과 그들의 음식 선호도에 대해 몇가지 식견을 얻을 수 있다.

- **걸어다녀 보기**

운전을 할 때는 도시 전체에 대한 관점을 한눈에 파악할 수 있지만, 걷는 것은 완전히 다른 모습을 제공한다. 걷는 유동인구가 많은 지역과 그렇지 않은 지역이 어디인지 살펴본다. 도보 고객들에 의존한 레스토랑을 창업하고자 한다면, 이런 정보를 알아보는 것은 매우 중요한 단계이다.

벤치에 앉아서 점심 및 저녁식사 시간동안 지나가는 사람들의 수를 세어 본다.

• **먹어보기**

가능한 한 많은 레스토랑에서 식사를 해 본다. 어떤 레스토랑이 성공적인지 파악한다. 그들의 피크타임은 언제인가? 가장 잘 팔리는 메뉴는 무엇인가? 가격은 얼마인가?

• **경제**

도시의 경제상황을 살펴본다. 황폐해져가는 지역이나 부흥하고 있는 지역이 있는가? 이런 정보는 레스토랑을 어디에 위치시켜야 하는지 뿐만 아니라 도시의 지역경제가 얼마나 잘 돌아가고 있는지를 말해줄 것이다.

• **도로와 교통**

도시의 지역들은 도로시스템에 의해 어떻게 연결되어 있는가? 다양한 지역 및 근교로 통하는 주요 고속도로 또는 도로가 있는가? 강이나 언덕 같이 이동하는 데 장애물이 있는가?

• **도로 교통망**

도시의 도로 유형을 파악한 후에 도시에서 발견되는 구획 유형을 파악한다. 가장 상업적으로 구획된 곳을 찾았다면, 교통 흐름 패턴을 지켜보기 시작한다. 교통은 세 가지 유형으로 분류될 수 있다; 사업목적, 개인생활 그리고 장거리. 도시의 도로에 어떤 종류의 교통이 흐르고 있는가? 잠재고객층을 포함하고 있는 교통에 대해 각별히 주의해야 한다. 레스토랑이 목적지 또는 특별한 날 찾는 레스토랑이라면 사업목적 유동인구와 거주민 유동인구뿐만 아니라 멀리서 오는 유동인구를 눈여겨보아야 한다.

The Food Service Professional

레스토랑 창업 노하우

5 매출 추정

▣ 비교와 대조방법

신규 입지를 구매하기 전에 상세한 매출 추정을 해 보는 것이 중요하다. 새로운 입지가 당신이 레스토랑을 창업해서 계속적인 영업을 해나가는 데 필요한 충분한 매출을 올릴 수 있는 능력이 되는지를 알아볼 필요가 있다. 효과적인 추정 방법은 당신의 잠재 입지나 아니면 유사한 입지에 위치한 비슷한 레스토랑의 비교 정보를 활용하는 것이다. 또한 이들 레스토랑들은 유사한 고객들을 대상으로 영업한다는 것도 기억한다. 예를 들어, 중간 가격대의 일반 레스토랑을 운영한다면, 비교 대상으로 그 지역 내에 다른 중간 가격대의 일반 레스토랑을 활용한다. 이들 레스토랑은 당신의 입지에 바로 옆에 있어야 하는 것은 아니나 입지의 특성은 유사해야 한다. 외관, 규모, 메뉴와 유동인구와 같은 특정 유사점 또는 차이점을 비교하고 대조해 본다. 이런 비교는 조사와 관찰만으로도 가능하다. 다음과 같은 방법을 시도해 본다.

- **조사할 기준들 수집**

  밖으로 나가 이들 레스토랑을 관찰한다. 계획하는 레스토랑과 얼마나 비슷하고 또는 얼마나 다른지를 확인한다. 이것은 당신이 매출을 비교할 레스토랑을 찾게 해줄 것이다.

체크리스트는 다음과 같은 단순한 형태와 유사할 수 있다.

레스토랑	1	2	3	4
규모	✓	✓	✓	✓
메뉴	✓	✓		✓
인구수		✓	✓	✓
✓ 표시는 레스토랑의 특성이 당신이 계획하는 입지 특성과 유사함을 의미함				

- **결론**

명백하게 레스토랑 2와 4는 당신의 미래 레스토랑과 가장 유사하다고 볼 수 있다. 따라서 이들 2개의 레스토랑 매출 정보를 입수해야 한다. 이들 매출액은 당신이 예상하는 것과 유사한 것이 바람직하다.

▣ 등급매기는 방법

또 다른 매출 추정 방법은 유사한 레스토랑의 등급을 매겨 당신 레스토랑과 가장 유사한 레스토랑을 찾아내는 것이다. 이 방법을 활용하기 위해서는 아래와 같은 표를 만들어야 한다. 각 요인들이 매출에 얼마만큼 공헌했는지 자문해 보고 1부터 10까지(가장 낮을 경우 1과 가장 높을 경우 10)의 척도로 점수를 매긴다.

레스토랑	1	2	3	4
규모	1	4	10	9
메뉴	6	4	1	7
인구수	8	4	2	6
총계	15	12	13	22

- **앞의 차트로부터 내릴 수 있는 몇 가지 결론**

레스토랑 4가 미래 레스토랑과 가장 많이 유사할 것으로 보인다. 그러나 잠재 예상매출을 파악하기 위해 레스토랑의 점수를 매길 때에는 한

개 이상의 레스토랑과 비교하는 것이 바람직하다. 어디까지를 비교 대상에 포함시킬 것이냐 하는 문제는 당신 레스토랑과 '유사한' 레스토랑들만을 중심으로 평가한다. 예를 들면, 30점 만점에 15점 이상을 받은 레스토랑들을 비교 대상으로 삼을 수 있다.

- **등급을 매기는 방법과 '비교 · 대조'하는 방법과의 차이**

비교 방법은 당신 레스토랑과 유사한 레스토랑들의 리스트만을 가지고 평가하는 방법이다. 반면, 등급 매기는 방법은 매출에 영향을 미치는 요인이 무엇인지에 관한 정보까지 제공함으로써 더 자세하게 평가할 수 있다.

▣ 매출 추정–다음 단계

매출을 추정하기 위해 '비교·대조' 또는 '등급 매기기' 방법 중 하나를 사용했다면, 다음 단계로 넘어가야 한다. 두 가지 방법 모두 당신의 레스토랑과 유사한 레스토랑들을 제시해주었다. 이제는 그 레스토랑의 매출이 얼마나 될 것인지 파악할 필요가 있다. 잠재 가맹점주가 매출을 추정하는 것은 개인 사업자보다는 더 쉽다. 개인 사업자에 해당된다면, 잠재 매출액을 계산하는 것은 그리 쉽지 않을 것이다. 경쟁 레스토랑을 방문하여, 자신이 미래의 경쟁자가 될 것이라고 소개하고 회계장부를 보자고 했을 때 기꺼이 응해줄 사람이란 거의 없다. 매출을 추정하는 요령은 다음과 같다.

- **고객수**

당신의 레스토랑과 유사한 레스토랑 리스트를 가지고 있으므로, 경쟁사 레스토랑의 문 앞에서 그 레스토랑을 출입하는 고객수를 측정한다.

- **더 조사하기**

유사한 레스토랑에서 몇 명의 고객이 점심(또는 아침, 저녁) 식사를 했는지 숫자를 가지고 있다면, 일평균 매출을 계산하는 것은 간단하다. 그러나 매출에 대한 정확한 그림을 그리기 위해서는 그곳에서 직접 식사를 해야 할 것이다. 메뉴를 잘 분석한다. 메뉴의 평균 단가를 파악하고 그날 방문한 고객수에 곱하면 일평균 매출을 구할 수 있다.

- **다음의 예 살펴보기**

자세히 봐왔던 장소의 코너에 위치한 이탈리안 레스토랑에서는 6개의 메인 메뉴를 판매한다. 메뉴의 가격대는 7,000원, 7,500원, 8,500원, 9,500원, 10,500원 그리고 15,000원이다. 평균 메뉴 단가는 약 10,000원으로 추정된다. 화요일 오전 11시 30분부터 1시 30분까지 다녀간 고객수를 세어보았더니 모두 140명이었다. 그렇다면 점심시간대 평균 매출은 약 140만 원이라고 볼 수 있다. 이 숫자는 음료나 전채요리, 디저트 등이 포함되어 있지는 않지만, 고객들 중 저가메뉴만을 선호하는 사람이 있다는 것을 염두에 둘 때 이런 방법으로 평균 매출을 추정하는 것이 아마도 안전할 것이다.

- **일정기간의 자료 확보**

적어도 일주일 정도의 고객수를 파악해야 한다. 왜냐하면 모든 레스토랑은 토요일보다는 월요일이 한가한 경우가 많기 때문이다. 충분한 시간이 된다면 더 정확한 자료와 전체 개요를 파악하기 위해 계절별로 고객수를 측정할 수 있다.

▣ 시장 점유율 결정

레스토랑의 매출을 예상하기 위해 사용할 수 있는 또 다른 방법은 시장 점유율을 계산해 보는 것이다. 시장 점유율이란 표준적인 대도시 지역 내에 있는 전체 외식산업 매출에서 당신의 레스토랑의 총매출이 차지하는 비율을 말한다. 시장 점유율을 결정하는 방법을 소개한다.

- **다음과 같은 통계 참조**

  - 시·군·구 단위 내의 인구수
  - 시·군·구 단위 내의 외식시장 규모
  - 경쟁자수

- **사례**

부산에 피자 레스토랑을 창업하려고 한다. 통계청의 자료를 보니 부산에는 총 3,626,703명의 인구가 살고 있다. 각 세대(총 1,251,000세대)는 외식비용으로 연평균 329만 원을 지출한다. 세대의 규모는 평균 4인이다. 조사결과에 따르면 그 지역 내에 39,694개의 레스토랑이 있는 것으로 나타났다. 이러한 정보를 가지고 예상되는 시장 점유율을 추정해 볼 수 있을 것이다. 만약 지출 금액을 부산에 있는 모든 레스토랑에 똑같이 배분한다면, 각 레스토랑들은 연간 1억 369만 원의 매출을 올린 것으로 볼 수 있다.

1,251,000×329만 원=411,579,000만 원/39,694=1억 369만 원

- **부가적인 정보**

위의 정보를 통해 당신 레스토랑도 다른 39,694개의 레스토랑 매출액 정도의 매출을 기대할 수 있다고 볼 수 있다. 그럼에도 불구하고, 시장에 레스토랑을 창업한다는 것은 부산에 사는 모든 사람들이 당신 레스토랑에서 연간 추가적으로 1억 369만 원을 더 지출할 것이라는 의미는 아니다. 전체 시장 점유율에서의 당신 레스토랑의 점유율은 기존의 레스토랑 매출과 신규 매출로부터 오는 것을 포함한다. 반면, 레스토랑을 창업함으

로써 소비자 지출이 약간은 상승할 것이라 예상한다면, 열심히 해서 이러한 부가매출을 당신 것으로 만들어야 할 것이다.

- **주의할 점**

이론과 현실은 항상 같지 않으며, 각 레스토랑이 똑같은 매출액을 확보한다고 볼 수도 없다. 이것은 단지 레스토랑 입지와 관련된 의사결정에 도움을 줄 수 있는 예상치임을 기억해야 한다. 이 수치가 당신의 미래 매출을 보장하지는 않는다.

▣ 매출 추정의 통계적 방법 : 아날로그 데이터베이스 만들기

입지 조사의 상당 부분은 통계적 수요예측 모델을 사용한다. 이 책에서는 이런 모델을 상세하게 다루지는 않고 간단히 소개하고자 한다. 만약 입지 조사의 한 부분으로 이러한 모델을 사용하고자 한다면, 통계적 컨셉에 전문지식을 가지고 있는 컨설턴트와 함께 하라고 권해주고 싶다. 그러나 기초적으로 알아야 할 내용을 여기에 소개한다.

- **아날로그 데이터베이스란?**

이런 유형의 데이터베이스는 고객, 인구 통계, 경쟁사 정보로부터 만들어진다. 이 정보는 매출과 상권을 분석하기 위해 사용된다. 정보가 입력이 되고 나면 상관 및 회귀분석을 통해 변수들 간의 관계를 파악할 수 있다. 다시 말하면, 통계적 방법은 데이터베이스 안에 있는 여러 가지 변수들이 매출과 어떤 관계가 있는지 분석하는 데 사용될 수 있다. 예를 들면, 운전거리는 매출에 영향을 미치는가? 사람들의 교육 수준은 매출에 영향을 미치는가? 등을 파악할 수 있다. 결론적으로, 아날로그 운영방식의 매출액은 당신 점포의 매출을 예측하기 위해 평균을 내게 된다.

여기서 주의해야 할 점은 평균의 적합성이다. 데이터베이스 레스토랑들 모두가 유사하다면 평균은 의미가 있다. 그러나 데이터베이스에 있는 레스토랑들이 서로 매우 다른 아날로그 업체라면, 당신의 평균은 한쪽으로 치우치게 되고 평균에서 벗어난 점포들의 평균을 사용하게 된다.

- **회귀분석 방법**

회귀 모델은 기본적으로 점포의 매출과 관련된 특정 변수들을 가지고 만든 함수식을 말한다. 이것은 아날로그 데이터베이스와 매우 유사하지만, 한 단계 더 나아가서 당신이 분석하고 있는 변수들의 점수를 매긴다. 예측에 회귀분석시스템을 사용할 경우 장점은 아침고객, 점심고객, 저녁고객 등 레스토랑 고객층에 따라 자료를 자세하게 분석할 수 있다는 것이다.

- **중력 모형**

이 방법은 레스토랑의 매출을 예측하기 위한 모델을 만드는 것이다. 실제 자료를 사용하는 것보다, 이 방법은 보통 사람들은 그들과 가장 가까운 장소에 끌리게 된다는 가정 하에 모델을 만든다. 식사하기 위해 특정 레스토랑을 선택하는 이유는 생각보다 복잡하며, 거리는 고객의 의사결정 과정에 영향을 미치는 여러 요인 중에 하나일 뿐이다. 이 특정 모델은 직장인 점심고객을 주 고객층으로 하는 레스토랑에서 효과가 있다. 이들 직장인 고객들은 단 한 시간 동안 레스토랑을 방문하여 식사하고 다시 일로 돌아가야 한다. 반면, 저녁 식사 때 기념일 등을 축하하는 고객들은 특별한 레스토랑에서 식사하러 꽤 먼 길을 찾아갈 것이다. 매출 예측에 중력 모형을 사용하는 것의 장점은 여러 가지의 '만약에 이렇다면(What-If)' 상황을 제공해 주고 큰 시장에서 입지를 찾을 때 도움이 된다.

▣ 통계 소프트웨어 패키지와 온라인 자가분석 옵션

SPSS와 같은 통계 소프트웨어 패키지가 많이 나와 있다. 이런 프로그램은 혼자 자료를 쉽게 가공하도록 도와주고, 컨설턴트 도움없이 매출 추정 분석을 하게 해준다. 다음을 조사해 본다.

- **다양한 통계 소프트웨어 패키지는 www.spss.co.kr에서 판매한다.**

- **많은 시장조사 전문회사들은 분석 서비스도 함께 제공한다.**
  지역의 상업용 전화번호부나 인터넷을 체크한다.

The FOOD Service Professional

레스토랑 창업 노하우

6 상권의 특성

입지와 상권

레스토랑 오픈에 있어서 가장 중요한 위치 선정 요인은 목표 시장이다. 고객이 당신의 레스토랑까지 기꺼이 올 수 있게 하는 거리는 레스토랑 컨셉에 달려 있다. 예를 들어, 전원지역에서 작고 예쁜 펜션을 운영하고 있다면, 고객은 도시에서 볼 수 없는 곳이기에 멀리 떨어진 곳에 위치한 그곳을 가기 위해 몇 시간이 걸리더라도 운전해서 올 것이다. 그러나 아침 먹을 장소를 찾는 거라면 고객은 집에서 몇 분 안 걸리는 곳을 찾을 것이다. 레스토랑의 정확한 입점 위치를 찾기 위해 당신의 상권에 대해서 아는 것은 중요하다. 일단 고객 조사가 끝났다면, 당신은 자신의 상권을 더 쉽게 파악할 수 있다. 만약 지도를 사용한다면, 매우 쉽게 할 수 있다. 지도에 사람이 꼽아 놓은 압정핀이 많이 몰려 있는 지역을 중심으로 선을 그으면, 상권의 윤곽을 볼 수 있다. 만약 고객들에게 설문을 했다면, 결과를 지도에 압정핀으로 표시하고 똑같이 하면 된다. 당신의 상권 경계선을 표시할 때, 다음의 추가적인 요인들을 함께 고려해야 할 것이다.

- **경쟁사**

당신의 상권 내에 있는 경쟁자의 수를 파악한다. 이는 당신의 잠재 매출에 큰 영향을 미칠 수 있다.

- **장애요소**

장애요소란 일반적으로 강, 산, 도로공사, 교통흐름 등의 물리적 요소들을 말한다. 당신의 상권에 어떤 종류의 장애요소가 있는지 살펴본다. 이것은 장애요소에도 불구하고 고객이 당신 레스토랑을 방문할 가능성에 영향을 미칠 것이다.

▣ 인건비와 노동인력의 이용 가능성

입지를 찾을 때, 항상 인건비와 노동인력의 이용 가능성을 염두에 둔다. 특히 광역 지역을 중심으로 입지 조사를 하고 있는 경우 더 그렇다. 예를 들어, 현재 청주에서 일하고 있고, 서울로 이전할 생각을 갖고 있다면 아마 새로운 도시의 임금률에 놀랄 것이다.

- **임금률의 파악**

한국노동연구원(www.kli.re.kr)의 노동통계를 확인해 보거나, 한국음식업중앙회 지부와 접촉하여 그 지역의 임금률을 파악할 수 있다.

- **노동인력 이용 가능성**

일반적으로, 레스토랑 인력은 부족하다. 만약 고급 레스토랑을 창업한다면 각별히 심사숙고해야 한다. 지역 내에 숙련된 조리 인력을 구할 수 있는 직업전문학교나 조리학교가 있는지 등을 알아본다.

- **물품 공급원과 인접한 위치**

도심에 위치한 레스토랑의 경우 이러한 비용이 별로 중요한 문제가 되지 않지만, 지방 펜션 같은 전원지역에 위치한 점포의 경우 중요하게 고려해야 할 사항이다. 어떤 물품을 공급받지 못할 수도 있고, 더욱 멀리 떨어진 지역이라면 더 높은 배송료를 지불해야 하기 때문이다.

▣ 운송 비용과 서비스

원거리 지역에 위치한 레스토랑의 경우 더 많은 운송비용을 부담해야 하는 것 이외에도 운송 가능성도 살펴보아야 한다. 지역 내 물류업체는 전국망을 가지고 있는가, 아니면 그 지역만을 기반으로 운영되는가를 알아본다. 또한 다음의 사항들을 살펴본다.

- **설비 비용**

  수도광열비는 매우 다양하다. 이들 요금을 확인해 보는 것이 현명하며 지역 내 설비회사를 체크해 본다.

- **구획**

  구획법은 어떤 특정지역 내에서의 특정 행위를 금지한다. 예를 들어, 레스토랑이나 공장은 주거지역으로 설정된 지역 내에서는 영업을 할 수 없다. 레스토랑은 일반적으로 근린생활시설로 지정된 지역에 점포를 창업할 수 있다.

- **주차**

  전통문화재 보호구역에서는 당신이 사용할 수 있는 간판의 종류와 수용할 수 있는 리모델링 계획을 포함한 당신의 건물 외관과 관련된 것들을 많은 법들로 엄격하게 제한하고 있다.

- **세금**

  세금이 입지 결정에 영향을 미치지는 않겠지만, 입지 거래에 들어가기 전에 당신이 내야 할 해당 지역의 세금에 대해서 잘 알고 있어야 한다. 당신은 물론 재산세와 법인세에 대해 알아야 한다. 정보를 얻기 위해서는 시청 세금부서에 확인해 본다.

▩ 상권 특성

상권은 일반적으로 다음의 3가지 지역으로 구분된다. 중심부(방문 고객의 50% 이상을 포함하는 지역), 제 2지역(방문 고객의 약 25%를 포함하는 지역), 제 3지역(방문 고객의 약 10%를 포함하는 지역) 상권은 도시에 따라 다음의 특별한 지역으로 구분될 수 있다.

- **도심형**

도심 상권은 대부분의 중심부 내의 도로의 기하학적인 설계를 반영한다. 레스토랑을 시내 중심부에 위치할 예정이라면 모든 종류의 비즈니스와 백화점, 소매점, 오락장소와 정부기관 등을 살펴봐야 한다. 경쟁상대를 파악하는 것뿐만 아니라, 이러한 유형의 업체들에 대해서도 파악하는 것이 예상 매출을 파악하는 데 도움이 될 것이다. 그들의 위치를 메모해 두는 것은 레스토랑의 위치 결정에 도움이 될 것이다. 사람이 많이 오는 극장 지역에 당신의 점포가 가까이 입점해 있다면 저녁 매출에 도움이 될 것이다. 사람들은 레스토랑을 가기 위해 단지 몇 블록만 걷는 경향이 있다. 특히 영화의 시작을 놓치고 싶지 않다면 더욱 그럴 것이다. 그리고 얼마나 많은 주차장이 있으며, 이들은 어디에 위치하고 있는지 메모해 둔다. 도심에 위치한 대부분의 레스토랑은 자체 주차장을 갖고 있지 않지만, 가까운 공용 주차장의 이점을 잘 활용할 수도 있다.

- **도심 지역의 주요 출입도로 파악**

많은 사람들이 교외 지역에서 도심으로 일하러 온다. 당신의 레스토랑은 이러한 주요 도로 가까이에 위치하는 것이 유리하다. 대부분의 도시, 특히 큰 도시에서는 사람들이 자가용보다는 대중교통을 이용한다. 당신이 염두에 두고 있는 도시가 이런 경우라면, 지역을 결정하기 전에 대중교통 도로와 대중교통 시간표를 알아두는 것이 좋다.

- **도심 인구**

시내 중심부에 사는 인구를 파악한다. 그곳에 얼마나 많은 인구가 거주하는지 알기 위해 인구 통계학적 자료를 조사한다. 이것은 당신의 매출에 영향을 미칠 것이다.

- **시가지형**

시가지는 도심 내에 있는 주요 상업지역을 둘러싼 지역이다. 일반적으로 오래된 건물과 공장, 오래된 집과 철도를 볼 수 있는 지역이다. 이 지역은 보통 도시 기획가들에게 개발의 대상이 된다. 처음에 대충 봤을 때, 이 지역은 그리 매력적인 곳으로 느껴지지 않지만, 재개발이 진행 중인 지역이라면 레스토랑 입점에 대해 탐색해 보는 것도 좋다.

- **도시근교형**

도시근교 지역은 자신들만의 고유한 작은 중심지를 갖고 있다. 레스토랑을 포함한 모든 서비스 시설을 갖고 있어서 지역주민들은 다른 지역으로 갈 필요가 없다. 만약 당신이 도시근교 지역을 잠재적인 레스토랑 입지로 알아보고 있다면, 중심지에 위치한 건물보다 더 새 건물이며, 더 편안한 주차시설을 갖춘 곳을 찾을 수 있다.

- **전원지역형**

만약 당신이 전원지역에 레스토랑을 창업하기로 결정했다면, 그곳의 거주민들이 적어 레스토랑을 찾는 고객의 수가 많지 않을 것이다. 전원지역에서 가장 영업이 잘 될 위치는 관광지이다. 만약 당신이 작은 펜션을 창업할 예정이라면 전원지역은 매우 적합한 위치이다. 만약 당신이 일반적인 점심식사를 위한 레스토랑을 창업한다면 이 지역에 사는 인구가 적기 때문에 많은 고객의 방문은 기대하기 어려울 것이다. 실제 입지를 찾기 전에 당신이 광역지역 시장 조사시 했던 것처럼 상권 내에서도 같은 방법으로 시장 조사를 하는 것이 필요하다.

- **인구 통계**

우선, 상권의 인구 통계와 인구 밀도를 파악한다. 시·군·구청이나 소상공인 지원센터의 상권정보시스템에서 이러한 정보를 얻을 수 있다.

- **경쟁사**

상권 내에 있는 경쟁점포를 파악한다. 지도에 경쟁점포를 표시하고 지난번 시장지역에서 경쟁사 정보를 정리했던 표와 유사한 표를 만들어 본다.

The Food Service Professional

레스토랑 창업 노하우

7 특정 입지 탐색

임대 대 소유

당신은 레스토랑 입지를 사는 것보다 임대하는 방법을 고려하고 싶을지도 모른다. 일반적으로 건물 임대가 더 저렴하고 일정한 세금 혜택도 포함되기 때문이다. 게다가 레스토랑을 옮기고자 할 때 임기가 만료된다면 옮기기도 쉽다. 또한 비용이 많이 드는 매매 절차도 피할 수 있다. 상가 임대를 결정했다면 다음의 사항을 살펴본다.

- **임대 기간**

  상업적 임대 기간은 1년, 2년, 3년 5년, 10년, 20년까지도 가능하다.

- **임대료와 임대료 인상**

  임대료에 보험, 재산세와 유지비가 포함되어 있는지, 이런 요소들을 따로 지불하는 건지 알아본다.

- **보증금과 회수 조건**

- **임대하는 공간 면적**

• **개선과 변경은 어떻게 이루어질 것인가?**

예를 들어, 누가 그 비용을 지불할 것인가?

• **누가 점포를 유지하고 보수할 것인가?**

• **임대 재계약을 위해 조건이 있는가?**

또는 나중에 임대 면적을 확장할 수 있는가?

• **임대 계약은 어떻게 해지되는가?**

이것은 통보 조치 및 조기 해지에 대한 위약금이 포함된다.

• **상가 임대차 보호법을 바로 알자.**

민법에 대한 특례를 규정하여 임차인 사업자들이 안정적으로 보호받으며 생업에 종사할 수 있도록 하기 위하여 재정된 법률이다. 상가건물이란 사업자 등록의 대상이 되는 영업용 건물만 해당되며 상가건물의 모든 임차인에게 적용되는 것이 아니라 해당 지역별로 일정 금액 이하인 경우에만 적용된다. 창업자(임차인)는 보호법 적용범위 내에서 계약을 할 수 있도록 노력한다.

적용대상 지역 및 금액
서울특별시 : 2억 4천만 원 이하 수도권 중 과밀억제권역 : (서울시 제외) 1억 9천만 원 이하 광역시 : (군단위지역과 인천광역시 제외) 1억 5천만 원 이하 기타지역 : 1억 4천만 원 이하

■상가 임대차 보호법 정보 : 임차인이 보호받는 내용

1. 대항력이 생긴다.(법 제3조)

건물이 제3자에게 소유권이전(매매)되는 경우에도 사업자등록을 마친 임차인(세입자)은 새로운 소유권자(건물주)에게 임차권을 주장할 수 있다.

2. 보증금을 우선하여 변제받을 권리가 생긴다.(법 제5조)
   사업자등록을 마치고 확정일자를 받은 임차인(세입자)은 경매나 공매시 낙찰대금에서 후순위 권리자보다 우선하여 보증금을 받으실 수 있다.
3. 임대료 인상이 억제된다.(법 제11조, 12조)
   임차인은 임대인의 부당한 임대료 인상 요구에 대응할 수 있다. 임대료 인상 한도가 연 12%로 제한되고 보증금을 월세로 전환시 산정률은 연 15% 이내로 제한된다.
4. 계약갱신 요구권이 생긴다.(법 제10조)
   임대인은 특별한 사유가 없는 한 최초의 임대차 기간을 포함하여 5년 간 보장된다.(임차인은 임대차기간 만료 전 6개월 이내 1개월 내까지 계약 갱신요구를 하여야 한다.)
5. 최우선 변제권이 생긴다.(법 제14조)
   환산 보증금이 일정액 이하인 경우에는 사업자등록을 마친 소액 임차인은 경매가액의 1/3 범위 내에서 우선순위에 관계없이 보증금 중 일부를 변제받을 수 있다.(소액임차인은 확정일자 없어도 됨)

- **임대계약 전에 조건이 현재와 미래의 사업 요구사항에 잘 맞는지 생각한다.**

장기간 임대계약을 한다면 당신 사업의 미래 모습까지도 생각해 본다. 지금 또는 5년을 내다보고 임대료가 꼭 필요한 보수작업을 커버할 수 있는 정도가 되는지를 확인한다.

- **간판을 걸 수 있는지 확인한다.**

대규모 상업 복합지구에 임대를 한다면, 어느 정도의 경쟁 보호책이 임대계약에 포함되어 있는지 확인한다. 만약 당신이 커피숍을 창업했는데, 2개월도 안 돼서 소유주가 바로 옆에 또 다른 커피숍을 임대하는 일이 발생되는 것을 보고 싶지 않을 것이다.

• **사업목적 임대를 도와줄 임대 중개인을 고용하는 것을 고려해 본다.**

임대 중개인들이 하는 일은 부동산 중개인과 유사하다. 그들은 수수료를 받고 대신 많이 돌아다니며 입지를 찾아줄 것이다.

• **사인하기 전에 변호사를 통해 계약서를 검토하도록 한다.**

▣ 가맹사업

자신의 업장을 스스로 운영하는 것이 불확실하다는 생각이 든다면 가맹 레스토랑을 알아본다. 기본적으로 가맹사업은 가맹 희망자가 이미 만들어진 시스템을 가지고 있는 기존 사업을 일정 금액을 주고 가맹본부로부터 구입하는 것이다. 이 금액은 일반적으로 몇 백만 원에 이르며, 대신에 회사이름을 사용할 수 있는 권한이 주어지고, 점포를 창업하고 운영하는 데 필요한 지원을 제공받게 된다. 지원서비스는 입지분석, 교육, 마케팅 업무 등을 포함한다. 다음의 사항들을 고려한다.

• **가맹 레스토랑을 창업하게 되면, 일반 레스토랑 창업하는 것보다 선행 투자비용을 많이 줄일 수 있다.**

그러나 가맹사업 규정을 따라야 하기 때문에 어떤 권한들은 포기해야 한다.

• **당신의 창의적인 아이디어를 바탕으로 레스토랑을 창업하길 원한다면, 가맹 레스토랑은 당신에게 맞지 않는다.**

그러나 레스토랑 사업에 대해 아는 것이 없고, 단순히 사업을 하기 위해 하는 것이라면 가맹 레스토랑을 추천한다.

- **당신이 가맹사업을 선택했을 때 지출되는 비용들의 대부분은 독립적인 사업을 했을 때 지출되는 비용들과 유사하다는 것을 잊지 마라.**

이들 비용들은 임대/입지 구매 비용, 기기 구입비, 운영비와 보험비 등이 포함된다. 또한 가맹비, 개점비, 로열티, 광고비 등 가맹사업자에게 납부하는 추가적인 비용들이 발생할 수도 있다.

- **가맹사업의 통제 관리**

모든 가맹점이 동일한 이름으로 운영되기 때문에, 가맹본부 입장에서는 어느 정도의 통제를 하고 싶어 할 것이며, 고객들이 모든 지역에 위치한 가맹점에서 똑같은 음식과 똑같은 서비스를 제공받기를 원할 것이다. 가맹본부의 몇 가지 통제관리 내용은 다음과 같다.

- 입지 승인(인가)
- 입지 디자인 혹은 외관 표준 설정
- 정기적인 개보수 또는 계절별 디자인 변화
- 판매 상품과 서비스의 제한
- 사전 승인된 사인물 사용
- 종사원 유니폼
- 고정된 광고물
- 특정 회계 시스템
- 승인된 공급자에게서만 물품 구매
- 사업영역 제한

- **가맹 계약**

계약이 만료되면 일반적으로 가맹 권한에 대한 갱신이 보증되지 않는다.

- **가맹 상담**

가맹 레스토랑을 소유하는 것이 당신에게 맞는 선택인지 평가해 보고 싶다면, 한국프랜차이즈협회를 방문하여 정보를 얻는다.

▣ 현재 운영 중인 점포

현재 운영 중인 점포를 살 수 있는 다양한 기회도 있다. 고려해야 할 사항들은 다음과 같다.

- **사업을 새로 시작하는 것보다 기존 운영업체를 구매하는 것이 적은 자본금을 필요로 한다.**

  그 이유는 기존 업체를 파는 경우 대부분 모든 주방기기까지 거래 금액에 포함되기 때문이다.

- **기존 운영업체를 매입하고자 한다면 아주 조심스러울 필요가 있다.**

  사업에 실패한 점포를 사고 싶어 하는 사람은 아무도 없을 것이다. 회사의 재정적인 상태를 명확히 알아보기 위해 과거 몇 년간의 회사 재정 실적을 살펴본다.

- **어느 정도 조사를 해 본다.**

  왜 팔려고 하는지, 점포에 대한 지역주민의 반응은 어떠한지 알아본다.

- **몇 일 동안 현장에 있으면서 점포에서 현재 어떤 일이 일어나는지 조사한다.**

  영업하기에 적합한 입지인지 확인한다.

- **신문의 광고란에 점포 매매 정보가 있는지 찾아본다.**

  또한 업계잡지를 참고한다.

▣ 입지 필요 조건

레스토랑을 독립건물 형태로 운영할 것인지 상점가나 쇼핑센터에 입점할 것인지를 고려해야 할 것이다. 입점 형태에 따른 각각의 장점과 단점을 고려한다. 관광객이 주요 고객인가? 그렇다면 테마가 있고 역사적인 쇼핑 지역에 입점하는 것을 고려해 본다. 반면 대부분의 대중적인 레스토랑은 길거리 상점가에 위치할 수 있다. 여기 몇 가지 고려사항이 있다.

- **독립건물 형태 입지**

  독립건물 형태 입지는 장단점을 갖고 있다. 만약 이런 시설에 레스토랑을 창업한다면, 주변 점포에 의해 생기는 사업적 혜택을 얻지 못하게 될 것이다. 반면, 독립적인 공간을 사용할 때는 공간을 더욱 융통성 있게 사용할 수 있다. 또한 쇼핑몰이나 거리의 일반 상점 운영과 비교하여 확장이 용이한 점이 있다. 또한 사용하는 사인물의 형태에 대해 정부의 규제를 받을 걱정이 없다. 그리고 주차장을 공유하지 않아도 된다.

- **쇼핑 지역에 입점할 생각이라면, 쇼핑 고객을 레스토랑으로 유인하기 쉬울 것이다.**

  그러나 독립건물로 운영하는 점포들과 비교하여 경쟁이 더욱 치열할지 모른다. 쇼핑 지역 내에서 공간과 주차시설에 대한 더 많은 제약을 받을 것이다.

- **도시 중심에 입점할 것인지, 아니면 교외 지역에 입점할 것인지를 고려한다.**

  고객의 특징이 점심 직장인들이라면 비즈니스 업무가 모여 있는 도시 중심에 레스토랑을 개업하는 것이 더 나을 것이다.

▣ 일직선의 상점가 입지

직선으로 되어 있는 상점가에 입점하기로 결정했다면, 레스토랑은 세 가지 형태의 입지를 선택할 수 있다; 다른 건물들과 분리된 위치, 상점가 내의 다른 점포와 붙어있는 위치, 건물의 제일 끝에 위치해 있는 형태를 들 수 있다. 상점가에서 최고의 위치를 선택할 수 있는 몇 가지 요령을 제시한다.

- **독립건물 형태**

  일반적으로 독립건물은 가장 가시성이 뛰어난 형태이다.

- **붙어 있는 형태**

  점포들이 모두 붙어 있다면 이들 점포 중에 제일 끝에 있는 점포가 가운데 있는 점포보다 매출이 더 많다. 일반적으로 상점가의 제일 끝에 있는 점포가 가시성이 더 높다.

- **상점가의 가운데 위치는 불리하다.**

  여러 점포들에 파묻혀 잠재고객의 눈길을 끌기 어렵다. 이런 곳은 간판 등의 제약이 많아, 사인물로 점포를 차별화시키기 어려울 것이다. 그러나 레스토랑을 차별화시키는 다른 방법이 있다면, 그것은 임대계약에 달려 있다. 테이블을 바깥에 둔다든가, 스페셜 샌드위치 리스트를 작성하여 샌드위치 보드를 만들어 놓는 것이다. 고객을 끌기 위해 점포 밖으로 음악을 내보내는 것도 좋다. 아니면 점원을 시식용 메뉴를 가지고 직접 인도로 내보내는 것도 좋다.

- **레스토랑이 중심에서 오른쪽에 위치해 있다면 건물의 구성 때문에 더 높은 가시성을 확보할 수 있다.**

  쇼핑몰 내에 백화점과 같은 주요 상점을 잘 살펴본다. 이러한 건물 옆에 위치한다면 가시성을 더욱 높일 수 있다.

- **마지막으로 일직선의 상점가 내에 입점하기로 했다면, 그 지역 내의 다른 쇼핑 장소에 관심을 가져야 한다.**

  일반적으로 일직선 상점이 있는 곳이면 주변에 또 다른 상점가가 있기 마련이다. 2급 장소에 레스토랑을 창업하지 않도록 주의한다. 지나면서 얼마나 잘 보일 수 있는 곳인지도 확인해야 한다. 지나가면서 보이는 다른 점포들에 비해 가장 눈에 잘 띄는가?

- **상점가 앞에 공터가 있다면 향후 이곳에 건물을 세울 계획이 있는지 확인한다.**

  건물이 들어선다면 레스토랑의 가시성에 안 좋은 영향을 미치기 때문이다.

- **레스토랑이 미래에 어떤 모습이길 원하는지 생각해 본다.**

  5년 내에 확장할 생각을 가지고 있다면, 일직선 상점가 내의 입점은 좋지 않다. 왜냐하면, 너무 제한적이고 확장 계획을 실현하기 어려울 수도 있기 때문이다.

쇼핑몰 입지

쇼핑몰 입지를 고려한다면 해야 할 일이 있다. 쇼핑몰을 방문하여 어떤 점포가 이미 입점해 있는지를 조사하고, 어떤 새로운 점포가 입점할 계획인지 파악한다. 잠재적인 가능성을 조사한다.

- **면적**

  사용 가능한 면적과 조건을 알아본다.

- **고객들이 몰리는 피크 쇼핑 시간에 주의한다.**

  고객의 구성비도 파악해 둔다.

- **주요 상점의 위치**

  일직선 상점가의 위치처럼 백화점 같은 대형 상점의 위치를 파악해 둔다. 이러한 상점 근처에 위치하면 유리하다.

- **통로 끝 막다른 위치는 피한다.**

  보통 고객은 쇼핑몰 통로의 끝까지 돌면서 상점을 탐색하지 않는다.

- **오늘날 많은 쇼핑몰들이 푸드코트를 가지고 있다.**

  푸드코트에 입점하는 것을 생각해 본다. 그러나 많은 제약이 따를 것이다. 푸드코트는 전형적으로 매우 작게 운영되며, 공간과 시설 제약으로 한정된 메뉴를 서비스할 수밖에 없다. 이는 자연히 매출과 이윤 창출에 영향을 미치게 된다.

▣ 시설 요구사항

입지에 필요한 공간과 디자인 요구사항에 대해서도 생각해 봐야 한다. 점포를 홀과 주방으로 분리하고 양쪽 지역에 무엇이 필요한지를 파악한다.

- **시설 전문가에 따르면 식사 공간이 가장 많은 부분을 차지한다고 한다.**

  그 다음으로 주방과 전처리 공간, 창고가 차지한다. 일반적으로 공간은 다음과 같이 나눠진다.

  - 전체의 40~60%를 식사공간이 차지한다.
  - 약 30%가 주방이다.
  - 약 12%가 실질적인 조리 준비 공간이고, 나머지 공간은 세척실, 쓰레기 및 검수 공간이다.
  - 창고와 사무실은 모든 공간을 사용하고 난 뒤 나머지 공간에 만든다.

- **디자인 컨설턴트**

신규사업을 시작하는 것이라면 건축가나 레스토랑 디자인 컨설턴트를 고용할 수 있다. 그러나 이러한 전문적인 서비스는 수천만 원의 비용이 든다는 점을 기억한다.

- **식사를 위해 얼마나 넓은 공간이 필요한가?**

예상매출 정보는 필요로 하는 식사 공간이 얼마나 되는지에 대한 정보를 제공한다. 만약 예상매출이 일주일에 800명의 사람에게 서비스하여 2천만 원의 잠재적 수익을 낸다고 가정하자. 일주일에 6일을 영업하고 매일 밤 좌석 회전율이 1회라 가정하면 1시간에 약 70명의 고객이 방문할 것으로 예상할 수 있다(800명/6일=133.33명 ; 133.33명/2회전=66.66). 테이블당 고객의 식사 공간은 약 1.39~1.67m^2가 필요하다. 따라서 전체적인 식사공간으로 약 120.78m^2가 필요하다. 그러나 여기에는 바와 로비, 종사원 서비스 공간 또는 화장실 등이 고려되어 있지 않다는 것을 기억한다.

- **만약 바를 설치한다면 3개의 식사 좌석당 하나의 바 좌석을 설치해야 한다.**

바 의자는 0.2m^2의 공간이 필요하고 테이블에서는 0.93~10.41m^2의 공간이 필요하다.

▣ 공간 요구사항의 사례

도움이 될 만한 몇 가지 레스토랑 컨셉들의 전형적인 공간 요구사항들이다.

- **피자 레스토랑**

피자 레스토랑의 경우 피자를 만들기 위해 스팀테이블, 찬음식테이블, 피자 오븐, 샌드위치 오븐, 프라이어 등이 들어갈 공간이 필요할 것이다. 테이크아웃 전문점을 개업한다면, 점포 앞부분에 카운터와 금전등록기가 필요할 것이다. 고객에게 피자를 직접 제공한다면 식사할 수 있는 공간과 고객 화장실 등이 필요할 것이다. 대부분의 피자 점포는 많은 좌석을 가지고 있지 않다. 그 이유는 대부분이 테이크아웃과 배달이 많을 것으로 보고 설계했기 때문이다. 배달전문 피자 레스토랑은 80~140m^2 정도의 공간이 필요하며, 식사 공간을 갖춘다면 더 큰 시설이 필요한데 약 250~370m^2 정도가 적당하다.

- **샌드위치 가게**

  대략 50~300m^2 정도의 공간이 필요하다.

- **커피하우스**

  80~300m^2의 공간이 필요하다.

- **베이커리**

  고객이 점포 내에서 빵을 먹지 않는다면, 100~150m^2의 공간이 절약될 수 있다. 그러나 점포 내에 시식 공간을 마련해야 한다면 300m^2의 공간이 필요하다.

▣ 입지 특성

레스토랑을 창업하고자 하는 지역을 정했고 레스토랑에 가장 적합한 시설 형태를 결정했다면, 다음으로 구체적인 특정 입지를 선정해야 한다. 성공적인 입지 요인은 무엇인가? 레스토랑에서 가장 중요한 요인은 고객을 끌어들일 수 있느냐 하는 점이다. 여러 가지 요인 중에서도 성공적인 입지는 레스토랑의 성공에 가장 큰 영향을 미칠 수 있다. 만약 당신이 피자 레스토랑을 창업하기 위해 입지 조사를 실시한 결과, 부산의 해운대 지역에 3개의 입지로 좁혔다고 가정하자. 이제 어느 위치가 최고인지를 결정하기 위해 비교해 봐야 한다. 다음은 고려해야 할 몇 가지 중요한 요소들이다.

- **가시성**

  고객이 얼마나 쉽게 입지를 볼 수 있는가? 도로가 교차하는 사거리 코너에 위치한다면 최고의 가시성을 갖게 될 것이다.

- **지대의 높이**

  이것은 가시성을 증대시켜 줄 뿐만 아니라, 특히 눈이 많이 오는 겨울에도 운전자들이 주차장을 쉽게 찾고, 또 쉽게 나갈 수 있게 해준다.

- **막다른 길과 일방통행 도로는 피하도록 한다.**

- **주차**

  얼마나 주차할 수 있는지 확인한다. 주차공간이 거의 없는 지역이나 범죄율이 높은 지역에서는 대리 주차를 고려해 보는 것이 좋다.

- **진입/진출**

  얼마나 쉽게 주차장에 들어오고 나갈 수 있나? 예상 입점 위치 앞의 도로를 살펴본다. 중앙 분리대가 있는가? 이러한 위치는 레스토랑 주차장으로 회전하고 싶을 때 어려움이 있다.

- **접근성**

  고객은 집 혹은 회사에서 얼마나 쉽게 레스토랑에 접근할 수 있는가? 상권 내를 운전하며 돌아다녀본다. 차를 타고 가능한 한 모든 위치에서 당신의 레스토랑으로 가는 길을 살펴본다. 도착하는 데 얼마나 걸리는가? 점심식사를 할 거라면 점심시간에 운전할 것인가? 퇴근길에 레스토랑까지 걸리는 시간은 어느 정도인가?

• **소매점의 시너지**

다른 소매 점포들의 유무는 유동인구에 어떤 영향을 주는가? 우리가 '경쟁'이라는 단어를 사용할 때에는 일반적으로 부정적인 의미를 함축하지만 다른 모든 사업에서 경쟁이 그런 것은 아니다. 시너지즘(synergism)은 다른 사업체들에 근접해 있음으로 해서 당신 점포의 매출이 올라가는 아이디어를 말한다. 만약 프렌치 레스토랑 옆에 다른 프렌치 레스토랑이 입점에 있다면 시너지즘은 기대할 수 없을 것이다. 그러나 같은 블록 내에서 당신이 프렌치 레스토랑을 운영하고 옆에 스테이크 하우스나 일식당, 가구점, 쇼핑몰 등이 있다면 잠재고객에게 노출될 확률이 높아지기 때문에 매출이 상승하게 될 것이다. 패스트푸드는 시너지즘 법칙에 예외인 것처럼 보인다. 근처에 다른 패스트푸드점이 있는 것이 매출에 부정적인 영향을 미치지는 않는다.

• **보안**

입지는 얼마나 안전한가? 지역 내 어떤 범죄들이 일어났었는지 알아보기 위해 경찰서를 방문해 본다. 또한 입점할 위치에 외부 조명이 설치되어 있는지도 파악한다.

▣ 입지 방문

이제 레스토랑 운영에 있어 중요한 입지의 특성을 정리했다. 잠재 입지를 직접 방문할 때 아래 정보를 활용한다. 당신이 고려 중인 위치들을 서로 비교할 수 있도록 워크시트(worksheet)를 만든다.

- **다음의 예를 참조한다.**

입지주소 : 부산시 해운대구 A지역						
	가시성	주차	진입	접근성	시너지	안전성
탁월함		✓				✓
좋음	✓					
보통				✓	✓	
불량			✓			
비고 : 새 빌딩이고 약간의 리모델링이 필요할 듯						

입지주소 : 부산시 해운대구 B지역						
	가시성	주차	진입	접근성	시너지	안전성
탁월함		✓			✓	
좋음	✓					
보통			✓	✓		✓
불량						
비고 : 그전에 꽃가게로 사용하던 곳이며 리모델링 필요						

입지주소 : 부산시 해운대구 C지역						
	가시성	주차	진입	접근성	시너지	안전성
탁월함	✓				✓	✓
좋음			✓			
보통				✓		
불량		✓				
비고 : 주차시설이 열악해서 임대료 가격 협상가능						

- **이 모든 정보를 데이터베이스 또는 스프레드시트에 입력한다.**

이것은 요인들 비교를 용이하게 해준다.

주소	A지역	B지역	C지역
가시성	좋음	좋음	탁월함
주차시설	탁월함	탁월함	불량

주소	A지역	B지역	C지역
진입	불량	보통	좋음
접근성	보통	보통	보통
시너지	보통	탁월함	탁월함
안전성	탁월함	보통	탁월함

- **사실, 100% 완벽한 입지는 없다.**

아마도 여러 조사를 통해 지금쯤 어느 정도는 어려운 결정을 해야 했을 것이다. 위의 사례를 보면, 어느 입지도 완벽한 선택은 아니다. 그래서 레스토랑의 미래 성공에 가장 중요한 영향을 미치는 요인들을 중심으로 꼼꼼히 살펴보는 것이 필요하다. 앞에서 언급했던 피자 레스토랑을 예로 들어보면, 대학 근처의 장소를 찾고 있고 테이크아웃과 배달서비스를 전문으로 할 계획이라고 하자. 이 경우 배달사원이 현금을 가지고 이동하므로 안전성이 있어야 하고, 주차와 진입이 쉽게 이루어져야 한다. 위의 3개 위치 중 B지역이 요구사항에 가장 근접한 입지라고 할 수 있다. 앞 장에서 설명했던 것처럼 입지 방문을 통해 얻은 정보를 바탕으로 더 깊이 조사해 본다.

- **평방미터당 비용 비교**

부동산 중개인이나 웹 페이지 등으로부터 평방미터 측정 자료를 얻을 수 있다.

- **평방미터 측정표와 가격에 대한 또 다른 표를 만들어 본다.**

주소	A지역	B지역	C지역
판매가격	1억 원	1억 5천만 원	2억 원
면적	250m²	300m²	370m²
평방미터당 비용	40만 원	50만 원	54만 원

- **부동산 중개인에게 해당 지역의 평방미터당 평균 비용을 알아본다.**

  이 정보를 당신이 만든 표와 비교해 보면 초과해서 지불하는 것을 막을 수 있다.

- **접근하기 어렵다고 걱정하지 마라.**

  관심을 갖고 있는 건물에 접근이 어렵다해도 건물의 규모와 개선점 등의 관련 정보를 여전히 수집할 수 있다.

- **부동산 포털사이트**

  부동산 웹사이트를 들어가 보면 건물 규모와 판매가격 등 매물정보, 시세정보 등에 관한 자세한 정보를 얻을 수 있다. 주택에 대한 정보뿐만 아니라 상업적 건물에 관한 정보도 포함된다.

- **지역사회**

  입점하고자 하는 위치의 지역도 잘 살펴본다. 몇 년이나 되었는가? 지역이 발전하고 있는가, 아니면 사양길에 접어들고 있는가? 비어 있는 공터나 부동산이 매물로 많이 나와있는지 알아본다. 공원과 학교, 회사, 병원, 극장이나 운동장 같은 시설이 있는가? 이 모든 요인들은 점포 입지를 선택하는 데 있어 결정요소가 되거나 레스토랑 타입에 따라 도움이 되는 요소일 수 있다.

- **인구 통계**

  광역 지역 시장 조사와 마찬가지로, 인구 통계는 중요한 조사 도구이다. 이웃에 누가 살고 무슨 일을 하는지, 당신 고객이 되기에 충분한 사람인지도 파악할 수 있다.

▣ 교통량 산출

이 조사 시점에는 잠재적 고객의 수를 파악하기 위해 교통량을 산출할 수 있다. 이것은 잠재적 입점 위치에서 지켜서 있으면서 단순히 차의 대수를 세는 것을 의미한다. 자료를 정리한다. 다음 페이지의 예를 참조한다.

• 피크 시간

한 시간에 통과하는 자동차 수를 세어봄으로써 잠재고객의 수를 쉽게 알 수 있다. 또한 최고로 차가 많이 몰리는 시간도 알 수 있게 된다. 레스토랑을 열어 점심과 저녁 영업을 할 계획이라면 오후 1시와 2시 사이, 오후 5시에서 7시 또는 8시 사이에 통행량이 최고를 이루는 지역을 찾아야 한다.

장소 1의 통행량	
시간대	자동차수
-오전 10시 -오전 11시 -정오 12시 -오후 1시 -오후 2시 -오후 3시 -오후 4시 -오후 5시 -오후 6시 -오후 7시 -오후 8시 -오후 9시 -오후 10시 -오후 11시	

- **접근성**

교통량 조사와 함께 레스토랑으로 오기까지 얼마나 복잡할지도 파악한다. 어느 정도의 교통량이면 잠재고객들로 하여금 이곳으로 오도록 하는 데 문제가 되는가? 주차가 어려운 일방통행로에 위치했는가? 스스로 운전하고 돌아다녀보면 얻을 수 있는 정보이다. 다른 정보는 고객 조사를 통해 얻을 수 있다.

▣ 경쟁사

직접적인 경쟁을 살펴본다. 경쟁사 조사는 수익성을 보장하기 위해서 필요한 상권 내의 점유율은 얼마가 되어야 하는지 파악하는 가장 좋은 방법 중의 하나이다. 경쟁사수를 상권 내의 인구수로 나눠본다. 이렇게 하면 예측하는 시장 점유율을 계산할 수 있다. 예를 들어, 상권 내의 인구가 5,000명이라고 하자. 상권에 10개의 경쟁 피자 점포가 있다고 하면, 당신의 레스토랑이 성공하려면 500명의 고객이 필요할 것이다. 경쟁을 판단하는 데 필요한 몇 가지 요령이 있다.

- **자료를 만든다.**

전화번호부를 통해 경쟁사 목록표를 작성한다. 지역을 돌아다녀보고 경쟁자들에 대한 정보를 기입한다.

- **경쟁사 목록표를 만들었다면, 벽에 있는 지도에 당신의 '라이벌' 위치를 각각 표시한다.**

이것은 경쟁자들을 한눈에 알아볼 수 있게 해준다.

- **경쟁자를 분류한다.**

경쟁사들을 직접적인 경쟁자와 간접적인 경쟁자의 두 영역으로 나눌 수 있다. 직접적인 경쟁자들은 같은 컨셉을 가진 레스토랑들을 말한다. 이 경우 모든 피자 점포가 해당된다. 간접적인 경쟁자는 당신의 메뉴와는 상관없는 음식을 파는 다른 레스토랑들을 말한다.

- **경쟁사의 매출 영향 효과를 측정한다.**

마지막으로 경쟁 레스토랑이 당신의 레스토랑에 영향을 미치는 매출 효과를 분석한다. 이를 측정하기 위해서는 당신이 입점한 위치에서 경쟁자가 떨어져 있는 거리를 활용한다. 또한 경쟁자가 고객을 가로채는 위치에 있는지를 살펴본다.

- **근접성**

거리가 판매 예측에 중요한 변수라는 사실이 명확하다면, 경쟁자를 지도에 표시하고 고객이 당신의 레스토랑을 방문할 때 경쟁자의 위치가 당신의 레스토랑에 오는 고객을 가로채는 위치인지 아닌지를 분석해 본다. 경쟁자가 당신의 입지에 매우 가까이 있다면 매출에 심각한 영향을 미칠 것이다.

- **다른 요인들**

거리가 판매 예측에 중요한 요인이 아니라면 다른 어떤 요인이 관련되어 있는지 살펴보고 경쟁사를 평가해 봐야 한다. 예를 들어, 레스토랑이 독특한 컨셉의 레스토랑이고 비교할 수 없는 독특한 메뉴로 고객을 끌 수 있다면, 경쟁자의 메뉴를 자세히 살펴본다. 이 경우 목표 시장을 더 넓은 지역으로 확대해도 될 것이다.

- **아래 경쟁자 사례를 살펴본다.**

아래에 있는 표는 당신의 상권에 위치한 레스토랑을 나타내고 있다. 이러한 정보를 기록하고 데이터베이스로 만들면 직접적·간접적 경쟁자를 쉽게 비교할 수 있다. 이 정보는 필요한 시설 규모를 결정하는 데 도움을 줄 것이고, 새로 시작한 레스토랑에서의 주당 예상 수입을 결정하는 데에도 도움을 줄 것이다.

이름	직접(D)/간접(I)	위치	규모(m^2)	주간 매출(만원)
파블리토스피자	D	5번가와 3번가 사이	740	3,000
아웃백스테이크하우스	I	1600번지	690	2,500
조스샌드위치	I	3번가 16번지	740	1,500
앤지스피자	D	중앙로와 6번가 사이	69	550
코너베이커리	I	코너 1414번지	93	850
테리스그릴	I	1211번지	98	1,000

- **최적의 공간**

위 표에서 직접적인 경쟁자가 69에서 740m^2의 공간을 사용하고 있는 것을 알 수 있다. 당신도 이와 비슷한 규모로 시설을 만드는 것이 안전하다고 볼 수 있다. 파블리토스피자나 다른 간접적인 경쟁자들보다 높은 매출을 생각한다면 더 큰 건물을 찾아본다.

The FOOD Service Professional

레스토랑 창업 노하우

8 입지 물건 협상 및 확보

타당성 조사

상업적 입지를 사는 과정은 집을 구매하기 위해 부동산을 구하는 과정과 매우 비슷하다. 부동산을 사겠다고 마음 먹으면 그 다음에는 자금 조달, 검열, 평가 및 허가받는 과정을 거쳐야만 한다. 지금까지 우리는 완벽한 장소를 어떻게 찾을 것인가에만 많은 관심을 쏟아왔다. 이제 그러한 장소를 찾았다면 그 다음에 무엇을 해야 하는지에 대해서 살펴볼 것이다. 부동산 중개인을 고용하는 단계에 도달하기 훨씬 전에 먼저 타당성 조사를 실시하고 사업계획서를 작성해야 한다. 진행 과정을 다음과 같이 소개한다.

- **타당성 조사는 무엇인가?**

  타당성 조사는 사업이 성공할 수 있는 가능성 및 수익을 창출할 수 있는지를 분석하는 것이다. 이러한 조사는 모든 정보를 한 곳에 끌어 모으는 데 도움이 될 수 있다.

- **필요한 정보**

  타당성 조사를 실시할 때 비용과 관련된 정보가 필요하다. 예를 들면, 린넨, 종사원 유니폼, 주방기기, 그릇, 보험, 수도광열비, 임대료 및 담보대출, 사무용품, 급여, 세금, 광고비, 수선유지비, 식재료비, 오물수거비,

건강보험료 및 재해보상 비용 등이 이에 속한다. 예상 매출 정보와 함께 이러한 정보는 레스토랑의 잠재적인 재무 건강상태의 큰 그림을 그려볼 수 있게 하고, 수익을 내기 위해 얼마에 판매해야 하는지 결정하는데 도움이 될 수 있다. 소상공인 지원센터나 한국프랜차이즈협회 홈페이지를 방문해 조사샘플을 얻을 수 있다.

▣ 사업계획서 작성

모든 사업은 사업계획 또는 전략을 가지고 있어야 한다. 이것은 사업 목표를 뚜렷이 하고 거기에 집중할 수 있도록 해주기 때문이다. 사업계획서란 기본적으로 사업할 때 그 길을 안내해 주는 서면 성명서라고 할 수 있다. 또한 점포 개업을 위해 융자를 얻을 계획이라면 대부분의 은행과 채권자들은 대출을 결정하기 전에 사업계획서를 요구한다. 레스토랑을 개업하고자 할 때 융자를 받는 것이 일반적이며, 특히 부동산의 일부를 구매하게 될 때 융자가 필요하다. 다음은 사업계획서를 작성하는 요령을 소개한다.

▣ 사업계획서에는 아래 항목들이 포함되어야 한다.

• 표지 문건

표지 문건에는 레스토랑 이름, 주소, 전화번호 그리고 대표자의 이름이 들어가야 한다.

• 사업 목적

상대적으로 간단하게 작성할 수 있으며 입지 조사 초기단계에서 작성했던 기업 사명을 바탕으로 작성한다.

• **목차**

읽는 사람들이 자료를 쉽게 찾을 수 있도록 표 목차를 넣는 것도 잊어서는 안 된다. 읽기 쉽게 작성된 사업계획서일수록 대출 담당자들의 만족도를 제고할 수 있고, 일반적으로 만족한 대출담당자와 일하기도 더 편하다.

• **사업 개요**

이 부분에서는 사업 목적을 언급한다. 왜 사업을 시작하게 되었으며 무엇을 달성하고 싶은지에 대해 자세히 기록한다. 여기에서는 당신 사업에 대해 자세한 설명이 들어가야 한다. 레스토랑의 컨셉에 대해 생각해 봄으로써 용어와 스타일의 아이디어를 얻을 수 있다. 또한 여기에는 사업 내용, 상품(메뉴), 개업하고자 하는 레스토랑 입지를 설명해야 할 것이다. 사업 소개에서는 단독으로 사업을 시작하는지 아니면 동업자가 있는지 등에 대한 정보도 포함되어야 한다. 프랜차이즈로 할 것인가 아니면 개인사업을 할 것인가? 또한 레스토랑의 잠재 수익성 및 성장성에 대해 언급한다. 레스토랑을 언제 개업하고 싶은지 레스토랑의 특징과 메뉴 등에 대해서도 설명한다.

• **상품 개요**

이 부분은 메뉴에 대해서 설명한다. 어떤 음식과 서비스가 제공될 것인가? 레스토랑 유형이 수요가 있는가? 레스토랑과 메뉴의 차별화 포인트는 무엇인가?

• **입지 설명**

레스토랑을 어디에 창업할 것인지 설명한다. 가시성 및 면적과 같은 정보를 포함한다. 부동산 대출을 위해서는 가능한 한 자세하게 설명하고 이 입지가 당신 레스토랑을 성공시키는 데 얼마나 도움이 될 것인지에 대한 정보도 포함한다.

- **경영 조직**

초기단계에서는 단지 당신 혼자 들어가 있을 수 있다. 만약 어느 정도 조직을 갖출 만한 핵심인물들을 내정했다면, 이력서를 포함해서 이들에 관한 정보를 포함한다. 이들의 스킬은 무엇이고, 대출금을 갚아나가는데 이런 사람들이 사업에 어떻게 도움이 될 것인지 등에 대해 설명한다. 이들 경영진의 월 급여 또한 포함되어야 할 것이다.

- **인력 계획**

이 부분은 레스토랑을 운영하는 데 얼마나 많은 인력이 필요한지에 대한 정보가 포함되어야 한다. 직원들의 이름을 적을 필요는 없으며, 직무에 따른 필요한 인력 리스트를 만든다. 주방 조리인원, 바텐더, 서비스 종사원 등이 몇 명이 필요한지 산출한다. 또한 이들 종사원들의 시간당 급여도 제시한다.

- **경쟁사**

이 부분에서는 3~5개 정도의 가장 가까이 위치한 직접적 경쟁 상대에 대한 정보를 포함하도록 한다. 누가 당신의 직접적인 경쟁자인가? 이들 경쟁자의 사업 동향은 어떠한가? 이들의 강점과 약점은 무엇이며 이들과 어떻게 차별화시킬 것인가? 등의 정보가 필요하다.

- **가격과 매출**

이 부분은 메뉴 가격을 어떻게 책정할 것인가에 대한 정보가 포함되어야 한다. 기존에 있던 레스토랑이라면 이 부분은 쉽게 작성할 수 있다. 하지만 신규 레스토랑이라면 작업하는 데 시간이 좀 걸릴 것이다. 먼저 메뉴 가격을 결정하기 전에 메뉴에 대해 정확한 아이디어가 있어야 하며 어떤 메뉴를 팔고자 하는지에 대해 생각해 본다. 이를 위해서는 당신의 레스토랑 컨셉과 고객 프로파일로 다시 돌아갈 필요가 있다. 만약 레스토랑 컨셉이 피자라고 하고, 고객의 프로파일을 보면 고급스러운 피자를 원한다고 가정하자. 이 점을 고려하여 다음과 같은 메뉴 틀을 만들기로 결정한다.

- 베지테리안 딜라이트(Vegetarian Delight) : 장작에 구운 씬 크러스트 위에 페스토 소스를 바르고 엉겅퀴, 로마 토마토, 블랙 올리브와 염소 치즈로 토핑
- 스피나치 러버(Spinach Lover's) : 장작불에 구운 크러스트 위에 구운 마늘 올리브 오일을 바르고 시금치, 햇볕에 말린 토마토, 폰티나와 페타 치즈 그리고 붉은 양파로 토핑
- 언레귤라(The Unregular) : 매운 마리아나 소스 위에 타파네이드, 포르타벨라 버섯, 프로스키토 그리고 훈제 프로볼로네 치즈로 토핑
- 아임스터프트(I'm Stuffed) : 가지, 마리아나, 프로볼로네치즈와 매운 이탈리안 소세지로 채워진 피자

- **이 메뉴들이 시장조사 결과와 잘 맞는다고 하자.**

그러나 여전히 메뉴의 가격을 정해야 한다. 이를 위해서는 지역 식자재 납품업자들에 대해 조사할 필요가 있다. 식재료 가격을 조사하여 각 메뉴에 대한 원가를 계산한다. 식자재 납품업자에 대한 정보를 수집한 후 메뉴들의 식재료비 원가는 다음과 같이 산출되었다.

- 베지테리안 딜라이트 : 2,500원
- 스피나치 러버 : 3,250원
- 언레귤라 : 3,250원
- 아임스터프트 : 2,850원

- **다음으로 각 메뉴에 대한 인건비를 산출한다.**

레스토랑에 있는 대부분의 메뉴들은 비슷한 인건비가 소요된다고 가정한다. 지역 상권을 조사한 인건비를 살펴보면, 주방 인력의 인건비의 경우 시간당 5,000원에서 8,000원 정도라는 것을 알았다. 피자를 만드는 실험을 해 본 결과 피자 하나 당 10분이 소요된다고 가정하면, 피자 당 인건비는 1,083원이라고 할 수 있다(시간당 평균 인건비를 6,500원으로 계산하고 60분으로 나눠준다).

- **간접비는 어떻게 계산하는가?**

사업계획서를 참조한다. 사업계획서에는 지출할 모든 간접비용이 포함되어 있어야 한다. 일평균 간접비를 계산하고 전체 예상 매출을 살펴본다. 일평균 간접비가 300,000원이고, 예상매출(경쟁사 매출 참조)은 1,400,000원이라고 하자. 경쟁사 조사결과 일평균 200명의 고객이 방문한다고 보았다면 고객 1인당 간접비는 1,500원이 된다. 피자 하나로 2명을 서비스한다고 볼 때 피자 하나당 간접비는 3,000원이다. 여기에 식재료비, 인건비를 더해 보면 언레귤러라는 피자의 원가는 3,250원 + 1,083원 + 3,000원 = 7,333원이다.

이제 다시 사업계획서를 보고 전체 이익률을 얼마로 설정했는지 살펴본다. 전체 매출의 15%를 이익으로 보았다면 언레귤러 피자의 판매가격은 7,333원 + 1,099원(7,333원의 15%) = 8,433원이 될 것이다.

▣ 마케팅 계획 : 사업계획의 매우 중요한 부분

마케팅 계획을 수립하기 위해서 고객 프로파일과 인구 통계 조사 자료를 활용한다. 여기에서는 당신의 전형적인 고객을 설명하고, 목표 시장을 정의하고, 어떻게 광고하고 판매 촉진할 것인지, 그리고 당신의 가격 전략은 어떠한지 등에 대해 기술한다. 또한 성장 및 사업 확장 가능성에 대한 생각도 포함할 수 있다. 만약 프랜차이즈를 하기로 했다면, 마케팅 계획은 이미 잘 정리되어 있다. 하지만 개인적으로 사업을 시작한다면, 신장 개업했다는 것을 광고하기 위해 창조적이면서 저렴한 방법을 고민해 봐야 할 것이다. 지금 당장은 TV나 라디오에 광고를 낼 능력은 안 되겠지만, 매출을 창출할 수 있는 다른 방법들을 생각해 본다.

- **지역 라디오 방송국 모금 운동에 음식을 기부한다.**

  이는 음식을 기부한 사람들에게 감사를 표할 때 라디오를 통해 당신의 레스토랑도 무료광고가 될 것이다.

- **지역 상공회의소를 방문한다.**

  모든 도시에 축제, 퍼레이드, 그리고 다른 이벤트들이 많다. 이런 행사에 레스토랑이 어떻게 참여할 수 있는지 알아본다.

- **지역 쇼핑몰에 요리 시연장을 만든다.**

- **개점 행사를 크게 한다.**

- **어떤 방법으로 마케팅하든지, 당신의 사업계획서에 이러한 내용을 포함시킨다.**

  돈을 대출해 주는 기관들은 상품을 어떻게 마케팅하고 판매할지에 대한 당신의 아이디어를 볼 수 있기 때문에 마케팅 계획이 매우 중요하다.

▣ 경영 계획 : 사업 계획의 중요한 부분

레스토랑을 소유한다는 것은 경영한다는 것이다. 점포, 재정 및 종사원들을 관리해야 한다. 강한 경영계획은 레스토랑을 성공으로 이끄는 정책과 목표를 개발하는데 도움이 된다. 만약 재무관리 및 인사관리 스킬이 부족하다면, 이 부분을 어떻게 개선할 것인지 설명해야 한다. 필요에 따라서는 몇 가지 수업을 듣거나 이런 관리능력을 갖춘 인재를 고용할 수 있다. 경영 계획은 당신의 경력과 사업 경험이 어떻게 도움이 될 것인지, 당신의 약점은 무엇이며 이를 어떻게 극복할 것인지, 관리 팀원과 그들의 직무, 채용과 훈련에 필요한 제도, 급여와 혜택 제도, 그리고 종사원 제도 등을 포함해야 한다.

- **예상 매출**

앞에서 수행했던 조사를 바탕으로 예상 매출을 설정한다. 다음에 있는 형식은 매출 예측을 어떻게 하는지 보여주는 사례이다.

	일일	주간	연간
좌석수			
제공된 식사수			
객단가			
총음식매출			
총식재료비			
매출 이익			
총지출			
인건비			
간접비			
총순이익			

- **재무 관리 계획**

여기에서는 현실성 있는 예산 계획을 보여줘야 한다. 레스토랑 개점에 필요한 실제 금액과 일일 영업비용이 얼마인지 정확하게 산출한다. 예산에는 2가지 종류가 있는데, 초기 개점 예산과 운영 예산이다. 초기 개점 예산을 산출하기 위해서는 입지 구매 비용, 주요 주방기기 비용, 설비 보증금, 계약금, 법적 비용, 영업허가 비용, 기구 구매 비용, 메뉴판 제작비용과 보험료 등과 같은 일회성 비용을 설명해야 한다. 당신의 운영 예산은 3개월 내지 6개월 동안 레스토랑을 계속적으로 운영하기 위해 얼마나 필요한지가 포함된다. 이 예산에는 보험료, 임대료, 감가상각비, 할부금, 식재료비, 광고 선전비, 법적/회계비용, 임금, 급여, 수도광열비, 세금 그리고 수선유지비 등이 포함된다.

- **이 시점에서는 전문 회계사의 도움이 필요할지 모른다.**

재무제표가 제대로 만들어졌는지 확인하는 것은 대출을 확실하게 받는데 매우 중요한 단계이다.

- **재무제표**

재무 분야에서 가장 중요한 항목은 대차대조표, 현금흐름표와 손익계산서이다. 신규사업을 시작한다면 은행이나 다른 투자가들에게 보여줄 과거 매출 실적이 없을 것이다. 신규 레스토랑을 시작하려 한다면, 매출 예측을 위해 사업계획서를 기초로 한다. 현금흐름표로부터 정보를 수집한다. 만약 기존에 있던 레스토랑이고, 다른 장소로 레스토랑을 옮기거나 새로 오픈하려고 한다면, 과거 재무제표는 새로운 융자를 받을 때 중요한 항목이 된다.

- **손익계산서**

이것은 예상 매출 수치를 기초로 한다. 이 숫자에 사업을 운영할 때 드는 비용이 얼마인지를 더해 준다. 순매출, 매출원가, 영업비용, 영업이익, 수입에 대한 세금, 그리고 순수입과 같은 정보를 포함한다. 다음은 손익계산서 사례이다.

손익계산서
총매출액
비용
인건비
식재료비
복리후생비
광고비
수도광열비
수선비
임대료
보험료
재산세
총비용
세전이익
세금
세후이익

- **대차대조표**

이것은 사업의 순자산을 보여주는 총자산과 부채 개별 항목 리스트를 말한다. 다음은 대차대조표 양식 사례이다.

자산	부채
유동자산	**유동부채**
현금 · 예금	매입채무
미수금	단기차입금
재고	미지급법인세
기타	선수금
	기타
고정자산	**고정부채**

건물	사채
기계장치	장기차입금
차량운반구	퇴직급여충당금
기타	기타
자산총계	**부채총계**

- **현금흐름표**

이 표는 순수입을 보여주고 은행에게 빚을 갚을 수 있는 능력이 얼마나 되는지를 보여준다. 일반적으로 현금흐름표는 예금통장과 유사하다. 돈이 들어오게 되면 장부에 기록하고 돈을 지출할 때 장부의 전체 금액에서 지출 금액을 차감한다. 레스토랑 사업을 시작할 때는 벌어들이는 돈보다 지출하는 돈이 많다는 것을 명심해야 한다. 그래서 초기 단계에 필요한 비용보다 더 많은 비용을 발생시키고 싶지 않을 것이다. 다음은 현금흐름표 양식 사례이다.

	개점전	월간운영	연간운영
현금유입			
개인자산			
금융융자			
식음료 매출			
총액			
현금지출			
부동산 취득비			
운영비			
식재료비			
임금			
보험료			
세금			
수도광열비			

광고비			
유지비			
가구구입비			
기자재구입비			
총액			
현금 흐름			

▣ 자신만의 사업계획서 작성

스스로 재무제표를 만들기로 결정했지만 이런 일을 해 본 경험이 없을 때, 회계사의 도움을 받는 것이 좋다. 대출을 받기 위해 은행에 가기 전에 아래 자료들을 검증받는다.

- **손익분기 분석**

  이 분석은 예상된 매출을 바탕으로 꼭 달성해야 하는 매출 수준을 파악하는 데 도움이 된다. 사업계획서의 다른 부분만큼 간단하지 않기 때문에, 회계사가 이 부분을 작성하는 데 도움을 줄 수 있을 것이다.

- **주방기기 리스트**

  이 리스트에는 그릇과 같이 자주 교체되는 기구들보다는 주요 주방기기들이 포함된다. 예를 들면, 창고형 냉장고, 스팀테이블, 슬라이서, 작업대, 프라이어, 그릴, 렌지, 세척기 그리고 세정대 등을 들 수 있다. 또한 홀에 있는 가구 및 바(bar) 기기들도 포함된다. 리스트에는 각 기기의 개당 단가도 포함되어야 한다.

- **참고 서류**

  이 서류에는 대표 및 핵심 인력들의 이력서, 신용정보, 임대계약서 및 레스토랑의 사업계획과 관련된 문서들이 있다면 모두 포함시킨다.

- **자금 조달원**

자금을 어디서 조달할 것인지에 대한 정보도 포함할 필요가 있다. 가족들이 투자를 한다면 그 내용을 포함시키고, 동업자가 있다면 동업자가 얼마를 투자할 예정인지도 설명해야 한다. 당신이 투자하는 돈도 포함시킨다.

▣ 사업계획 자료

사업계획서는 2가지 이유에서 매우 중요한 서류이다. 사업 목적이 무엇인지 명확하게 제시해주고, 자금을 확보하는 데 도움을 준다. 사업계획서를 작성할 때 자문을 구할 수 있는 다양한 정보원이 있다. 사업에 정말 중요한 서류이므로 절대 대충 작성하지 말아야 한다. 전문가의 조언을 듣고 활용해야 한다.

- **소상공인 지원센터**

중소기업청은 사업계획서 작성방법을 포함한 다양한 정보가 들어 있는 '자료'를 제공한다. 웹사이트(www.sbdc.or.kr)를 방문해 본다.

- **한국프랜차이즈협회**

음식점 종류별 사업계획서를 작성하는 데 도움이 되는 자료들을 제공하고 있다. 회원이 아니더라도 무료로 자료를 다운받을 수 있다.

- **사업계획서 양식**

인터넷 서식포털사이트를 방문하면 다양한 용도의 사업계획서 양식 및 샘플을 얻을 수 있다. www.bizforms.co.kr, www.yesform.com, www.wowform.com 등을 방문해 본다.

The FOOD Service Professional

레스토랑 창업 노하우

9 창업 자금

▣ 자금 조달원

창업 자금은 다양한 출처로부터 확보할 수 있다. 다음의 가능성을 검토해 본다.

• **본인 부담**

부동산, 연금, 자가용, 저축, 주식 그리고 기타 투자 자금을 포함한 당신의 자산을 조사한다. 이들 중에 몇 가지를 현금으로 사용하기로 결심하거나 또는 대출을 받기 위한 담보로 활용할 수 있을 것이다. 스스로 빈털터리가 되지 않도록 주의해야 하지만, 레스토랑을 창업할 때 어느 정도의 자신의 자금을 활용하는 것도 좋은 아이디어이다. 전체 자금을 빌리지 않음으로써 대출금액이 작아지고, 미래에 필요하게 될지 모르는 대출을 받을 수 있는 가능성이 높아질 수 있을 것이다.

• **가족과 친구**

'친구로부터 돈을 절대 빌리지 말라'라는 충고가 옳은 말이지만 많은 사업들은 흔히 이렇게 시작된다. 그러나 친구로부터 돈을 빌려 서로 매우 곤란한 처지에 놓이게 될 수 있다. 양자를 모두 보호할 수 있도록 문서(계약서)상에 모든 항목을 포함하도록 한다.

• **일반 대출**

은행은 신규 사업자에게 자금을 대출해 주겠지만, 대신 담보를 요구할 것이다. 대출을 받기 위해 당신이 가지고 있는 집이나 다른 자산을 제공할 수 있어야 한다. 은행으로부터 돈을 빌리고자 한다면 사업계획서를 보여줄 필요가 있을 것이다.

• **벤처 투자가**

벤처 투자가들은 투자를 통해 먹고 사는 사람들이다. 일반적으로 이들은 작은 규모의 프로젝트에는 관심이 없지만, 그래도 접근해 볼 필요가 있다.

• **주식 투자**

주식 투자는 투자한 자금에 대해 당신 사업의 주식을 일부 투자자에게 제공하는 것을 의미한다. 투자자는 보통 사업의 수익을 배당받지만, 그들의 초기 투자 금액 내에서 당신의 손실 금액만큼 배당받는다. 일반적으로 소유권과 투자가의 파트너십은 일반적인 파트너(general partner), 제한적인 파트너(limited partner), 그리고 주주(shareholder)의 3가지 수준으로 분류된다. 일반적인 파트너는 그들의 투자 금액만큼의 이익과 손실을 분담한다. 이런 종류의 파트너십은 일반적으로 사업에 양자가 모두 전적으로 매달려 일하고자 할 때에 많이 볼 수 있다. 만약 투자가가 제한된 파트너가 된다면, 사업 경영의 책임에 대한 부분은 분담하지 않고 그들의 위험은 그들의 초기 투자에 국한된다. 당신 사업을 주식회사로 만들고 주식을 판매하기로 결정했다면 투자가들은 주주가 된다.

• **주식 투자의 장점**

주식 투자의 장점은 점포를 구매하거나 사업을 시작할 때 필요한 자금을 구하기에 아주 좋은 방법이라 볼 수 있다. 당신이 부족한 영역을 채워줄 수 있는 전문가를 참여시키는 하나의 방법이 될 수도 있다. 그러나 사업의 49% 이상을 파는 것에 대해서는 신중하게 고려해 봐야 한다. 사업의 반 이상을 팔 경우, 의사결정 권한을 파는 것과 같기 때문이다.

▣ 창업자금 지원기관 자료

현재 국내에는 다양한 형태의 창업 자금을 지원해주는 기관들이 있는데, 지원조건들이 자주 변경되기 때문에 정기적인 인터넷 검색 혹은 상담을 통해 알아보는 것이 좋다.

- **소상공인지원센터(www.sbdc.or.kr, 대표전화 1588-5302)**

  중소기업청에서는 소상공인들의 창업활성화 및 경영개선을 촉진하기 위해 1999년부터 소상공인 창업 및 경영개선 자금을 지원해오고 있다. 자금지원 대상에는 외식업이 포함되며, 창업 이외에도 경영개선을 위한 시설 개보수 자금도 지원받을 수 있다. 자금 대출한도는 5천만 원 정도이며 대출 1년 후 4년 동안 대출금의 70%를 3개월마다 균등분할 상환하고, 나머지 30%는 상환기간 만료시 일시 상환해야 한다. 소상공인지원센터는 2006년 1월부터 전국 지방자치단체에서 운영하고 있다.

- **근로복지공단(www.welco.or.kr, 대표전화 1588-0075)**

  창업을 희망하는 산재근로자의 자립기반을 구축해나갈 수 있도록 임대점포를 지원하고 있으며, 장기실업자 자영업 창업지원, 실직여성가장 자영업지원제도 등이 있다. 자세한 내용은 근로복지공단 홈페이지의 첫 화면 중 '창업지원상담'에서 확인할 수 있다.

- **한국여성경제인협회(www.womanbiz.or.kr)**

창업을 희망하는 저소득 여성가장을 대상으로 신청자가 원하는 점포를 한국여성경제인협회가 계약당사자로 직접 임차하여, 신청자에게 대여해 주는 제도이다. 점포 임차금에 한하여 지원하며, 기타 인테리어 비용, 권리금 등은 지원하지 않는다.

- **여성기술인력창업자금지원(www.moge.go.kr)**

여성인력개발센터, 여성회관 등에서 직업, 창업 교육을 72시간 이상 수료한 여성, 국가가 인정하는 기술 또는 자격증을 소지한 여성 등에게 창업 자금을 지원해주는 제도이다. 자세한 내용은 여성부 홈페이지의 첫 화면에서 여성인력개발사업을 방문해 본다.

The Food Service Professional

레스토랑 창업 노하우

10 대 출

■ 은행과 은행가를 찾는다.

차용 관계를 맺는다는 것은 가볍게 약속할 문제가 아니다. 점심 식사 데이트보다 결혼 관계로 비유해 볼 수 있다. 친구들과 동료들에게 그들이 일해 왔던 은행들은 어떤 은행들이며, 대출과 관련해서 이들 은행가들과 어떤 경험을 쌓아 왔는지를 물어본다. 다음 사항들을 꼭 기억해야 한다.

- **모든 가능성을 열어둔다.**

  새로운 지역에 점포를 오픈하려고 하고 조언을 해줄 사람이 아무도 없을 경우, 몇 개의 은행을 방문한다. 대출 담당자와 상담을 하고 금리, 서비스 및 고객서비스를 비교해 본다. 얼마나 편하게 대출 담당자와 약속을 할 수 있었는지, 당신 사업에 관심을 보였는지, 그들의 서비스와 대출 조건에 대해 얼마나 잘 설명해 주었는지 등을 비교해 볼 수 있다.

- **은행을 고를 때 다른 요인들도 고려한다.**

  대출을 받는 은행과 보통 예금 거래를 하는 것이 바람직하다. 그렇다면, 이 은행과 지점들이 얼마나 편리한 거리에 위치해 있는지, 야간 창구를 이용할 수 있는지 또는 하루 중 아무 때나 잔돈을 바꿀 수 있는지 등을 고려해 본다.

■ 은행가가 원하는 것들

개인 소유의 작은 사업을 하려고 하는 경우 기업 대출(commercial loan)을 받기 어려울 수 있다. 은행가는 대기업에 대출해 줄 때보다 소기업에게는 더 많은 정보를 요구한다. 일반적으로 기업은 소기업 경영자보다 더 좋은 금리조건으로 협상이 가능하다. 당신의 신용이 좋은 상태라면 협상력을 좀더 가질 수 있다. 당신 상황이 어떻든 간에 은행은 당신에게 다음과 같은 정보를 요구할 것이다.

- **더 많은 재정 정보**

  은행은 다시 한 번 부탁하는데, 아마도 당신의 대출을 지원해줄 수 있는 제3의 소득을 요구할 것이다.

- **더 많은 담보**

  일반적인 경향은 예전에 비해 모든 은행이 더 많은 담보를 요구한다는 것이다. 요즘에는 대출 금액의 3배 정도에 해당하는 담보를 요구하기도 한다.

- **빚 대비 더 높은 자산 비율**

  오늘날 은행가는 대출을 해줄 때 대출 금액 대비 3~5배 정도의 자산을 보유할 것을 원한다.

■ 담 보

대출을 신청하려면 대출 담당자에게 몇 가지 담보나 사업의 실패 또는 성공에 상관없이 대출금 상환에 문제가 없다는 증거를 제시해야 할 것이다. 은행이 원하는 여러 가지 형태의 담보가 있다.

• 서명과 신용도

이것은 무담보 대출이라고 한다. 그러나 이런 담보를 제시하기 쉽지 않을 것이다. 대부분의 은행은 상당한 대출금액을 지급하기 전에 신용도 이상의 것을 요구한다.

• 보증인

대출에 보증인을 세울 수 있다. 이 말은 만약 당신이 대출금을 갚지 못할 때 보증인이 책임을 진다는 것을 의미한다. 이런 상황은 담보가 전혀 없을 경우 해당된다. 부동산이나 주식 등을 담보로 제공해줄 수 있는 보증인이 필요할 것이다.

• 부동산

주택과 같은 부동산은 장기대출에 사용되어지는 담보 유형이다. 대출을 받으면서 주택 자산의 일부를 계속적으로 유지할 수 있다. 이러한 담보대출에 관해 대출 담당자에게 확인해 본다.

• 저축 예금과 잔고 증명서

이들은 대출은행에서 발급해줄 수 있다. 통장은 오픈되어 있지만, 은행에 통장을 맡기고 당신의 통장을 제출한다.

• 생명보험 증권의 현금가치

다시 말하지만, 당신의 보험증권을 대출은행에 맡긴다. 생명보험증권을 맡기고 대출을 받을 수도 있지만, 은행으로부터 더 낮은 이자율을 받을 것이다. 따라서 보험증권을 담보로 이용하는 것이 더 좋다.

• 주식과 증권

은행은 주식시장의 변동을 감안하기 위해 보통 주식과 증권의 시장가격의 퍼센트를 빌려줄 것이다. 보통 덜 위험한 주식과 증권일수록 변동폭이 적기 때문에 퍼센트가 높다.

▣ 대출금 협상

탁월한 사업계획서가 준비되어 있고, 은행에 찾아갈 만반의 준비가 되어 있다고 느끼지만 막상 은행 문을 들어서면 불안해지고 은행가들을 만날 때 내 자신을 낮추고 들어간다는 것을 느낄 수 있다. 은행에서 어떤 숫자를 얘기하더라도 그 숫자는 무조건 받아들여야 하는 것이며, 아니면 대출받을 기회를 모두 잃는 위험을 감수해야 한다. 하지만 꼭 그렇지 만은 않다고 본다. 다음의 사실을 알아둘 필요가 있다.

- **대출금리와 기간은 협상이 가능하다.**

  주어진 금리를 그냥 받아들이기보다는 일단 요청해 본다면, 전체 금액의 60%까지도 낮출 수 있다.

- **금리는 실금리와 대출 기간으로 구성되어 있다.**

  이 두 가지 모두 협상이 가능하다.

- **타이밍**

  금리를 조정하기 위해 가장 좋은 시기는 일단 대출이 확정된 이후에 하는 것이 좋으며 최종 서류가 제출되기 전이어야 한다.

- **은행가는 대출을 승인할 것인지를 검토할 때 몇 가지 요인들을 고려한다.**

  이들 요인들은 위험 분석(대출 상환이 가능한지), 대출 금액, 그리고 관리 비용 등이 포함된다.

▣ 저렴한 금리를 원한다면, 다음과 같은 전략을 시도해 본다.

- **대출 기간을 짧게 한다.**

  대출 기간이 짧을수록 은행에서는 덜 위험하다고 판단한다.

- **담보를 보강한다.**

  당신의 대출에 관련된 위험요소를 제거할 수 있어서 도움이 된다.

▣ 평 가

주거용 부동산을 구매할 경우, 대출을 받기 전에 부동산의 감정이 필요하다. 지역의 부동산 업자의 도움을 구한다. 업자는 사전에 당신이 알지 못했던 그 지역 정보 및 입지와 시장 정보를 제공해 줄 것이다. 이러한 정보가 계약을 성사시키는 데 도움이 될 뿐만 아니라 부동산 중개업자가 그들이 평소 알고 있고 신뢰하는 감정평가사 및 검사원을 당신에게 연결시켜 줄 수 있다.

- **첫째, 지역 부동산 중개업 위원회를 접촉해 상가전문 부동산 중개업자를 구한다.**

  이 사람과 일을 시작했는데 별로 마음에 들지 않는다면 다른 사람을 구할 수 있다. 레스토랑 입지 부동산을 협상하는 것은 당신이 별로 신뢰하지 않는 사람에게 이 일을 모두 맡기기에는 너무나 큰 일이다.

- **부동산 중개업자는 감정평가사를 추천할 수 있다.**

  중개업자를 활용하지 않을 경우, 지역 부동산 중개업 위원회나 은행에 연락해 평가사 명단을 구할 수 있다.

- **조사 및 검열**

  조사와 빌딩검열은 기존의 빌딩을 구매하는 경우 의무사항이다. 빌딩을 올릴 땅의 일부를 구매한다 할지라도 부동산 조사서를 작성해야 하고 몇 가지의 환경검사를 받아야 한다. 이 모든 검사는 비용이 많이 들지만, 장기적으로 당신을 보호해준다. 조사가 끝났다면, 주차장을 확장하기를 원할 때와 부동산에 아스팔트를 깔 때 발생될 수 있는 문제점을 최소화해줄 수 있다.

- **검열은 당신에게 어느 정도 협상의 여지를 제공한다.**

  검사로 인해 몇 가지 감춰진 문제점들이 드러난다면, 구매가격을 낮출 수 있는 무기를 갖게 된다.

▣ 거 래

부동산을 구매해 본 적이 전혀 없다면, 거래가 성사되는 날은 주눅이 들 수밖에 없다. 최종 거래가 성사되는 순간까지 어떤 것이라도 잘못될 수 있음을 염두에 두어야 한다. 부동산 거래를 위해 서명을 할 때, 참여하는 사람들은 당신을 포함해서 매도인, 양쪽 부동산 중개업자, 당신의 변호사, 매도인의 변호사, 그리고 대출 담당자들이 포함된다. 거래 과정을 거칠 때 도움이 될 만한 요령을 몇 가지 소개한다.

- **변호사를 동반한다.**

  최종 순간 발생될 수 있는 문제들을 대비해서 변호사를 동반하는 것이 중요하다. 또한 이런 거래를 수도 없이 많이 해 본 사람이 그 자리에 있다는 것 자체로도 도움이 된다. 거래과정에 참여한 다른 사람들에게는 일상적으로 해오던 일이라 할지라도 당신의 머리는 쉬지 않고 생각할 것이다.

- **가장 중요한 법칙은 무엇을 하든, 모든 것을 문서화하는 것을 잊어서는 안 된다.**

▣ 거래가 성사되지 못했다면?

거래가 성사되지 못하는 이유는 여러 가지가 있다. 그러나 가장 흔한 이유 중에 하나는 당신의 자금 조달이 적시에 이루어지지 못하는 경우이거나, 어떤 이유에서는 자금조달에 실패한 경우이다. 당신의 대출 신청서가 기각되었다면 어떻게 하겠는가?

- **은행에 문의한다.**

  왜 당신의 신청서가 기각되었는지 알아본다. 당장 처리할 수 있는 간단한 문제 때문일 수 있다. 당신의 사업계획서에 가장 중요한 항목이 빠졌기 때문일 수도 있다. 이런 경우라면, 계획서를 다시 작성하여 은행에 가져간다. 만약 신용이 문제가 된다면, 이는 개선하는 데 시간이 걸릴 것이다. 이런 경우, 입지를 잃게 될지도 모른다. 그러나 신용 문제를 해결하고 새로운 레스토랑 입지를 물색할 수 있다. 대출금에 필요한 충분한 담보를 제공하지 못해서 신청이 기각될 수도 있다. 그렇다면 신청 대출 금액을 줄여볼 수 있을 것이다.

- **다른 은행을 가본다.**

  은행들은 그들이 제공하는 대출상품이나 대출 인원에 대한 특정 요구사항들을 가지고 있다. 당신이 신청한 대출이나 금액이 그들의 요구사항에 적합하지 않을 수 있다. 그럴 경우, 다른 은행을 찾아가 알아본다.

- **중소기업청**

  대출 신청에서 두 번 기각되었다면 중소기업청을 접촉해 볼 수 있다. 이런 조직을 통해서 대출받을 가능성도 있다.

The FOOD Service Professional

레스토랑 창업 노하우

11 거래 성사 이후

■ 인·허가증 취득

신규 레스토랑의 경우 영업에 필요한 다음과 같은 인·허가 사항을 알아두어야 한다. 식품위생법 및 관련법규에서 규정하고 있는 식품접객영업자 준수사항을 지켜나가야 하며 이를 위반시에는 행정제재, 과징금, 벌칙, 과태료 등이 부과된다. 식품위생법 및 관련법규에 대한 자세한 사항은 로앤비(www.lawnb.com)에서 볼 수 있다.

- **영업허가증(신고제)**

  식품접객업에 대한 영업신고를 하기 위해서는 식품위생법에 규정하고 있는 시설 기준에 적합한 시설을 갖추어야 한다. 또한 영업자 또는 종업원은 보건복지부 장관이 지정·고시한 위생교육 전문기관에서 실시하는 교육을 영업개시 전 또는 후에 받아야 하는데, 이 위생교육은 한국음식업중앙회에서 위탁실시하고 있다.

- **건강진단증(보건증)**

  음식업에 종사하는 영업자 및 종사자는 1년에 1회씩 정기적으로 건강진단을 받아야 하며 건강진단증을 점포에 항시 비치해두어야 한다.

• **소방검열 및 가스설치**

지하에 식당을 설치하거나 일정 규모 이상의 식당에는 일정수의 소화기를 설치하여 화재 등의 사고에 대비하게 되어 있으며, 소방검열필증을 교부받아 보관한다. 관련 자료는 소방기본법 시행령을 참조한다.

• **간판 허가**

간판의 경우에는 허가 혹은 신고로 구분되어 있는데, 간판허가증을 교부받지 않고 임의로 부착하는 경우에는 행정처분, 과태료, 간판 탈착 후 재부착 등의 피해를 입을 수 있다. 최근에는 현재 허가를 받아야만 설치할 수 있는 소형 돌출간판을 신고대상으로 바꾸도록 하였다.

▣ 오픈 전

거래가 성사되고, 영업에 필요한 허가증을 모두 받은 다음 무엇을 해야 할까? 이제는 사업계획서에 있는 모든 아이디어들을 실제 적용해볼 단계이다. 그러나 마지막으로 몇 가지 확인해야 할 것이 있다.

• **공급업자 확보**

레스토랑을 오픈하기 전에 물품을 공급해줄 업자를 찾는 것이 매우 중요하다. 어떤 상품에 어떤 업자를 선정할 것인지, 배달 날짜는 언제인지, 지불조건은 어떤지, 통장을 어떻게 오픈할 것인지, 며칠 전에 주문을 해야 하는지 등을 알아야 한다.

• **종사원 채용**

레스토랑의 장소만을 옮긴다면 대부분의 종사원이 함께 갈 것이다. 그러나 만약 신규 레스토랑을 오픈하는 경우, 종사원을 구해야 한다. 공개채용을 하거나 지역신문에 광고를 내는 것이다. 그리고 지역 내의 조리 프로그램을 가지고 있는 대학들에게 연락해 볼 수도 있다.

- **메뉴**

사업을 시작할 때부터 메뉴에 대해 연구해왔지만, 이제는 메뉴들에 대해 최종 정제작업을 할 필요가 있다. 새로 오픈하는 주방이 음식을 생산하는 것은 처음에 생각했던 것보다 더 많은 작업을 요구할 수도 있다. 반면, 식재료 준비 구역이 계획했던 것보다 매우 작을 경우 메뉴 아이템도 이를 반영하여 수정해 주어야 한다. 메뉴 가격 또한 최종작업을 실시한다. 이제는 월 임대료 및 대출금이 얼마인지 알고 있기 때문에 현실적으로 수익을 내기 위해 메뉴 가격을 올려야 할 경우도 있을 것이다. 이런 경우라면, 개업하고 나서 메뉴 가격을 올리기보다는 좀더 신중하게 고민한 다음 처음부터 적합한 메뉴 가격을 설정하는 것이 현명하다.

- **광고**

레스토랑을 개점하기 전에 레스토랑에 대해 광고를 해야 한다. 사업계획서를 살펴보고 준비했던 마케팅 계획을 실행에 옮긴다. 초반에는 외부판촉활동에 많이 신경을 써야 하겠지만, 일단 개점이 되고 나면 레스토랑 내부 광고를 병행할 수 있다.

- **실내 장식과 주방기기**

구매하거나 임대한 시설의 유형에 따라 인테리어와 기기들을 업데이트해야 할 수도 있다. 또는 새로운 주방기기를 구매하거나 리모델링할 필요가 있을지도 모른다. 계약이 완료되고 개점할 때까지 기간 동안에 이 모든 일들을 끝내야 한다. 개점이 가까워지면, 모든 시설을 깨끗이 쓸고 닦아야 한다.

- **기업 사명서를 다시 한 번 읽어본다.**

시간을 내어 스스로 작성한 기업 사명서를 다시 읽어보고 반영하도록 해야 할 것이다. 이미 레스토랑의 입지를 결정한 지금, 기업 사명서의 일부를 수정해야 필요가 있는지를 살펴본다. 일단 개점하고 나면 항상 염두에 두고 영업에 임하면, 외식업소 및 하나의 사업으로서 당신의 목표를 지속적으로 되새겨볼 수 있다.

- **마지막으로, 개업을 한다.**

신규 레스토랑을 위해 가장 이상적인 입지를 성공적으로 잘 찾았으며, 구매 및 자금 조달도 잘 협상했고, 이제 창업 준비가 완료되었다. 이제 열쇠로 문을 열고 신규 고객들을 맞아들인다.

The FOOD Service Professional

GUIDE TO

2

레스토랑 창업 노하우

레스토랑 매각매입

The FOOD Service Professional GUIDE TO SERIES

INTRODUCTION

레스토랑의 매입과 매각은 복잡하고 절차가 많다.

그러나 외식기업은 매우 인간적이고 충분한 경험을 제공하는 특성이 있다.

유명한 TV시트콤 '치어스'의 레스토랑 또는 바에서 고객을 사로잡는 훌륭한 장면을 떠올려 볼 수 있다. 많은 사람들이 레스토랑에서 인생의 휴식처를 찾는다.

외식기업의 판매는 복잡한 절차이며 주의를 기울이고 법적 지식과 현명함을 갖추어야 한다. 이 매뉴얼은 구매자와 판매자 양쪽 모두에게 절차를 통해 가이드를 해주는 지침서가 될 것이다. 또한 레스토랑은 임대하는 귀중한 정보를 얻을 것이다. 레스토랑 임대는 레스토랑 산업에서 중요하고 매각과 매입 매뉴얼에 있어 임대 정보가 추가되어야 한다.

The FOOD Service Professional

레스토랑 창업 노하우

1 기본적인 요구사항

■ 매각 시 일반 상식

레스토랑을 매각하는 것은 세심하며 재무적인 전략이나 장문의 문서작업이 필요하고, 이것은 상당히 민감한 부분이다. 레스토랑 매각 시 고려해야 할 일반적인 상식에 대해 알아보면 다음과 같다.

- **어떤 것도 추정하지 않는다.**

  외식기업을 매각하는 시점에서는 어떤 것도 추정하지 않는다. 거래의 실패는 마지막 단계의 사소한 부분에서 발생한다. 모든 것이 진실하게 밝혀지지 않은 상태에서 매각되었던 것을 추정해서는 안 된다는 것이다. 일반적으로 추정은 매각의 마지막 단계에서 이루어진다. 또한 레스토랑은 매각되는 시점까지 계속 운영되어야 경영상의 문제를 알아볼 수 있다. 이와 같은 문제들은 장기 운영시 원가 부담이 될 수 있으므로 성급하게 결정하지 말고 상황이 호전될 때까지 기다리는 것이 좋다.

- **직접 조사한다.**

  매각할 물건들은 성급히 결정해서는 안 된다. 매각하기 전에 매각자가 기본적인 기준을 정해야 한다. 성급한 의사결정은 엄청난 손해를 발생시킬 수 있다. 또한 매각자의 단순한 말 자체 또한 계약이 될 수 있음을 명심해야 하고 어떠한 결정이 나기 전까지는 상대방과 약속을 해서는 안 된다.

- **정직해야 한다.**

처음부터 솔직하면 많은 것을 절약할 수 있다. 알려지지 않거나 실질적인 정보를 얻기 위해서는 정직해야 한다. 정직하지 못한 거래를 할 경우 결과적으로 사실이 밝혀져 신용을 잃게 될 수도 있다. 또한 협상과정에서 정직하지 못한 거래는 가격에도 영향을 미치기 때문에 정직이 최선의 정책이라는 사항을 명심해야 한다.

- **실질적인 목표를 가진다.**

모든 레스토랑 운영자는 레스토랑을 매각해 높은 이익을 내고 싶어 한다. 이것이 최선이지만 현실적인 상황을 반드시 직시해야 한다. 레스토랑을 언제 매각할 것인가의 시기를 결정해야 한다. 매각의 시간이 조금 길어지더라도 매각자가 의도하는 매출 목표를 올리지 못했다면 적당한 시기를 기다려야 한다. 목표(매출)기록이 매각자가 생각하는 기준 이상이 되지 않았더라도 기다려야 한다.

▣ 실질적인 측면

- **무조건적으로 신뢰하지 않는다.**

예를 들어, '갑'이라는 레스토랑 운영자가 있다고 가정해 보자. '갑'은 자신의 레스토랑 운영에 최선을 다하는 사람이고, 신용기록도 깨끗하며 동료들 또한 친절하고 항상 적정수준 이상의 이익을 내고 있다. 이럴 경우 레스토랑을 인수하겠는가? 아마 대부분의 사람들이 '예'라고 답할 것이다. 그러나 신중해야 하는 사항이 있다. 아무리 성실하고 친절한 사람과의 계약이라도 서류상의 모든 상황을 직접 확인해야 한다. 예를 들어, 'i'라는 철자에 바(-) 하나를 그으면 't'가 되듯이 모든 부분을 철저하게 체크해야 한다.

• **모든 정보는 재확인한다.**

모든 정보는 최종적으로 승인하기 전에 반드시 재확인해야 한다. 예를 들어, '갑'과 당신이 매각업무에 있어 모든 사항에 동의했다고 하더라도, 모든 정보가 정확하다고 생각해서는 안 된다는 것이다. 동의라는 의미는 단지 현재시점에서 어떤 정보가 있는가에 대한 것에 동의한다는 의미일 뿐만 아니라 동시에 불완전하고 부정확한 정보에 나타나는 문제에도 동의한다는 의미도 있기에 이를 잊어서는 안 된다.

• **서류상의 모든 내용을 읽어보지 않은 상태에서 승인하지 않는다.**

처음에 구매했던 상황을 돌이켜본다. 모든 사안에 대해서 사인을 했으며 각 항목을 충분히 이해하고 동의해서 승인을 했는지를 생각해야 한다. 안타깝게도 대부분의 사업 교환시 한두 개의 항목을 완전히 숙지하고 승인하지 않을 경우가 있다. 무엇을 승인하는지에 대해 완전히 이해를 해야 한다. 내용 중에 이해가 안 되는 부분이 있으면 주저없이 물어야 한다. 그래도 이해가 되지 않을 때에는 생각이 완전히 정리될 때까지 승인하는 것을 유보해야 한다.

• **주식시장을 기억해야 한다.**

주식시장에서 비싸게 매각하고 싸게 매입하는 것이 기본 원리이다. 모든 비즈니스에도 원칙적으로는 같은 원리가 적용된다. 많은 사업자들이 사업을 매각하기 전에 부정적인 상황이 될 때까지 너무 오랫동안 기다린다. 하지만 상황이 좋을 때 매각하는 것이 더 현명하다. 즉 매각·매출이 상향세일 때 매각하여야 한다.

- **과거, 현재, 미래 자산 운영을 포함한다.**

매각을 원하는 사람은 과거와 현재의 자산을 통해 매각 협상을 하게 된다. 하지만 간혹 미래 상황에 좀더 큰 비중을 두고 고려해야 한다는 것을 간과하는 경우가 있다. 가능하다면 잠재적인 미래 수익을 문서·도식화하여 구매자의 관심을 끌 수 있도록 해야 한다. 또한 미래에 얼마의 수익을 올릴 것인가와 함께 현재의 상황을 보여주는 것도 좋다.

- **규모를 확인한다.**

레스토랑 매각시 매각자는 한 번으로 할 것인지 두 번으로 나누어 매각할 것인지를 생각해야 한다. 또한 레스토랑을 구입하려고 하는 사람의 이력을 확인하여 운영 능력이 충분한지 확인을 해야 한다. 그리고 매각자가 어떠한 경영방식으로 운영을 할 수 있는지도 확인해야 한다.

- **변호사를 선택한다(법적, 기타 문제 해결).**

변호사를 선정할 때에는 지방 광고지에 나오는 변호사를 쉽게 선정해서는 안 된다. 변호사의 이력을 조사하고 인터뷰를 실시한 후 결정해도 늦지 않는다. 변호사는 당신의 협상을 성공시킬 수도 있고 실패하게 할 수도 있는 사람이라는 것을 명심해야 한다. 그러므로 변호사의 결정을 쉽게 내려서는 안 된다. 매매자의 상황에 가장 적절한 변호사 및 회계사를 구해야 한다. 비용이 조금 증가하더라도 전문가를 채용하는 것이 좋다.

- **의사전달을 해야 한다.**

표적시장에 대해 정확한 인지를 하지 못한 때에는 실수를 하는 경우가 많다. 이것은 특히 레스토랑 매각자에게 종종 발생한다. 언어에 있어 영어를 잘못한다고 가만히 있어서는 안 되고, 자신의 의사전달을 할 수 있을 때까지 표현을 하여야 한다.

▣ 일반상식 단계를 넘어선 단계

일반적인 상식이 사업 교환의 시작이라고 말한다면 성공적인 매각을 위해서는 기본적인 원리를 능가해야 한다. 매각의 전문가들은 최고의 단계이거나 일반상식수준보다 두 단계 높은 수준으로, 이 단계는 매각의 최후에서 가장 필요한 단계라 할 수 있다. 매각자가 원하는 수준에서 매각을 가능하게 하는 요소들은 다음과 같다. 회사의 미래에 있어 역할을 결정하는 것은 중요하기에 매각 과정의 시작 단계에서부터 향후 회사는 어떻게 무엇이 될 것인가를 결정해야 한다. 결정이 되었으면 계획대로 진행한다.

- **역할을 질문한다.**

  단지 수익을 위한 매각자가 된다면 판매시점을 잡는 것은 매우 쉽다. 그러나 회사에 대해서 일정한 주식을 원한다면 경영포지션(position)을 협상하여야 한다(경영시 매각자의 위치를 협상하여야 한다). 미래에 레스토랑에 어떠한 역할을 할 수 있는지를 제시하고 무슨 일을 할 수 있는지에 대해서 의논한다. 매입자에게 초기 매출 수준을 정확히 제시하지 못한다면 당신의 제안은 거절될 수 있다.

- **미래 운영자로서 매입자를 생각한다.**

  매입자와 유대관계를 가지게 된다면 회사가 필요로 하는 것과 미래 고용주의 개인적인 상황을 알 수 있다. 자신이 회사를 위해서 일하고 싶은지, 회사에 근무하는 종업원들을 즐겁게 해줄 수 있는지, 고용주의 스트레스는 무엇인지, 고용주와 종업원 간의 좋은 관계 유지를 위해 필요한 것은 무엇인지 등의 어려운 질문을 직접 해본다. 그러면 지금 무엇을 수정하고 무엇을 선택해야 하는지를 알 수 있다.

- **매입자의 마음을 읽으려 하지 않는다.**

미래의 매입자 마음을 읽으려 하지 않는다. 그들은 매각자로부터 레스토랑 운영 상황에서 매각 당사자의 경험 등 모든 것을 궁금해 하는 사람들이다. 매각자에게 있어서는 단지 사업의 성장 상황을 보여주는 것이 현명한 방법이다. 단지 직관에 의해서 매입자를 판단해서는 안 되며, 매입자들이 레스토랑의 가치를 매각자의 관점에서 레스토랑을 판단할 수 있도록 효과적으로 설명해 주어야 한다.

- **세일즈맨처럼 생각한다.**

아마도 레스토랑 운영자들은 레스토랑 운영에 많은 시간을 보냈음에도 불구하고 자신을 세일즈맨으로 보지는 않는다. 레스토랑 경영시 매출을 올리기 위해 지역사회에 어떠한 방법으로 접근하여 이를 달성했는지를 생각해 보아야 한다. 그때를 돌이켜보면 아마도 세일즈맨처럼 행동했을 것이며 이것을 기억해야 한다. 정말로 좋은 가격으로 레스토랑을 매각하고 싶다면 세일즈맨처럼 자신과 레스토랑을 홍보해야 하며 이것이 판매의 기술이다.

▣ 우선순위 결정 및 진행속도에 맞추어 진행한다.

어떤 비즈니스 거래든지 간에 당신은 아마 어떻게 이것을 활용할지 많은 아이디어를 얻게 될 것이다. 그러나 잠재적 구매자는 자신만의 희망 목록을 가지고 있다는 것을 항상 유념해야 한다. 따라서 매각자는 원하는 모든 것을 얻지 못할 것이므로 우선순위를 정해야 한다. 무엇이 중요한 문제인지를 결정하고 '비협상적'인 측면에서 그 문제들을 정립해야 한다. 다시 말해서 작은 문제부터 해결하며 문제를 협상하는 것을 두려워하지 않아야 한다. 협상하기 전에는 당신의 크고 작은 문제들을 미리 해결해야 한다. 다음과 같은 항목들은 고려해 보자.

• **계약 마지막 순간까지 주시한다.**

타임클럭이 울리는 마지막 순간까지는 끝난 것이 아니다. 레스토랑 판매를 할 때 거래의 모든 가격이 완벽해질 때까지는 끝난 것이 아니다. 만약 거래가 끝나지 않았다면 계약서에 마지막 서명을 하는 순간까지도 주시해야 한다. 만약 이때 세일즈 방식에 잘못이 있다고 느낀다면 멈출 수 있다.

• **레스토랑을 깨끗이 한다.**

필요한 수리물들을 다른 곳으로 운반해 둔다. 만약 업장을 매각하려 했다면, 잠재적 매입자에게 가능한 최상의 조건을 만족시키기 위해서 깨끗하게 정돈해야 할 것이다.

만약 레스토랑이 너무 지저분하여 페인트칠을 하고 수선을 한 경우라면 현명한 매입자는 레스토랑에 관심을 보일 것이다. 필요한 시간과 돈을 최대한 투입하여 레스토랑에 투자해야 한다.

• **좋은 기록을 간직하는 기술을 보유한다.**

유망한 소비자들을 위해 가능한 회사의 회계기록부를 만들어 둔다. 불행히도 많은 사업주는 충분한 기록관리를 하지 않으면서도 레스토랑이 잘 운영되는 모습을 원한다. 하지만 그런 모습은 기록을 잘 관리하는 능력에서 나타나게 된다. 만약 기록이 불필요한 것들이라면 시장으로 유입되기 전에 정보를 얻을 시간을 만들어 유용한 기록을 수집해야 한다.

• **매입자들을 추측하도록 한다.**

매각자는 자신의 모든 것을 보여주길 원치 않을 것이다. 많이 경청하고 적게 말하는 것이 좋다. 더 많이 말할수록 의도를 많이 드러내게 되고 더 많이 들을수록 잠재적인 요구자와 그들의 의도에 대해 알게 될 것이다.

만약 계약을 끝내기 위한 어떤 추측이 있다면 그것을 구매자로부터 얻어내야 하는데, 이 때문에 대화하는 것보다도 경청하는 게 더 중요한 것이다.

- **협상에서의 자료를 관리한다.**

매각자의 성격과 특성에 따라 모든 것을 직접 협상하는 것을 원하지 않을 뿐더러 변호사나 종사원이 이를 대신 수행하는 것을 선호할 수 있다. 그러나 이와 같은 경우 항상 어떤 일이 발생하는지에 대해서 정확히 알기는 어렵다. 만약 협상 장소에 참석할 수 없다면 신임 있는 사람을 협상에 대신 참여시킬 뿐 아니라 협상 때 발생했던 일에 대한 정확한 정보를 가지고 있어야 한다. 또한 매각 진행시 매각자의 요구사항이 정확히 나타내는 문구들이 모든 문서에 기입되어 있어야 한다.

- **인내심을 가져야 한다.**

레스토랑을 매각하는 것은 단순히 자동차나 집을 파는 것과는 달리 중요한 사안이며 시간이 소요되는 사업이다. 매각과정에 참여하는 매각자는 매각시 시간과 각종 사항들로 인해 어려움을 겪게 될 것을 인지하고 있어야 한다. 매각자 중 매각시 소요되는 시간을 짧게 책정해 둔 사람은 실망하게 되며 매각성과 또한 낮을 것이다. 이는 인내심이 요구되는 사안이라 할 수 있다.

- **시간통제 능력을 개발한다.**

유용한 기록의 보유와 물질적인 자산의 보유 등과 같이 통제 가능한 것이 있는 반면, 예측 불가능한 변수에 의해 매각 가격이 변하게 되는 통제 불가능한 것도 있다. 주식시장을 예로 들면 현재 이자율, 은행 대출 방침, 국가 경제상황 그리고 산업의 경향 등은 매각하려는 레스토랑에 영향을 미치게 될 것이다. 이와 같이 거시적인 변수들이 통제되지 않는 동안에는 시간을 통제할 수 있다. 가장 이상적인 매각가격을 책정할 수 있는 시간을 정하여 매각을 진행시켜야 한다.

- **위임 능력을 갖추어야 한다.**

예전의 사고방식 중 '모든 것을 올바르게 수행하기 위해서 혼자 모든 것을 해결함'을 행했던 많은 사람들은 문제에 직면하게 된다. 매입자는 현재의 사업주 없이는 운영에 많은 어려움이 있을 듯한 레스토랑은 회피하게 된다. 만약 매각자가 현재의 사업주가 운영을 하지 않아도 뒤를 이어 훌륭하게 운영할 위임자가 있다는 것을 보여준다면 매입자를 훨씬 안심시킬 수 있다. 그러나 심지어 아주 사소한 의사결정까지도 사업주의 결정 없이 이루어지지 않는다면 매입자들은 사업주가 운영할 것을 원하게 될 것이다. 따라서 매입자는 적절하게 위임할 수 있는 능력 또한 갖추어야 한다.

▣ 기본적인 매각 원칙

'매입자의 신을 신고 1마일을 걸어라'는 서양의 속담에서처럼 레스토랑 매각자는 매입자의 입장에서 모든 것을 고려해야 한다. 이것이 바로 최상의 거래를 이루는 방법이다. 판매자의 입장에서는 가장 큰 관심사가 어떻게 레스토랑을 매각하는가이다. 그러나 주변의 모든 상황을 정확하게 고려해 보아야 한다. 이것이 바로 레스토랑 매각자와 인수자를 모두 이롭게 하는 윈-윈 협상이라 할 수 있다. 이러한 협상을 진행하기 위해서는 협상과정에서 개인의 감정을 자제하는 것이 필요하다고 할 수 있다. 실제로 윈-윈 협상은 레스토랑의 매각과정뿐만 아니라 다른 분야에서도 널리 이용될 수 있는 방법이라고 할 수 있다. 다음의 사항을 고려해 본다.

• **레스토랑 매입자를 사업 파트너로 대우해야 한다.**

레스토랑 매입자의 성향에 적응하려는 노력이 필요하다. 단순히 레스토랑을 매입하려는 사람을 적으로 보지 말고 사업의 파트너로 생각하여야 한다.

• **확실하게 긍정적이어야 한다.**

부정적인 사항들을 없애는 것이 바로 협상의 가장 중요한 요소들이다. 레스토랑을 매각하기 위한 협상에서 말은 아름다운 시보다도 더 중요하게 작용한다. 즉 협상과정에서는 지혜가 필요한 것이다. 레스토랑을 팔려고 결정할 때에는 단순히 매각 비즈니스 성공의 관점에서만 보지 않고 때로는 장기간 과정으로 들어가야만 하는 것이다. 목적을 달성할 것이라고 믿고 난 후에는 깨달은 목적들을 인지하면서 작업을 수행해 나가야 한다.

• **절대로 섣부른 결정을 하지 않는다.**

자기 스스로 부담을 가하지 않아야 한다. 만약 어떤 회의에서 방금 내린 결정에 대해 많은 스트레스를 받고 있다면 그 결정을 보류해야 한다. 성급하게 내린 중대한 결정은 절대적으로 신뢰할 수 없다는 것을 암시하기 때문이다. 빠른 결정을 내리는 사람들 중 많은 경우가 신뢰하지 못할 결과를 초래하는 경우가 많은데, 이러한 경우 비즈니스에서는 기준이 없다고 한다. 스트레스를 받는다고 생각한다면 협상을 그 상황에서 잠시 멈추어 끝내고 어느 정도 시간이 흐른 다음에 협상을 다시 시작하는 것이 좋다. 즉 어떠한 사안을 결정해야 하는 상황이 부담되는 경우에는 성급히 결론을 내리지 않는 것이 좋다.

• **너무 진실해서 좋아 보인다면 경계할 필요가 있다.**

단순히 너무 진실해서 좋아 보인다면 경계를 해야 한다. 결정을 내리는 사람의 마음이 꺼림칙하다면 첫 단계로 돌아가서 다시 생각해 본다. 즉 너무 진실해서 좋아 보인다면 신중히 다시 생각해 보는 것이 좋을 것이다.

- **목표를 적어 둔다.**

처음의 목표를 잊어버리지 않도록 자주 생각을 한다. 향후 비전과 그 비전을 실행할 수 있는 방법을 적어 본다. 그러나 어떠한 일을 진행하는 과정에서는 처음 시작할 때의 초기 목적이 무엇이었는지를 쉽게 잊어버리게 된다. 또한 가장 중요한 목적 중 일부를 잊었다는 사실을 깨닫는 과정들을 잊어버려서는 안 된다. 목적을 적어두며 항상 기억하는 것이 좋다.

▣ 매입자 탐색

007 제임스 본드처럼 행동한다. 매입자를 찾아내기 위한 초기단계에서 제임스 본드처럼 최고의 탐정가라고 가정해 본다. 007 제임스 본드처럼 탐정가가 될 필요는 없지만, 레스토랑을 매각하는 사항을 고객에게 공개하면 매입자가 현저히 줄어드는 상황이 발생할 수 있다는 것을 생각하여야 한다. 가능한 한 레스토랑을 매각하는 동안은 매각에 관한 것을 미공개하는 것이 좋다. 이를 위한 다음 사항을 고려해 본다.

- **경매는 위험할 수 있다.**

어떤 레스토랑 사업주는 레스토랑을 경매에 붙이기도 하는데, 이것은 매우 위험한 결과를 초래할 수도 있다. 만약 레스토랑 매각이 결정되었다면 전문적으로 업무를 대행해 줄 대리인을 고용하는 것이 좋다. 이럴 경우 위험성이 있기에 항상 대리인을 통해 모든 일을 처리하는 것이 효과적이다.

- **잠재적 매입자와 사적인 회의를 갖는다.**

이는 잠재적 매입자에게 사적으로 매각할 결정을 조심스럽게 알릴 수 있는 방법이다. 이 방법을 선택했다면 매입자에 대한 정확한 정보를 습득하는 것이 중요하다. 잠재적 매입 가능성이 있는 매입자에게 저녁 또는 점심을 대접한 후 매각을 성사시킬 수 있는 효과적인 시간을 보내는 것이 좋다.

- **중개인(middleman)을 고용한다.**

어떤 사람들은 중개인에 의해 계약을 하는 반면 어떤 사람들은 중개인, 브로커, 중재자, 인수자문가들과 함께하는 것은 무의미하다고 말하기도 한다. 만약 계약을 하는 것이 두렵다면 중개인을 고용하는 것은 좋은 방법이 될 수 있다. 중간에 어떤 한 사람을 두는 것은 또한 다른 부가적 이익을 가져올 수도 있다. 중개인과 함께 거래할 경우 법적으로 문제가 되는 점이나 다른 제안에 대하여 다시 한 번 심사숙고할 시간과 여유를 준다. 중개인을 고용하면 혼자서 할 때보다도 더 많은 잠재적 매입자들과의 접촉기회도 발생할 수 있다.

- **오직 한 매입자만을 위한 매각자가 되지 않는다.**

최소한의 경우 오직 한 명의 매입자와만 거래하는 것이 매각 가능성을 높일 수 있는 방법이다. 이것은 논쟁, 수행 업무, 그리고 경쟁을 최소화할 수 있다. 하지만 한 명의 매입자와만 거래한다면 매입자에게 유리한 위치가 생기게 되는 문제가 있다. 이로 인해 매각자가 각종 사안들을 엄격하게 제한하게 된다면 매입자는 이를 쉽게 승낙하지 않게 되는 경우도 발생한다. 비록 한 사람과의 거래일지라도 이는 많은 위험요소를 수반하게 된다. 또한 매입자에게 많은 혜택을 주게 될 수 있기에 이는 제외시켜야 할 개념이다.

- **중매인(broker)에게 통제 권한을 위임하지 않는다.**

레스토랑 매각시 중매인은 확실한 자산이다. 왜냐하면 그들은 매각자 스스로가 찾아내는 매입자보다 더 많은 사람들을 소개할 수 있기 때문이다. 그러나 주의할 사항은 중매인이 아닌 본인의 레스토랑 판매라는 것이다.

따라서 중매인에게 전적으로 모든 것을 통제하지 않게 하며 이러한 규칙을 반드시 유지시켜야만 한다.

- **매입자가 고용한 중매인과의 계약시 신중해야 한다.**

매입자가 중매인 수수료를 지불하는 상황들이 있다. 그러나 이런 상황시에는 모든 것에 대해 신중히 생각해 보아야 한다. 매입자가 고용한 브로커는 매입자의 견지를 유지한다는 것을 유념해야 한다. 따라서 이는 매각자에게 절대로 유리한 상황이 아닌 것이다.

- **중매인과 계약을 확실히 한다.**

만약 중매인을 고용하기로 결정한다면 확실하게 계약을 해야 한다. 잘 정의된 규칙 범위 내에서 중매인이 일하도록 유지하고 당신의 동의 없이는 다음 단계를 진행할 수 없다는 것을 인지시켜야 한다. 레스토랑에 대한 정보와 데이터를 얻기 위한 결정을 내리는 것은 특히 중요하다. 중요한 사안에 있어서는 중매인이 아닌 매각자가 결정을 내려야 한다.

- **촉진자(Facilitator)는 좋은 청취자이다.**

촉진자(Facilitator)는 양쪽을 다 들을 수 있고 각각 잠재적 매입자의 장점과 단점을 간주하여 핵심정보를 줄 수 있다. 매입자는 매각자와 함께 하기보다는 촉진자(facilitator)와 함께 더 많은 얘기를 하게 된다.

- **매각자의 종사원이 매입자가 될 수도 있다.**

통계에 의하면 이런 기회는 약 20% 정도의 성사율을 가지고 있는데, 이전의 혹은 현재의 종사원이 레스토랑을 매각하는 비율을 나타낸 것이다. 레스토랑을 매입하려는 종사원이 바텐더나 헤드 웨이터와 같이 내부고객을 잘 아는 사람이라면, 그리고 재정적인 문제가 확실하다면 안전한 거래가 성사될 수 있다. 그러나 이런 형태로 이루어진 매각이 잘 운영되지 않는다면 관련된 모든 사람들에게 매우 불편함을 초래할 수 있다. 따라서 각별한 유의가 요구된다.

▣ 다른 고려사항으로부터의 레스토랑을 보호

어떤 매입자들은 교섭하는 동안 어떠한 특권이나 정보를 요구할 수도 있다. 또한 실패가 있을지라도 판매하는 동안의 레스토랑은 확실하게 보호되어야 한다. 잠재적 매입자를 수용할 때에는 너무 서두르지 말고, 지금의 레스토랑을 잘 보호하여 훗날 많은 것을 창출해 낼 수 있도록 해야 한다.

- **출판물을 사용시에는 주의해야 한다.**

  이 방법은 다소 까다로운 방법처럼 보이는데, 이는 많은 비밀 정보들이 많은 사람들에게 전해질지 모른다는 단점이 있기에 지속적인 보호가 필요하다.

- **통합적인 정보의 사건유출을 주의한다.**

  정보 전달 대상이 결정되지 않았다면 통합 쟁점은 비밀로 유지해 두어야 한다. 만약 통합판매(union sale)라면 이에 관한 정보를 사전에 알게 할 수도 있다. 몇몇 매입자들은 이와 같은 상황을 단순히 받아들이지 않으며, 또한 이러한 상황에 의해 시간을 낭비하고 싶지도 않다.

- **경쟁자들은 비싼 가격을 지불하려 하지 않는다.**

  경쟁자들이 레스토랑에 관심을 나타내기는 하더라도 비싼 가격을 지불하려 하지는 않을 것이다. 만약 매각자가 재정상으로 거래시 최대한도를 설정하려 노력한다면, 경쟁자들은 이러한 비용을 지불하려 하지 않을 것이며 결국 그들은 매입하지 않을 것이다.

▣ 협상시의 주의사항

대부분의 매입자들은 매입시 모든 사항에 대해서 주의 깊다. 사업주의 특성과 단골고객과의 관계가 분명하게 영업이익에 영향을 미치는 레스토랑 사업에서는 어떠한 사업의 손실이라도 사실로 나타나기 마련이다. 매입자가 이러한 손실에 대해 언급하기 전에 조직된 법적 관계자와 함께 잠재적 매입자의 우려를 없앨 수 있어야 한다. 이것은 매각자가 강조할 판매의 포인트이며 매입자를 안심시킬 수 있어야 한다.

- **변호사가 업무를 수행할 수 있게 한다.**

  변호사는 매각자의 사업 목표를 대변할 것이다. 가끔은 변호사에 의해 매각자가 원하는 방향이 아닌 일이 수행되기도 한다. 이때 매각자는 저지를 할 수 있고 이것은 통제할 필요가 있다. 계획에 있어 변화하는 것은 선택 가능하며 이를 적극적으로 해결해야 한다.

- **협상시 많은 위험요소가 존재한다는 것을 기억한다.**

  만약 모든 사안에 대하여 논하는 것을 주장한다면, 아마도 어떠한 거래도 성사시킬 수 없을 것이다. 협상시 중요 쟁점의 대상이 아닌 논제들까지 언급할 이유는 없다. 왜냐하면 협상시 다른 많은 문제가 야기될 수 있기 때문이다.

- **협상을 빨리 성사시키기 위해서는 준비를 해야 한다.**

  준비되지 않은 상태에서 제안을 받게 된다면 판매를 성사시킬 수 없음을 인지해야 한다. 완벽하지 않은 서류나 다른 요소들은 계약을 연기시키며 거래를 종결시키기도 한다. 이와 같은 일들에 대비하여 미리미리 계획해 두어야 한다. 당장 내일이라도 계약을 성사시키는 것처럼 모든 사안을 완벽하게 준비해둔다. 단지 준비하는 자만 기회를 얻을 수 있을 뿐이다.

- **서면으로만 성급하게 계약을 하지 않는다.**

만약 매각자가 제시한 조건이 마음에 든다면 서면으로라도 빨리 계약을 성사시키기를 원하게 된다. 일단 계약이 되면 빠르게 진행된다. 이는 계약 결정시 걸림돌이 되며 또 다른 잠재적 매입자와 대립되는 경우가 발생하기도 한다. 매각자는 사항들이 서면으로만 작성되었다 하더라도 다른 교섭을 할 수 없으며 중대한 협상문제를 해결하지 못하게 될 뿐 아니라 구속받게 되는 경우도 있다는 것을 알아야 한다. 계약을 종결짓는 순간까지 매입 가능한 모든 매입자와의 기회를 남겨두어야 한다. 계약을 성사시킬 준비가 되지 않았다면 서면으로만 된 계약을 끝까지 유지시킬 필요는 없다.

- **충분한 질문과 요구사항을 요구한다.**

최고의 거래를 위해서는 물어보는 것을 두려워하지 않아야 한다. 선택 가능한 사안은 계약을 부정하는 것으로 볼 수 있다. 많은 매각자와 매입자들은 서로에 대한 질문을 꺼리지 않아야 한다.

이들은 다음의 사항을 인지하여야 할 것이다. 첫째, 자신의 명성을 고려하지 않아야 한다. 즉 레스토랑 계약시 실패할 것에 대한 두려움은 갖지 않는 것이 좋다. 둘째, 서로의 계약에 관한 특정한 추가 또는 삭제 사항을 요청한다. 만약 계약이 성사된 후에는 아무것도 요구하지 않는 편이 낫지만 계약 성사 전에는 확실히 요청할 것은 바로 요구해야 하는 것이다.

- **계약시 기꺼이 계약을 성사시키지 않으려고 한다.**

계약을 성사시키기 위해서는 계약 장소로부터 먼 곳에서 지켜보기만 해야 한다고 말하곤 한다. 이와 같은 생각이 사실일 수도 있다. 만약 매각자가 매입자를 계약 성사여부가 필사적이고 어떠한 요구사항이든 받아들일 것 같다고 느끼는 순간 매입자는 계약의 주도권을 잃게 될 것이다. 대신에 매각자는 모든 사항을 통제할 것이고 매입자는 계약시 불리한 위치에 놓이게 될 것이다. 이와 같은 상황이 반대가 된다면 매각자는 매입자와의 계약을 성사시키기 위해 많은 사항들을 제공할 것이다. 계약시 기꺼이 계약을 성사시키려고만 애쓰지 않는다면 계약시 얻으려 했던 것들을 쉽게 얻을 수 있을 것이다.

▣ 합법적인 진행

합법적인 쟁점들은 거래의 성패여부를 결정할 수 있다. 이와 같이 단순한 충고를 고려한다면 더 많은 합법적인 문제를 경감시킬 수 있다. 레스토랑 매각은 공정하게 해야 하며 매각할 것은 깨끗하게 유지시켜 놓아야 한다. 계약이 계속 진행되기 전에 모든 법적 요구사항이 제대로 되어 있는지 확인해야 한다. 이를 위해 아래의 사항을 고려해 보자.

- **공개하는 것이 바람직하다.**

계약과 관련된 사항들을 공개하는 것은 가장 바람직한 방법이다. 이것은 회피하거나 무시해서는 안 되는 법적 사항들이며, 정보의 공개로 인해 발생하는 문제가 무엇이든 간에 계약과 관련있는 사항들의 올바른 정보를 공개해야 하는 것이다. 법적인 문제가 발생하기 전 언제라도 정보의 올바른 공개가 요구된다.

- **매입자들은 매각자보다 부정적인 경향이 있다.**

사업에 관련된 질문을 알고 있는 사람은 바로 매입자이다. 계약에 관한 정보를 정확하게 알고 있지 않은 매입자들은 매각자보다도 훨씬 부정적인 경향이 있다. 매입자는 계약이 종결되기 전에 정보에 대한 공개를 위해 계속 시도하게 된다. 사실상 매각자는 상당량의 정보 공개를 해야 한다. 또한 이를 통해 매입자의 불확실성에 대한 부정적인 경향을 경감시켜야 한다.

- **서면으로 한다.**

대화로써 행해지는 계약에 관한 것들은 많은 논쟁의 소지를 남긴다. 그러나 서면으로 작성해 두면 이것은 하나의 영구적인 기록이 될 수 있다. 서면으로 모든 것을 남겨서 당장 혹은 미래에 생길 수 있는 논쟁의 소지를 남기지 않는 것이 가장 현명한 방법이다.

- **미심쩍은 정보에 대해 질문한다.**

반드시 표현할 필요는 없지만 잠재적 매입자들은 미심쩍은 정보에 대한 질문을 정확히 해야 한다. 대부분의 전문가들은 매각자가 계약에 필요한 모든 정보에 대해 공개해야 한다는 데 동의한다. 공개 정보에 대해 미심쩍은 생각이 든다면 미안하게 생각하지 말고 질문을 해서 논쟁의 소지를 없애는 것이 현명한 방법이다.

- **모든 문서 업무를 조회해서 조사하고 그리고 재확인한다.**

계약 전에 모든 법률에 관한 문서가 최근의 것이고 잘 정돈되었는지 확인한다. 소규모의 레스토랑 운영에서는 매일 작성해야 할 법적 서류나 문서 작업을 방치하는 경우가 있다. 하지만 이와 같은 문서 중에는 레스토랑 운영시 반드시 업데이트를 하여 파일로 정리해야만 하는 것들이 있으므로 주의 깊게 관리해야 한다.

- **법적 문제들은 많은 비용이 소요된다.**

매입자와 매각자 모두에게 법적 문제들은 많은 비용이 소요된다. 법률적 보호가 양쪽 모두에게 있는 것은 사실이지만 이는 많은 비용을 초래한다.

때때로 작은 경비로는 해결할 수 없을 수도 있다. 이와 같은 법률적 보호는 사업의 명성에 관련된 손해나 재정상 손해 등을 측정할 수 있다. 후에 법적인 전문적 지식이 요구되지 않게 사전에 미리 이용할 수 있는 법적인 방법을 선택하는 것이 좋다.

- **변호사 없이는 매각이나 매입을 하지 않는다.**

전문적인 도움 없이 계약을 성사시킬 수 있는 구체적이며 기술적인 방법들이 있다. 하지만 자격을 갖춘 변호사 없이는 매각과 매입을 하지 않는 것을 원칙으로 한다.

FOOD Service Professional

레스토랑 창업 노하우

2 준비 단계

■ 판매의 준비 단계

매각과 매입을 위한 준비를 한다. 매각자는 실제 매각하고자 하는 금액보다 높은 가격을 책정한다. 왜냐하면 대부분의 매입자들은 매각하기 위해 책정된 가격을 낮추려고 하는 경향이 있기 때문이다. 매각과 매입이 시작되고 나면 매입자는 빠른 시간 내에 계약을 성사시키려 하면 안 되고, 매각물에 대한 꼼꼼한 검색을 일 년 혹은 그 이상을 하면서 시간을 투자하며 관찰해야 한다.

- **매각 가격을 책정해 둔다.**

  매각 가격을 책정해 둔다. 매각자는 레스토랑의 자산, 즉 재고량, 허가증(특허), 개인적인 사항, 프랜차이즈 관계 등을 통한 완벽한 분석을 토대로 매각 가격을 책정한다.

- **계약과 관련된 서적을 참고한다.**

  계약을 위한 준비의 단계로 스스로 서적을 통해 공부를 한다면 이는 기대 이상의 능력을 발휘한다. 이것은 모든 것을 통달한다는 것을 의미하는 것은 아니지만 상대방이 레스토랑에 대해 어떻게 생각하는지를 짐작할 수 있는 통찰력을 가질 수 있게 된다. 이런 통찰력은 계약시 많은 도움을 줄 것이다.

- **대부분의 현금은 선불로 하며 나머지는 날인증서로 처리한다.**

매각과 매입의 과정이 진행될 때 사용될 수단을 고려해야 한다. 분명한 것은 대부분의 금액은 선불로 하며 나머지 일부는 날인증서로 처리하는 것이다. 이것은 매입자들에게 나중에 생기는 날인증서에 관련된 금액 회수 시에도 사용되는 매우 일반적인 방법이다. 하지만 매입자들에게 가능한 모든 현금을 선불로 지급하며 나머지를 날인증서로 처리할 것을 강요해서는 안 된다.

- **담보물건을 책정한다.**

만약 자금을 개인적으로 조달할 계획이면 요구되는 담보 물건을 책정해 둔다. 그러나 확실히 해둘 것은 은행이나 다른 재정기관으로부터 어떠한 담보 물건을 수용하겠다는 종속적인 계약은 하지 않아야 한다는 것이다. 만약 회사 건물과 주변 토지를 담보로 수용한다고 하면 다른 사람이 그 담보물에 대한 선취득권을 가지고 있지는 않은지를 반드시 확인하여야 한다.

- **확실한 매입자를 결정해야 한다.**

때때로 경쟁자는 계약에 관련된 기밀정보를 얻기 위해 조사를 해 나갈 수도 있다. 진짜 매각할만한 확실한 매입자를 결정해야 한다. 그 매입자가 정보만을 원하는 경쟁자는 아니었는지 확실히 해둔다.

- **다른 레스토랑 사업주와 의논한다.**

경험보다 중요한 것은 없다. 매각에 관심을 가지고 있는 다른 레스토랑 사업주와 의논한다. 그들의 경험은 훌륭한 변호사나 좋은 책보다도 더 많은 통찰력을 전해줄 수 있다. 하지만 그들이 때로는 경쟁자라면 과감하게 그 사람과의 관계를 없애야 한다.

▣ 불분명한 요소들에 대한 준비

매각 전에는 준비사항을 반드시 숙지하고 있어야 한다. 매각의 금액을 정확하고 분명하게 알고 있어야 한다. 또 다른 준비는 매각자의 주관적인 것이다. 통계자료를 보면 거래시 매우 주관적인 접근을 한다면 이루고자 하는 것 이하의 것만을 성취한다고 보고되고 있다. 객관적인 자세를 유지해야 더 많은 이익을 창출해 낼 수 있다. 또 다른 불분명한 요소들에 대해서 고려해 보기로 한다.

- **중매인 수수료**

거래시에 중매인 수수료와 같은 모든 요소들은 비용을 초래한다. 중매인 수수료 지급을 레만 포뮬러의 방식을 토대로 보면 기본적으로 처음 거래되는 1억 원에 대해서는 5%, 두 번째의 금액 1억 원에 대해서는 4%, 세 번째는 3%, 네 번째는 2%, 마지막으로 5번째는 1%로 책정하고 있다. 우리나라의 경우 거래시 중개수수료를 거래금액의 0.9% 이내로 하고 있으며, 상한요율 이내에서 중매의뢰인과 중매업자가 협의하여 결정한다.

- **현재 사용 중인 매뉴얼 방침의 최근 자료**

서면으로 작성된 자료가 있다면 레스토랑에 대한 법적 자료처럼 보이기 마련이다. 만약 방침을 몇 년 전에 변경하여 종사원들도 이에 따르고 있을 경우라도 이 수정사항을 업데이트하지 않는다면 잠재적 레스토랑 매입자는 이러한 사실을 모르게 될 것이다. 이는 논란의 소지가 될 수 있고 이러한 매뉴얼 방침은 매입자에게 혼란을 줄 수 있으며 매각자의 경영구조와 자질까지도 의문을 갖게 만들 수 있다. 만약에 서면으로 작성된 매뉴얼이라면 확실하게 정정해 두어야 한다.

- **매각을 위한 적당한 시기**

매각하기에 적당한 시기를 아는 것은 매우 중요하다. 사업주는 레스토랑이 운영상 어려움을 겪고 있다면 당장이라도 매각하기를 원하게 된다. 하지만 시간을 가지고 시장상황을 살피며 적당한 시기를 기다려야 한다. 또한 레스토랑 운영이 잘 되지 않는다면 적자를 내기 전에 얼른 매각하도록 해야 한다. 적자를 내기 전에 매각한다면 레스토랑 운영시 투자했던 많은 것들에 대한 손해를 최소화할 수 있기 때문이다.

- **개선을 위한 적당한 시기**

장기간에 거쳐 손해를 가져온 요소를 단기간에 해결하려 하지 않아야 한다. 시간을 가지고 레스토랑 사업의 매각시기를 정하는 것이 현명한 방법이다. 가능하다면 매각하기 3년 전부터 모든 것을 준비해 놓아야 한다. 불분명한 요소들을 점차적으로 변화시키고 동시에 레스토랑에 대한 가치를 창출시켜 놓는다.

- **재무제표의 준비**

재무제표를 준비하는 과정은 쉽지 않지만 필수요소임에 틀림없다. 매각 전 최근의 정확한 재무제표를 작성해 두어야 한다. 매각이 진행될 때 재무제표를 작성한다는 생각을 하지 말고 미리 준비해 두는 것이 좋다.

▣ 매각을 위한 단계

필요한 정보에 관한 기본적인 보유가 필요하다. 모든 매입자들과 종사원에게 레스토랑에 관한 정보를 일일이 설명하는 것은 현명한 방법이 아니다. 또한 이는 그들에게 불신을 줄 소지도 있다. 왜냐하면 종사원들은 레스토랑을 매각하는 동안에 불안함을 느끼게 되고 종사원의 직업을 포함하여 모든 것이 불분명하기 때문이다. 따라서 사업주는 종사원을 편안하게 만들어 주어야 한다. 매각에 필요한 기본적 사항 외에는 공개하지 않는 것이 좋다. 다음의 것들을 고려해야 한다.

• 모든 것을 긍정적으로 유지하기

매각의 결정적 순간이 오면 레스토랑 종사원, 단골고객과 다른 관련업자들에게 매각에 관한 것을 긍정적인 방법으로 알려 주어야 한다. 먼저 종사원의 일자리 및 사업주의 종사원에 대한 처우 등에 대해 긍정적으로 생각하게 한다. 심지어 매각에 관한 위험한 요소들을 종사원에게 알리기보다는 사업주가 스스로 해결해야 하고 모든 상황을 긍정적으로 유지해 둔다.

• 'Plan B'

몇몇 전문가들은 매각자가 가지고 있어야 할 효과적인 방법을 'Plan B'라고 말한다. 즉 한 명의 매입자에게만 속해 있어 하나의 재정계획 및 계획만을 가지고 있어서는 안 된다는 것이다. 여러 매입자들과의 관계가 지속되지 않는다면 레스토랑 매각을 다시 한 번 고려해 보아야 한다. 다른 잠재적 매입자들이 이러한 'Plan B'에 대해 알 수 있도록 하여야 한다.

• 과정의 문서화

가장 성공적인 사업의 경영은 기본에 충실하는 것이다. 현재 레스토랑에서 어떻게 운영하는지를 정확히 알아야 하며 모든 경영상의 위기들을 잘 해결할 수 있어야 한다. 그러나 유망한 매각자들은 이에 대해 정확히 알 필요가 있다. 왜냐하면 레스토랑 운영에 관련된 문제에 관해 과정을 문서화하여 정확히 알고 있어야 하기 때문이다. 운영방침뿐만 아니라 운영과정 또한 문서화해 두어야 한다.

• 잘못된 정보의 처리방법

매각에 관한 정보들이 공식화될 경우 신문이나 잡지에 요약된 전략이나 전술에 너무 치중해서는 안 된다. 매입자에게 매각에서 요구되는 사항을 정확히 전달해야 한다. 만약에 이를 충분히 전달하지 못하면 매입자들은 다른 곳으로부터 정보를 획득하게 될 것이다. 문제는 매입자들은 출처도 불분명한 곳으로부터 잘못된 정보를 얻을 수 있다는 것이다. 잘못된 정보가 한 번 유출된 경우 그 정보를 바로잡기는 굉장히 어렵다.

- **매각에 관련된 안내서 만들기**

매각을 결정하였다면 레스토랑의 가치를 매입자에게 전달하기 위한 안내서를 준비해야 할 것이다(운영기록 제공, 마케팅 소책자). 이는 매각 직전에 이루어져야 할 가장 중요한 과정인 것이다. 그러므로 형편없거나 부정확하게 만들어서는 안 된다. 정확한 안내서를 만들어야 한다.

▣ 안내서에 모든 성공전략 첨부

매입자를 위한 조건을 갖춘 안내서를 만들어야 한다. 매각 안내서는 매각자가 직접 설명할 수 없는 상황에 상세하고 분명하게 매각에 관한 사항을 설명할 수 있어야 한다. 매각에 관한 안내서는 공표되지 않거나 불분명한 것들이 기재되어서는 안 된다. 매각 안내서가 잘 구성되어 있다면 매입자들은 이를 신뢰하여 다른 매입자가 거래하기 전에 서둘러 매각자에게 연락을 할 것이다. 이는 좋은 현상의 예이다.

- **기회에 관한 진술 강조하기**

매각을 이끌어낼 수 있을 만큼 여러 가지 기회에 관한 진술로 안내서를 구성한다. 여기에는 매입자들을 만족시킬 만한 충분한 정보를 포함하고 유지시켜야 한다. 이는 매각을 가장 성공시키기 위한 방법 중의 하나이다. 필요하다면 전문적인 안내서를 만드는 사람을 고용해도 좋다. 즉 안내서를 통한 매각의 성사를 놓쳐서는 안 된다는 것이다.

- **사업연혁 언급**

매입자는 매입하려는 레스토랑의 연혁을 알고 싶어 한다. 안내서에 레스토랑의 창시자, 총 종사원수, 정기세일, 마케팅, 레스토랑의 강점, 미래의 목표, 레스토랑 운영에 관한 기본방침 등에 관한 기본적 정보를 소개한다.

- **입지 언급**

레스토랑에 관한 일반적인 입지를 설명한다. 예를 들어, 레스토랑이 서울에 위치한다면 서울의 관광산업과 장점을 부각시킨다. 매각 안내서에서 입지 부분은 간단명료하게 나타내고 너무 자세하게는 설명하지 않는다.

- **판매와 마케팅 정보에 관한 개요 포함**

과거의 성공적인 마케팅 전략과 경쟁업체와의 관계에 관한 모든 것이 포함되어 있어야 한다. 마케팅 관련 사진에 대한 상세한 묘사를 첨부하는 것도 좋다.

- **종사원에 대한 설명**

종사원에 대한 소개를 한다. 현재의 인력구조에 관한 일반적인 정보를 제공한다. 레스토랑 구조 중 경영관리의 핵심요소를 강조해 주어야 한다. 종사원 중 국제적으로 유명한 잡지에 시상내역이나 조리법과 같은 것이 공개된 조리사가 있다면 이 점을 부각시키는 것이 좋다. 또한 이 부분에서는 종사원에 대한 혜택이나 급여 수준 정도를 공개하는 것도 괜찮다.

- **차별화나 특별한 자산 강조**

다른 레스토랑과는 차별되는 특별한 자산이나 특허가 있을 수 있다. 이러한 장점들은 다른 레스토랑에서 할 수 없는 독자적인 것임을 안내서에 강조해야 한다.

• **재정보고서 포함**

지난 3~5년 동안의 재정보고서를 포함할 준비를 해야 한다. 매입자는 매입할 레스토랑의 수익에 관한 정보를 알고자 한다. 그러므로 매입자에게 재정보고서를 보여주며 변호사와의 동의 하에 미래의 수익 예측을 포함시켜도 된다.

• **레스토랑 소유주에 대한 정보**

레스토랑의 사업주에 대한 간단한 정보로 제시한다. 파트너들이나 주주가 있다면 이들 또한 언급해야 한다.

• **주의사항**

몇몇 매각자들은 그러한 언급을 하지 않지만 잠재 매입자들을 위해 단골고객, 피고용인들, 매각인, 그리고 아직 알려지지 않은 미결매매(pending sale) 등을 언급하는 것이 좋다. 하지만 경우에 따라 이를 기술하는 것은 이익의 감소를 초래할 수도 있다.

• **매각자가 제시한 가격에 대한 언급**

매각자가 요구하는 가격을 작성하되 얼마나 적절한 가격이 책정되었는지에 관한 최소한의 설명을 덧붙이는 것이 좋다. 재정 요구사항 부분에 매우 자세하게 서술한 개요를 첨부한다. 매입자들은 안내서에 제시한 재정부분에 관해서 매우 솔직하게 반대의사를 나타낼 수도 있다. 그러므로 이에 대해 안내서를 첨부하여 불필요한 시간의 소요를 없애는 것이 좋다.

• **중요한 내용의 요점정리**

안내서 끝에 기본적으로 정보제공의 윤곽을 잡을 수 있게 하는 어떤 종류의 요약이라도 포함시키기를 원할 것이다. 이 결과는 매입자들이 즉시 구매하도록 동기유발을 하는 강력한 언어로 쓰여야 한다. 또한 레스토랑 매각과 관련된 매각자의 정보에 관한 진술도 포함시키는 것이 좋다.

▣ 안내서 : 지나치게 하지 않는다.

비록 안내서에 제공되는 정보가 잠재 매입자들을 위해 매우 중요하더라도 매각자의 모든 것을 포함할 필요는 없다. 실제로 하지 말아야 할 것들이 몇 가지 있다. 아래 제안되는 것들은 포함시키지 않도록 한다.

- **매각자의 주소를 가르쳐 주지 않는다.**

  세부 위치가 안내서에 포함되어야만 한다하더라도 자세하게 기록하지 않아야 하고, 매각자의 주소를 포함시켜서는 안 된다. 살고 있는 도시가 그리 크지 않다면 도시 명도 언급하지 않으며 매입자의 추측에 맡겨야 한다. 그렇지 않으면 매각자의 주변 이웃 상황까지도 자세히 알게 될 것이다.

- **매입자들에게 당신의 약점을 드러내지 않는다.**

  직접 대면하면서 진술해야 할 것들이 있다. 이는 매각시 약점으로 드러날 수 있는 것이다. 매입자가 알게 되어 문제가 생길 수 있는 사건이 있다면 직접 만날 때까지 그 정보를 알리지 말고 유보한다.

- **정확한 재정적 수치를 제시하지 않는다.**

  매각자의 3~5년 간의 재정상태를 제시한다. 실제 서류상의 재정을 자세하게 나타내지 않은 채 재정상태만을 강조한다. 그러면 가장 중요한 것을 나중에 얻을 수 있다.

- **모든 자산의 물품 명세서를 보여주지 않는다.**

  중요한 것만 제공하며 안내서에는 매각자의 레스토랑에 부적합한 것들을 제거해야 하고 적합한 것만을 보여주어 상대방을 매입하게 해야 한다. 그러나 그 자체만으로 사업을 매각하는 것은 아니고, 나중을 위해 자세한 것을 말하지 않는 것이다.

▣ 적정한 가격 책정

안내서에 가격을 제시하는 목록이 있다. 그러나 대부분의 매입자들은 어떻게 적절한 가격을 협상할지를 고민한다. 매입자들은 큰 금액을 지불하려 하지 않고 적정한 가격을 원할 것이다. 그렇지 않으면 매각자는 실제로 예상하지 못한 상황에 직면하게 될 것이다. 또한 그들은 의무를 모두 지불하고 난 후에도 충분한 자산이 남기를 바랄 것이다.

우선 레스토랑의 가치를 판단할 때 실제 부동산 가치(주차장이나 다른 시설과의 연결성과 같은 상설시설을 포함한 실제 토지 그 자체)를 고려해야 한다. 많은 잠재구매자들은 실제로 비즈니스 자체보다는 부동산에 더 관심을 가진다. 그 결과 매각자에게는 땅의 실제 가치를 인지하고 있는 것이 매우 중요하다. 매각을 위한 몇 가지 조언은 레스토랑의 부동산 가치를 포함시키는 것이다. 부동산 가치를 책정하는 데 가장 보편적인 세 가지 절차(시장 접근성, 비용 접근성, 수입 접근성)를 먼저 살펴보아야 한다.

• 시장 접근성

시장 접근성은 대체의 개념에 기초를 둔다. 이는 기본적으로 자산의 가치는 비슷한 지역에서 자산끼리 비교함으로써 결정된다는 것을 의미한다. 하지만 이 과정에서는 비교할 재산과 매각자의 재산이 정확하게 같은 것은 아니기 때문에 약간의 조정이 필요하다. 시장 접근을 하는 데 가장 어려운 부분은 비슷한 레스토랑을 가진 매각자들이 사업에 대한 자세한 내용을 공유하지 않으려고 하는 것이다.

• **비용 접근성**

비용 접근은 교체의 개념에 기초를 둔다. 간단히 말해서 자산의 가치는 전적으로 그것을 교체하는 비용으로 매겨진다는 것이다. 그렇게 하기 위해 레스토랑의 모든 자산가격의 교체 비용을 추가해야 한다. 기존에 가지고 있던 것을 정확하게 계산하기 위해서는 자산과 구비품에 대한 구매가격을 조사해야 한다. 세금, 운송비 등 모든 가치를 포함시킨다. 이 접근은 고객의 불만사항을 처리하는 보험회사에 의해 사용되는 것과 흡사하다.

• **수입 접근성**

수입 접근은 자산으로부터 예상되는 미래 수입의 평가에 기초를 둔다. 부동산 가치는 평가된 미래 수입평가에 있어 현재 가치와 매각시 얻게 되는 이익을 합한 것이다. 매각자의 비즈니스 가치를 측정하고자 할 때 이 방법을 사용하는 것이 효과적이다.

▣ 다른 자산의 가치

레스토랑의 가치는 기본적으로 세 가지인 다른 자산의 분야로 구성된다. 부동산, 다른 복귀자산 그리고 비즈니스 그 자체이다. 복귀자산은 비즈니스가 실패했을지라도 그 가치를 유지하는 자산을 포함한다. 골동품, 재고, 수취어음, 라이센스 등이 이에 포함된다. 판매가격 책정은 쉽게 결정할 수 있는 일이 아니며 고려되어야 할 많은 요인들이 있다. 몇 가지 예를 들면 다음과 같다.

• **수익성**

수익성은 판매가격과 레스토랑의 안정성에 가장 큰 영향을 미친다. 수익성을 판단하는 가장 일반적인 방법은 순운영 소득을 점검하는 것이다. 레스토랑이 평균 운영 순이익을 벌었다면 가장 적절한 판매가격은 지난

12개월 간 음식과 음료 판매액의 50%와 같을 것이다. 순이익은 지역 표준뿐만 아니라 해당 운영형태에 대한 산업 표준과 비교되어야 한다.

- **실적**

매입자들은 실적이 우수한 레스토랑에 관심을 가질 것이다.

- **임차기간과 조건**

남아 있는 자산임대 그리고 월 급여기간은 판매가격에 굉장한 영향을 미친다.

- **신용**

IRS는 현재 물리적 자산의 회계장부 가격을 초과한 금액으로 신용을 판단한다. 미국의 경우 이에 대한 최상의 모델은 미국레스토랑협회(National Restaurant Association)의 연간 레스토랑산업활동리포트(Restaurant Industry operations Report)이다. 웹사이트(www.restaurant.org)를 방문하면 협회에 대한 정보를 획득할 수 있다. 국내의 경우 한국신용평가정보(www.kisinfo.com)를 통해 확인해 볼 수 있다.

- **개인적인 친선 능력**

레스토랑에 근무하지 않는 종사원 혹은 매니저가 운영 성공의 큰 부분을 차지하여 왔다면 판매가격에 부정적인 영향을 끼칠 것이다.

부동산 외 다른 가격결정 요인들

부동산 가치는 레스토랑의 가격을 결정짓는 한 부분일 뿐이다. 지금부터 가격 결정에 대한 다양한 다른 요인들에 대해서 알아본다.

• 미래 수익과 지출의 가치 계산

비즈니스 가격 결정에 대한 방법으로 회사의 미래에 대한 계획과 평가에 의존한다. 매각하고자 한다면 미래 지출은 가능한 한 적게, 미래 수익은 가능한 한 높게 평가해야 한다. 이는 매각자가 요구한 가격을 상승시킬 수 있는 방법이다. 반면 매입자라면 요구가격을 낮추기 위해 이 공식이 반대로 수행되기를 원한다.

• 레스토랑 비교를 기초로 한 가격 책정

이 가격 책정방법은 매우 보편적인 것이다. 단순히 예를 들어, 말하자면 집의 가격은 과거 해당지역에서 매각된 집들과 비교해서 결정된다는 것이다. 물론 집에 대한 특정 부정적·긍정적 요인들이 가격에 영향을 끼치지만 기본 개념은 기본적으로 같은 범주 내에서 가격 비교를 하는 것이다. 레스토랑도 똑같이 적용될 수 있지만 집 가격 책정보다는 다소 복잡할 것이다. 이 방법에 있어서 한 가지 문제점은 작은 레스토랑의 매매는 알려지지 않을 것이고, 이는 동일지역 내 다른 레스토랑의 가격 정보를 얻는데 어려움을 초래하게 된다.

• 대략적인 가격 책정

영세 레스토랑의 가격을 책정하는 가장 쉬운 방법은 'Rule-of thumb'이라 불리는 방법을 사용하는 것이다. 기본적으로 연간 판매액에 특정 산업요소를 곱하면 된다. 예를 들어, 곱해지는 요소는 연간 판매성장 퍼센트가 될 수도 있다. 주어진 시간에 레스토랑에 대한 가장 적절한 곱셈 요소를 결정하기 위해서 미국 레스토랑협회(www.restaurant.org)와 협의해 본다. 이러한 정보는 매각시 올바른 출발을 할 수 있도록 도와줄 것이다.

• 감정인을 고용

더욱 정확한 방법 중 하나가 가격 책정할 전문 감정가를 고용하는 것이다. 이 방법을 사용하기로 결정했다면 감정사에게 요금을 지급할 준비를 해야 할 것이다.

• 감정사의 역할 제한

어떤 감정사는 레스토랑의 가치 또는 그 최종적인 판매가격에 따라 요금을 요구한다. 주의할 점은 만약 감정사의 요금이 판매가격이나 가격책정에 따라 변한다면 매각자는 동기가 순수하지 않은 감정사를 해고할 수도 있다. 매각자는 매각에 관련된 역할 중 일정비율을 주장해야 하며 이를 예외로 두어서는 안 된다.

• 협상의 여지를 남겨둠

어떠한 비즈니스에서라도 매입자는 교섭하기를 원한다는 것을 기억해야 한다. 매매 진행동안 변동 가능한 마진의 범위를 생각해 둔다. 가장 좋은 방법은 매각자가 원하는 금액보다 10~20% 더 높게 가격을 책정하는 것이다. 이는 매각에 있어 가격조정에 여유를 줄 수 있기 때문이다.

• 다른 사람의 동기를 이해

알아두어야 할 보편적인 규칙은 매각자는 가격책정 결정에 있어서 다소 주관적이며 매입자는 다소 객관적이라는 것이다.

• 비논리적인 가격책정은 매매를 성사시킬 수 없음

매입자가 비합리적인 요구를 하고 있다면 매매가 성사되기는 어렵다. 합리적으로 제기할 수 있는 몇몇의 요구사항은 큰 비용과 전액환불 요구를 포함할지도 모른다. 매각자가 얻어야 하는 것에 대해서 타협해야 한다. 작은 타협은 많은 문제를 해결할 수 있다.

▣ 주식의 하향세

주식에 대한 정보를 알고 있으면 보유한 주식을 팔 수 있다는 확신을 심어줄 수 있다. 주식이 계약의 일부분으로서 제공될 때, 실제로 주식을 팔아서 돈을 벌 수 있게 된다. 주식은 서류상 부자라는 환상을 만들고 사용이 불가능한 새로운 부를 제공한다. 주식과 관련하여 계약을 했을 경우 주식으로 모은 자본을 충당하기 위해 많은 금액에 대한 지불책임이 있다. 다음 사항을 고려해야 한다.

- **주식은 매각자와 관계되어 있다.**

  이것은 매입자에게 좋은 조건이다. 주식의 매입 동의가 수반될 때 파는 사람도 어느 정도 관련되게 되고, 이는 새로운 소유주에게 긍정적인 영향을 미친다. 매각자가 결정해야 하는 것은 회사에 주식과 관련된 매입자의 관심 여부이다. 대부분의 상황에서 이것은 양쪽 모두에게 윈-윈 합의를 이룬다. 그러나 매각자가 그만두기를 원하거나 사업 관심을 재조명하고자 한다면 협상에 포함되는 주식을 가지지 않으려고 할 수도 있다.

- **주식 옵션과 관련해 주의해야 한다.**

  주식을 거래하는 동안 현금과 주식 모두 이익이 될 수 있지만 반대로 손해를 가져오는 경우도 있다. 매입자가 주식에 두는 가치는 평범한 주변 사람들이 두는 가치와 같을 수 있다. 그런 계약상의 복잡함 때문에 주식의 세부사항에 대해 처리를 할 수 있는 재정 전문가가 필요하다.

- **매입하고자 하는 회사의 주식 성과를 확인한다.**

  주식시장에 상장된 회사가 레스토랑 매입제의를 한다면, 매입자와 매매 여부를 판단하기 위해 매입자와 관련된 조사를 면밀히 해야 한다. 주식시장에서 매입자의 성과기록을 추적해 보아야 한다. 이때까지 매우 낮은 수준의 매출을 가지고 있다면, 그 주식은 팔기 힘들기 때문에 포기하는 것이 낫다. 결국 좋은 매각조건을 갖추지 못했다는 것이다.

- **주식이 명확한 재정상의 이익을 나타내는 것은 아니다.**

주식의 실제 가치는 그 주식을 팔기 직전까지도 결정되지 않음을 명심한다(언제 변할지 모른다). 주식시장에 상장된 회사도 주식의 가치는 상향하거나 하향하며 또는 그대로 유지하고 있을 수도 있다. 레스토랑에 대한 지불 수단의 많은 부분을 주식으로 고려하고 있다면, 주식을 팔 미래시점에 나타날 어떤 결과에 대비할 수 있을 만한 주식을 가지고 있어야 할지도 모른다.

- **주식매매에 관련된 규정을 숙지한다.**

많은 매각자들은 레스토랑 판매가격의 일부분을 주식으로 받는다면 주식을 언제든지 팔 수 있으리라고 가정하고 있다. 대부분의 경우에 이것은 사실일지도 모르나 주식이 팔릴 수 있다면 언제 어떠한 제한규정이 따를지 모른다. 매각자가 매각하는 회사 위원회의 임원이 되었다면 적어도 어느 정도 제한이 가해지는 것은 확실하다. 주식을 파는 능력을 기대하고 있다면 문서에 서명하기 전 그 제한에 대해서도 반드시 숙지하여야 한다.

- **매입하는 회사 및 주식 실적을 조사해야 한다.**

매입 합의사항이 아닌 것처럼 간주하고 매입 회사의 주식을 확인한다. 이것이 매매동의 조항에 속하지 않는다면 매입할 회사 주식에 투자할 것인가? 어떤 질문에 '아니오'라고 답을 해야 한다면 매입자의 일부로 포함된 주식의 어떤 매입에 대해서라도 '아니오'라고 대답해야 한다.

- **매입자는 주식판매보다는 자산판매를 추구해야 한다.**

비록 그 제안이 합당하게 생각될지도 모른다. 하지만 일반 레스토랑의 자산판매 대신 주식판매를 추구하는 것은 현명한 방법이 아니다. 주식판매가 단기적으로는 편리하고 전반적으로 절약되는 것처럼 보일지라도 매입자에게는 미래에 어떤 문제가 될지도 모른다. 자산을 갖는 것이 현명하다.

- **매각자는 주식을 받아들임으로써 세금지불을 지연시킬 수도 있다.**

매각자가 현금 대신 주식을 받아들여서 생기는 가장 큰 장점은 거래에 의해 발생한 세금지불을 미룰 수 있다는 것이다. 각각 매각자는 매매에 수반되는 법적인 책임을 지불해야 하는 반면에, 지불의 수단으로 주식을 선택하면 실제로 주식을 팔 때까지는 수입세를 지불할 필요가 없으며 이는 큰 장점이 될 수 있다.

매입자

매입자가 알아야 하는 몇 가지 일에 대해 생각해 보면 매입자가 레스토랑 매입에 대해 재정 문제는 생각하지 않았더라도 사업 소유시에는 비용이 발생하게 된다. 매년 많은 사업을 획득하는 법인에게 이것은 당연한 일이다. 그러나 이것이 사업 소유권, 특히 레스토랑의 소유권 중 첫 번째 위험 요소라면, 재정상의 폭로와 다른 사람에게 공개될 재정 정보를 통해 무엇을 얻게 되는지를 확인하는 반면에 장기 계획에 비용을 포함하는 것 또한 잊지 말아야 한다. 다음의 사항을 고려해야 한다.

- **월급**

비록 월급은 지속적인 지출이지만 레스토랑에서는 긍정적인 요소가 될 수 있다. 많은 레스토랑은 대기 종사원(wait staff)의 급여까지 책정한다 하더라도 이에 해당하는 실제 월급 급여액은 많은 비용을 초래하지 않을 수도 있다.

• **임대료**

임대료는 매달의 소득에서 큰 지출을 차지한다. 계약 종류에 따라 임대료를 지불할 수도 있고 하지 않을 수도 있다. 레스토랑뿐만 아니라 부동산이나 빌딩을 매입했다면 이는 지출의 요소가 되지 않는다.

• **대출 또는 재정 비용**

매입한 레스토랑에 대한 지불방법을 어떻게 책정했는가에 따라 매달 다른 종류의 재정적인 융자금 납입을 하게 된다.

• **음식**

고기나 해산물은 매달 구매해야 하는 가장 비싼 식재료 아이템이다. 현재 구매 수준이 과도하지 않도록 이전의 사업주로부터 확인하는 것이 좋다. 필요로 하는 것을 모두 구매하게 되는데, 이때 구매한 것은 모두 사용할 수 있도록 구매하는 것이 좋다.

• **다른 음식 아이템 품목**

샐러드 바부터 디저트와 장식에 이르기까지 모든 것을 포함한다. 고객들에게 제공해야 할 것을 아끼지 말고 적당한 판매수익을 유지하기 위해 충분한 구매를 해야 한다는 부분에 대해 끊임없이 생각해야 한다.

• **음료**

이것은 명백한 지출요소이다. 다시 한 번 확인할 것은 절대 과다주문하지 않아야 한다는 것이다.

• **맥주, 포도주, 다른 알코올 음료**

레스토랑에서 주류 서비스를 한다면 이는 보유하고 있는 가장 큰 수익 중의 하나가 될 것이다. 또한 임대료, 융자금 그리고 식재료의 지출보다는 적은 비용이 들어간다.

- **바 보급품**

인쇄된 성냥갑, 냅킨, 젓가락(chop-stick)과 빨대에 이르기까지의 모든 것을 포함한다. 대량으로 구입함으로써 많은 현금을 절약할 수 있다.

- **보험**

필요한 보험의 종류에 대해 알 수 있도록 변호사와 함께 확인한다. 보험료는 매년, 분기별로 매달 지불할 수 있다. 재정적으로 매우 어려워 보험료가 연체될 경우 연체료가 부가되므로 규칙적으로 납부해야 한다.

- **변호사 수수료**

보험과 다른 법적 필요성에 대해 변호사와 의논을 하고자 한다면 해당 변호사에 대한 수수료를 지불해야 한다.

- **회계사와 장부계원**

작은 레스토랑 사업주는 레스토랑에 관련된 전반적인 업무를 스스로 해 나간다. 만약 사업주가 수학적 능력이 부족하다면 회계사를 고용해야 한다. 이는 투자 가치가 있는 부분이다.

- **전화, 전기, 가스, 물 그리고 다른 공공요금**

가정에서 비용을 지불하는 것보다 레스토랑에서 비용을 지불하는 것은 더 큰 비중을 차지한다.

- **면허(licenses)**

레스토랑의 위치에 따라 비용은 다양하다. 주류판매를 한다면 주류면허가 필요하다. 또한 사업면허도 필요하고 잠재적으로 각 주마다 다른 서류들도 필요하다. 이 비용에 관한 장점은 거래시 한 번만 승인절차를 밟으면 되고, 적어도 1년 단위의 비용을 지불하게 된다는 것이다.

• **해충 박멸**

해충 박멸을 소홀히 해서는 안 된다. 미국 몇몇 주들은 레스토랑 운영에 관련된 해충 박멸에 관한 엄격한 관리기준을 포함하고 있다. 전문적인 해충 박멸 회사는 레스토랑에서 발생할 수 있는 해충에 관련된 문제를 해결해 준다. 심지어 고객이 작은 해충을 발견하면 즉시 도착하여 모든 문제를 해결해 주는 것은 기본이고 음식값도 지불한다. 회사를 통해 해충을 박멸하는 것은 많은 비용을 초래하지만 해충이 발견되었을 때 적절한 조치를 취할 수 있는 방법이기도 하다.

• **계속되는 지출**

비품 청소, 화장실용품, 장식개선, 사무용품 등의 다른 비용에 대해서 고려해 보면 이것들은 끊임없는 지출이 요구된다.

The Food Service Professional

레스토랑 창업 노하우

3 프랜차이징

■ 프랜차이징

앞서 레스토랑을 매입하기로 하고 주어진 과제를 해결해 왔다. 모든 비용과 수반된 책임에 대해 이해하고 적절한 장소를 물색했지만, 마음 한편에는 프랜차이즈에 대한 의문이 있다. 가맹권을 사는 것이 더 쉬운 것일까? 더 어려운 것일까? 프랜차이즈 시스템에는 중요한 장점이 있다. 프랜차이즈 레스토랑을 매입하여 소유하고 유지하는 기본사항 중 몇 가지를 조사해 본다.

- **관심을 가지고 있는 프랜차이즈가 지역에서 운영 가능한지를 확인한다.**

  미국에 200개가 넘는 레스토랑의 프랜차이즈 기회가 있을지라도 그 모든 기회들이 미국의 모든 주에서 등록이 가능하고 운영이 가능하다는 것을 뜻하는 것은 아니다. 특정 계획을 만들고 실행하기 전에 하고자 하는 프랜차이즈가 시와 주에서 운영 가능한지를 확인해야 한다.

- **작은 글씨의 주의사항을 읽는다.**

  다른 프랜차이즈 회사들은 사업주에게 각각 다른 경영수준을 조언한다. 어떠한 것이라도 그냥 받아들여서는 안 된다. 작은 글씨의 주의사항이라도 충분히 숙지한 후 변호사와 함께 의논해야 한다.

• **성공적인 컨셉을 포함해야 한다.**

프랜차이즈를 매입할 때 이미 성공적인 컨셉 또한 포함하여야 한다. 이는 프랜차이즈 가맹시 효과적인 요소가 된다.

• **저가격의 프랜차이즈 매입시 주의해야 한다.**

레스토랑 프랜차이즈 선택시 가장 큰 위험요소 중 하나는 가격이 터무니없이 낮은 경우이다. 매입하고자 하는 자금이 제한적이라면 이러한 프랜차이즈 레스토랑을 선택할 수밖에 없을 것이다.

• **위험이 상당하게 감소된다.**

레스토랑산업에서 프랜차이즈를 매입하므로 상당한 위험이 감소되지만 그래도 위험은 여전히 존재하게 된다. 개인 소유의 레스토랑을 시작할 때만큼 실제적이지는 않다. 프랜차이즈는 모든 사람에게 이미 친숙하며, 대부분의 미국인은 친숙한 것을 좋아한다.

▣ 프랜차이징의 장점

모든 요인들은 수익증가와 실패위험을 줄이는 데 도움을 줄 수 있다. 가맹점은 다음의 사항들과 함께 사업을 즐겁게 시작하게 된다.

• **축적된 경험**

가맹본사는 다양한 경험을 통해 축적된 정보를 가지고 있다는 장점이 있다. 그 경험은 노력과 실수를 통해 힘들게 얻은 결과물인 것이다.

• **비교적 적은 자본, 강화된 재정, 확립된 신용**

때때로 가맹본부는 평균보다 적은 현금으로 시작할 수 있도록 재정을 도울 것이다. 예를 들어, 본사는 필요한 재정의 균형을 맞추기 위해 비용

감소를 받아들이기도 한다. 또는 가맹점을 돕기 위한 수단으로 로열티 지불에 대한 의무를 연장해 주기도 한다. 프랜차이즈에 대한 인지도, 성공적인 프랜차이징이라는 장점을 부각하여 가맹점에 대한 재정적 지원 강화 역시 도움을 줄 수 있다.

- **검증된 상품과 서비스에 대한 고객의 지지**

프랜차이즈 본사의 제품과 서비스는 검증되었고 이미 널리 알려져 있다. 따라서 사업은 흡입력을 가진다. 사업의 흡입력을 개발하는 것은 중점적으로 홍보에 있으며, 이는 상당한 시간이 걸리며 상당한 투자가 요구된다.

- **완벽히 구성된 설비, 레이아웃, 디스플레이, 내부시설**

프랜차이즈 기업은 많은 사람들의 경험에 기초하여 설비, 레이아웃, 디스플레이, 내부시설이 효율적으로 구성되어 있다.

- **구매력**

프랜차이즈의 구매력, 구매방식을 통해 상품의 구입, 도구, 공급, 홍보매체, 그리고 다른 사업 필요물품 등도 절약할 수 있다.

- **사업 훈련의 기회**

숙련된 관리의 지속적인 지원으로(사업을 진행하는 데 있어 입증된 방법) 흔히 레스토랑 사업의 기술을 전달하며 작업이 숙달될 때까지 매일 교육한다. 또한 본사가 관리 컨설팅 서비스를 지속적으로 제공하는데, 이것은 하나의 기록으로서 다른 회계지원보다 더 많은 도움을 준다.

- **국가 또는 지역 프로모션과 광고**

프랜차이즈 본사의 국가적·지역적 광고는 레스토랑에 많은 도움이 될 것이다. 또한 지역 광고로의 도움과 안내를 받을 것이다. 가맹본부의 개발과 조사 프로그램은 경쟁과 변화의 시간을 아끼는 데 도움이 될 것이다.

▣ 프랜차이징의 단점

프랜차이즈 매입시 장점뿐 아니라 단점도 있다. 해당 과제에 대한 충분한 교육을 받는 것 그리고 매입하고자 하는 것에 대한 완전한 이해를 하는 것이 중요하다. 다음은 프랜차이즈 관계에 대한 불이익에 관한 소개이다.

- **획일적인 운영방식**

프랜차이징의 장점으로 스스로 사업주가 되는 반면 사업에 관한 모든 운영권을 가질 수 없다. 게다가 개인적 특성(개성)을 프랜차이즈라는 이름 앞에 획일화하여야 한다. 무엇보다도 개인 레스토랑처럼 운영하려 한다면 프랜차이즈는 적합하지 않다(프랜차이즈 운영은 경영의 모든 권한을 가질 수 없다). 프랜차이즈는 잠재적인 조정을 통해 다음의 의무를 지운다.

- 표준화된 절차를 따른다.
- 마케팅 지역에서 특별히 수익이 되지 않는 특정제품과 서비스를 다룰 수도 있다.
- 다른 가맹점들에게 이익이 되는 정책을 펼 수 있다. 이것은 많은 결정의 자유가 없음을 의미한다.

- **프랜차이즈 본사와 이익 배분**

항상 판매성장의 비율만큼의 로열티를 부과한다. 궁극적으로 로열티는 프랜차이즈 가맹점이 흑자 혹은 적자 여부에 관계없이 지불하여야 한다. 때때로 이 요금이 이익에 대한 터무니없는 비율로 나타나기도 한다. 최근의 연구 결과에서 패스트푸드 프랜차이즈 산업에서 로열티 지급범위가 판매성장의 1%에서 18%까지인 것으로 나타났다. 평균 로열티가 판매성장의 4%를 차지한다.

- **필요물품 구매**

본사에서 구매하라고 요구된 물품, 재고, 장비 등은 다른 곳에서 더 싸게 구매할 수도 있다. 정부의 조사에 따르면 패스트푸드 프랜차이즈에 있어서, 본사에서만 사도록 요구된 물품들을 실제 구매가격보다 더 많이 지불하는 것으로 나타났다. 게다가 같은 서비스에 종사하는 다른 가맹점들보다 본사에 더 많이 지불해야 할지도 모르는 경우도 있다.

- **지역 경쟁자와 만날 수 있는 자유의 부족(자유경쟁을 할 수 있는 자유의 제한)**

프랜차이즈는 다음의 사항에 대한 제한을 받는다. 판매가격을 책정하는 것, 추가적인 제품이나 서비스를 소개하는 것, 또는 이익이 되지 않는 제품 판매를 중단하는 것, 심지어는 지역 경쟁자들과 대면하는 것조차도 제약을 받게 된다.

- **본사에게만 이익이 되는 계약의 위험성**

본사와의 계약에 있어서 각각의 조항들은 비합리적으로 높은 판매할당, 의무 근무시간, 위반시 프랜차이즈 계약 취소, 그리고 프랜차이즈의 양도와 투자금 회수제한 등을 포함하고 있다. 표시된 가맹점에 할당된 담당구역이 다른 가맹점의 것과 겹칠 수도 있고 불공평할 수도 있다. 어떤 종류의 분쟁이든 그것을 해결하는 데는 본사 거래계약의 정도가 중요한 역할을 하게 된다.

- **본사가 필요로 하는 보고서를 준비하는 데 소요되는 시간**

본사는 특정 보고서를 요구한다. 이를 준비하는 데 필요한 시간과 노력은 엄청난 부담이 된다. 반면에 이 보고서가 본사에 도움이 된다면 사업을 더욱 효과적으로 운영하는 데 도움이 될 수도 있다.

• **본사의 실수 분담**

보통 본사의 체인망은 고객들 사이에서 신용을 얻으며 불신을 얻는 순간도 있을 것이다. 예를 들면, 고객이 상한 롤이나 타버린 햄버거를 제공받았을 때, 또는 나쁜 서비스를 제공받았을 때 그 고객은 모든 매장에 불만을 가지게 된다. 프랜차이즈라는 이유로 한 매장으로 인해 본인 매장의 훌륭함과는 관계없이 부정적 이미지를 얻게 되며 본사 또한 위험에 처할 수도 있게 된다. 프랜차이즈의 좋은 성과로 인한 영광을 나누는 것은 물론이고 실수로 인해 공격을 받는 것도 감수해야 한다.

▣ 프랜차이즈 자금

프랜차이즈를 운영하려 하거나 현재 시장에서 자신의 위치를 확장하려는 개인과 사업주에 있어 양자택일의 횟수가 늘어가고 있다. 비은행권의 대금업자들과 함께 지역은행들은 프랜차이즈 자본을 제공하는데, 대출기관들은 분배의 한 방법으로써 프랜차이즈의 미래성장과 안정성에 대해 그 중요성을 매우 높게 평가한다.

• **국제 프랜차이즈협회(The International Franchise Association : www.franchise.org)**

올해 Franchise Opportunities Guide에서 30개가 넘는 은행과 비은행권에서의 프랜차이즈 대금업자들의 리스트를 작성했다.

• **The U.S. Small Business Administration(www.sba.gov)**

지난해 60,000여 건의 소규모 사업 대부금, 총 1억 4,750만 달러를 회수하였다. 이는 사업을 시작하는 가맹점들에게 보증대출 프로그램을 제공하기 위함이고 지역은행들과 연계하여 일을 하고 있다.

- **한국 프랜차이즈협회(Korea Franchise Association : www.ikfa.or.kr)**

  1998년 설립되어 프랜차이즈 산업을 육성하고 가맹점과 본사 간의 공동발전을 위한 대정부활동과 지원활동을 벌이고 있다.

프랜차이즈 기회 평가

프랜차이즈를 위해서는 비용이 요구된다. 이를 매입하는데 적게는 몇 천만 원, 많게는 몇 십억 또는 그 이상의 비용이 든다. 그러므로 투자하기 전에 어떤 프랜차이즈를 선택할지에 대한 주의 깊은 연구와 평가가 중요하다.

- **돈을 쉽게 벌 수 있는 것에 대해 주의를 한다.**

  프랜차이즈 사업은 기회만 된다면 사기업체의 프랜차이즈 본사가 쉽게 가맹점을 확보할 수 있는 하나의 수단이 되기도 한다. 선급금을 받는 사람은 기본 장비를 팔게 된다. 그리고 사기를 위해 현혹하기 쉬운 사업명 이외에는 다른 어떤 것도 제공하지 않는다. 일단 장비를 한 번 팔고 나면 성공하든 실패하든 신경쓰지 않는다. 또한 짧은 기간 내에 엄청난 이익을 보장한다는 프랜차이즈 업체를 경계해야 한다.

  다음의 체크리스트는 올바른 프랜차이즈를 선택하는 데 도움이 될 것이다. '예'라는 대답이 나오는 문항에 체크를 한다. 프랜차이즈 계약을 하기 전에 전부는 아니더라도 거의 모든 질문들에 체크가 되어야만 한다.

프랜차이징 체크리스트

가맹본사

- ❑ 1. 본사는 5년 이상 되고 명성이 좋은가.
- ❑ 2. 본사의 사업 명성과 신용정도를 알만한 상공회의소 D&B, 은행권 등을 점검하였는가.
- ❑ 3. 위의 조사로 본사가 좋은 명성과 신용도를 가진 것을 확인했는가.
- ❑ 4. 가맹본사가 진술한 재정적 원조와 확장에 관한 계획을 실행할 만큼 충분한 재정을 갖추었는가.
- ❑ 5. 많은 가맹점들이 현재 어떻게 운영되고 있는지 알아보았는가.
- ❑ 6. 가맹점들의 폐업률과 실패율을 확인하였는가.
- ❑ 7. 실패율이 더 낮지는 않은가.
- ❑ 8. 현재 프랜차이즈업을 하고 있는 사람들 사이에서 본사의 정직성과 공정성에 관한 명성을 확인하였는가.
- ❑ 9. 일에 대해서 개인적으로 체크한 이익을 본사에서 명확하게 수치화하여 나타내었는가.
- ❑ 10. 본사에서 지역담당 상담원의 조언과 계약서를 미리 주었는가.
- ❑ 11. 본사는 다음 사항들을 도울 것인가.
  - ❑관리 훈련 프로그램
  - ❑자본 획득
  - ❑종업원 훈련 프로그램
  - ❑제품 거래계약서
  - ❑홍보 프로그램
  - ❑상품화 계획
  - ❑점포 레이아웃과 디스플레이 디자인
  - ❑재고 관리
  - ❑재정상태 분석
- ❑ 12. 본사는 감독의 규칙적인 방문을 통해 가맹점에 지속적으로 도움을 주는가.
- ❑ 13. 직접 교육을 통해 경험 있는 매니저를 보유한 가맹점인가.
- ❑ 14. 본사는 입지선택에 도움을 줄 것인가.
- ❑ 15. 본사는 최근에 성공적으로 운영할 수 있는지에 대한 정확한 조사를 하였는가.
- ❑ 16. 본사는 가맹점 스스로 할 수 없는 일들을 제안하지 않았는가.
- ❑ 17. 본사는 법적으로 적용 가능한 규칙을 수반하고 있는가.
- ❑ 18. 본사나 계약된 업체로부터 구매할 경우 다른 경쟁업체에 비해서 가격이 경제적인가.
- ❑ 19. 가맹권리금은 적절한가.
- ❑ 20. 지속적인 로열티 혹은 판매성장에 비례한 비용 지불은 적절하다 생각되는가.
- ❑ 21. 모든 현금 투자가 필요한가. 그리고 프랜차이징에서 제시한 각종 제안들은 적절한가.

- ❑ 22. 현금 출자에 내부시설과 기구비용이 포함되는가.
- ❑ 23. 만약 본사의 촉진과 광고를 위한 자금지출 비용을 부담하게 된다면 증가 비용에 대한 부담을 거부할 권리가 있는가.
- ❑ 24. 상품 구매시 구매결정하기가 자유로운가.
- ❑ 25. 신용을 위해서 상품을 반환할 수 있는가.
- ❑ 26. 다른 사업활동에 종사할 자유가 있는가.
- ❑ 27. 연간 할당매출이 있다면 그것을 채우지 않아도 유지할 수 있는가.
- ❑ 28. 계약시 프랜차이즈를 확장시킬 수 있는 권한이 부여되는가.
- ❑ 29. 지역 사업권을 보호해 주는가.
- ❑ 30. 재계약이 가능한가.
- ❑ 31. 어떤 이유건 계약파기가 자유로운가.
- ❑ 32. 본사는 가맹권의 재판매를 금지하였는가.
- ❑ 33. 가맹권을 누군가에게 양도할 수 있는가.
- ❑ 34. 프랜차이즈 매각시 사업에 대한 보상은 이루어지는가.
- ❑ 35. 프랜차이즈 운영 동안 본사가 계속적으로 가맹점을 도와줄 의무가 계약에 포함되어 있는가.
- ❑ 36. 프랜차이징 후 가맹점에 의해 소개된 새로운 상품의 판매 결정은 자유로운가.
- ❑ 37. 프랜차이즈 혹은 그 운영에 있어서 특별한 재정지원을 받을 수 없게 하는 사항이 있는가. 그리고 연방정부, 주 혹은 지역정부에 의한 소규모 사업에 관련된 다른 혜택은 어떤 것이 있는가.
- ❑ 38. 변호사는 각 문항에 대한 연구 후 프랜차이즈 계약을 승인하였는가.
- ❑ 39. 계약상의 자유와 어떤 요구사항에 대한 정확한 절차가 있는가.
- ❑ 40. 계약서는 본사와 가맹점과의 모든 계약사항을 포함하는가.
- ❑ 41. 계약서는 본사와 가맹점 모두에게 이로운가.

시장

- ❑ 42. 시장의 경제성을 완벽하고 정확하게 이해할 수 있게 규정되었는가.
- ❑ 43. 판매하고자 하는 상품에 대한 시장 및 가격에 대한 연구를 하였는가.
- ❑ 44. 그 지역은 충분한 매출의 가능성이 있는가.
- ❑ 45. 그 지역에서 5년 이상 인구가 증가할 것인가.
- ❑ 46. 그 지역의 1인당 평균 수입이 다음 5년 동안 같거나 증가할 것인가.
- ❑ 47. 그 지역에서 경쟁이 잘 확립되지 않을 것을 예상할 수 있는가.

가맹점

- ❑ 48. 필요로 하는 공정한 자본을 어디서 구할 것인가.
- ❑ 49. 레스토랑 개점 비용과 가맹권 지불가격을 비교했는가.
- ❑ 50. 사업계획을 만들었는가? 예를 들면, 6개월~1년 동안의 판매 수익을 고려했는가.
- ❑ 51. 월급을 포함하는 예상 비용을 계산했는가.
- ❑ 52. 가맹권에 의해 제공되는 이익을 얻기 위해 개인적 행동을 포기할 준비가 되었는가.
- ❑ 53. 가맹본사의 비전에 동의하는가? 심지어 가맹점을 잘 따를 것인가.
- ❑ 54. 당신이 동의하지 못하는 규칙과 법규를 받아들일 준비를 했는가.
- ❑ 55. 훈련기간을 포함할 여유가 있는가.
- ❑ 56. 고객에게 제품과 서비스를 제공하고 본사에 많은 것을 지불할 준비가 되었는가.

▣ 프랜차이즈 레스토랑을 포함한 합법성

어떤 레스토랑을 매입하든지, 사업상 마지막 구매 결정은 합법적이고 재무적인 측면이 숙고되어야 하는 것은 중요하다. 가맹권(franchise)을 가진 레스토랑을 소유하기 위해서 성공적인 책략을 펴기 전에 몇 가지 기본을 알아야만 한다.

• 가맹권의 규정

변호사에게 가맹권의 규정에 관한 설명을 들어야 한다. 규정(즉 연합상업위원회의 권한 아래 붙여진 이름)은 미국에서 가맹권 실행을 위해 규제되는 규정 중에 주요한 조항이다. 다음의 세 가지 고안(idea)들은 가맹권 규정의 세 가지 기본적 요소들을 포함한다. 이 세 가지 고안들을 각각 이해하는 것은 중요하다.

• 상표(trademark)의 이해

연방통상위원회(FTC) 법률은 상표, 상표명, 직무표장(service mark) 또는 흔히 상표라고 알려진 다른 상업기호와(symbol, 상징) 함께 가맹권이 적용된다. 이에 따라 상표에 맞는 정확한 표준 품질을 유지해야 할 것이다. 연방통상위원회 법률은 상표를 가지고 있지 않은 사업이나 가맹권은 보호하지 않는다는 것을 명심해야 한다.

- **중요한 규제 또는 보조**

총판권을 받는 사람(franchisee)은 총판권을 주는 사람(franchiser)으로부터 보조를 받아야만 한다. 그러나 실제적으로 레스토랑은 정확한 통제를 받게 될 것이다. 합법적인 어떠한 계약을 하기 전에 특정 총판권을 주는 사람(franchiser)에 의해 어떠한 규제들이나 보조가 이루어질 것인지를 정확히 조사하는 과정이 필요하다.

- **지불**

가맹점은 가맹점을 개시하기에 앞서 6개월 동안 최소한의 돈을 요구해야 한다. 이 비용은 개장된 가맹권 임대의 혜택 조건이다.

- **문서 공개**

가맹본사(franchiser)는 명시된 문서를 제공해 공개하는 것을 명심해야 한다. 때로 offering circular라 불리는 이 문서는 잠재적인(potential) 총판을 받는 사람으로부터 지불, 가맹 계약 또는 협정이 실행되기 10일 전에 총판을 받는 사람에게 전해져야 한다.

- **위반 신고**

잠재적 혹은 실질적 가맹점으로서 가맹권은 가맹점을 보호해야 한다. 어떠한 위반들은 벌금을 수반한다. 그 법을 정확히 알고 있는 유능한 변호사를 고용할 수도 있다. 이 법은 가맹점을 보호할 수 있으므로 정확히 알고 있어야 한다.

▣ 가맹점과 가맹본사와의 관계

사업상 관계에서 도전은 많은 관계자들의 사이를 발전시킨다. 이 경우 가맹본사와 가맹점 역시 마찬가지이다. 성공한 가맹본사가 되기 위해서는 가맹점에 대한 분별 있는 행동과 통제방법을 생각해야 하며, 그에 따른 스트레스 또한 포용할 수 있어야 한다.

- **가맹점은 광고가 효과적이지 않다고 생각한다.**

대부분의 프랜차이징 광고에 관한 강한 규제와 제한이 발생할 수 있다. 가맹점은 종종 가맹본사에 의해 제공되는 광고가 충분하지 않거나 너무 많은 비용이 든다고 생각하기도 한다. 만약 이럴 경우 문제를 실질적으로 보다 쉽게 해결하기 위해서 가맹권 선전위원회에 참여하는 것이 좋다.

- **가맹점은 가맹본사의 모든 수익이 가맹점에서 증대시킨다고 생각한다.**

가맹점은 가맹본사의 수익창출에 관련되는 모든 일이 자신들로부터 기인한다고 느낀다. 솔직히 이것은 가맹권이 존재하는 한 결코 해결할 수 없는 문제이다. 설사 가맹점이 가맹본사의 모든 수익에 일조를 할지라도 이미 성공적으로 설립된 프랜차이징에 속해 있다는 것을 기억해야 한다. 가맹점은 공정한 배당을 받을 자격이 있다. 그리고 프랜차이징에 가맹하기 전에 이 문제를 이미 알고 있어야 한다.

- **가맹본사는 계속적인 보조를 지원하지 않는다.**

가맹본사는 준비단계에서 정확한 서비스를 제공하려 하지만 계속적으로 제공되지 않을 수도 있다는 것을 명심해야 한다. 어떤 서비스가 개장 전과 후에 약속되어 있는지를 확인해야 한다. 만약 이행되어야 할 서비스가 충분하게 제공되고 있지 않다면 가맹본사와 다시 상의해야 한다. 더 효과적인 방법을 기대한다면 변호사를 통해 가맹본사와 의논하는 것이 좋다.

- **가맹본사는 계획과 가격 전략에 가맹점을 포함시키지 않는다.**

만약 가맹점의 의견이 충분히 고려되지 않는다고 느껴지면, 이를 가맹본사에게 알려야 한다. 가맹본사에게 가맹점의 의견들을 건의하고 전체 프랜차이징의 발전을 위해서 열심히 일한다는 것을 보여주기 위해서 가맹점 위원회에 참여한다. 그리고 만약 가맹점의 의견이 타당하다면 수렴될 것이다.

- **가맹점의 기대에 부합하지 못하였을 경우 요구사항을 제시한다.**

가맹계약서를 다시 한 번 확인한다. 만약 기대에 부합하지 못하는 부분이 가맹본사가 이행해야 할 것들이라면 그 문제를 법률고문에게 경고할 필요가 있다. 만약 가맹점에서 법률적으로 언급하는 게 성립되지 않는다면 가맹본사와의 접촉을 시도하고 정확한 요구사항을 설명해야 한다. 단지 발생된 문제만을 언급하지 말고 프랜차이징 설명회에 참석하여 문제 해결을 위한 몇 가지 제안들을 제시한다.

- **가맹점에 필요한 물건을 구매하는 것은 가맹본사만을 위한 것같이 느껴진다.**

만약 가맹본사로부터 가맹물품에 대한 구매 압력이 가해진다면 가맹점은 합법적인 선택권을 재확인해 보아야 한다. 가맹본사로부터 꼭 물건을 구매해야만 하는지, 계약서상의 설명은 어떠한지에 대한 의문사항을 가맹본사와 상의하고, 만약 다른 곳으로부터의 구매를 원한다면 가맹본사와 다시 상의한 후 동의를 얻어내야 한다. 만약 가맹본사가 끝까지 물건의 판매를 주장한다면, 이유를 물어보는 것이 좋다. 이는 가맹점에서 숙지하지 못한 또 다른 문제가 있을 수도 있기 때문이다. 즉 가맹 전에 가능한 한 많은 정보를 얻으며 모든 구매에 대한 대화상의 내용도 나중에 발생될 문제들을 위해 문서로 증명해 두는 것이 좋다.

- **계약시 나타나지 않았던 문제점이 있다면 처리해야 한다.**

변호사는 가맹점이 서명한 계약서의 작은 글자부분까지도 확인해야 한다. 만약 어떠한 불법의 규제들이 있다면 적절한 방법과 정확하고 합법적인 경로를 통해서 즉시 바꿔야 한다.

The FOOD Service Professional

레스토랑 창업 노하우

4 임대계약

■ 임대계약과 사업의 시작

레스토랑 매각과 매입시 누구에게나 임대계약은 간과해서는 안 될 중요한 사항이다. 레스토랑 사업을 시작하기 위해 현재의 장소를 대신할 새로운 임대 장소를 찾아본다. 이때 다음 사항을 주의해야 한다.

- **새로운 장소를 찾기 전에 현재의 임대계약을 확인한다.**

이미 임대계약이 된 장소가 있음에도 다른 지역을 찾고 있다면 새로운 지역을 찾기 전에 이미 가지고 있는 임대계약을 확인해야 한다. 새로운 임대계약의 시기는 이중으로 비용을 지불하지 않기 위한 중요한 시기이다. 왜냐하면 레스토랑을 운영하는 사람은 현재의 계약이 끝날 때까지 기다리는 것을 원치 않으며, 또한 건물주인은 빨리 재계약을 원하는 경우가 있기 때문이다. 시간을 투자하여 확인을 해야 하며 가능한 한 현재 계약이 끝나는 시점과 동시에 새로운 임대계약을 하도록 계획해야 한다.

- **전대 옵션을 확인한다.**

현재 임대계약이 재산을 전대할 옵션을 제공한다면 이익을 위해 실제로 계약을 유지하도록 해야 한다. 이는 새로우면서 더 크고 좋은 레스토랑의 위치에 대한 비용을 지불하는 것에 도움이 된다. 대리인으로 하여금 좋은 세부사항을 확인하도록 하면 올바른 결정을 내릴 수 있다.

- **매입에 대해 질문한다.**

소유권 전매를 원하지 않고 현재 임대계약 만기 전에 레스토랑을 비워야 하는 일이 발생한다면 매입가능 금액에 대해 건물주인에게 물어본다. 이 금액은 건물주인이 매입시 레스토랑 사업주에게 줄 수 있는 금액으로 협상되고 있거나 혹은 이미 정해진 총 금액이다. 이 금액은 임대계약에서 남은 달 모두를 지불하는 것보다 적은 비용이다.

- **장기 임대계약을 고려한다.**

새로운 장소를 둘러볼 때에는 가능한 한 장기계약을 계획한다. 그 이유는 장기계약은 건물주인과 레스토랑 사업주 모두에게 이익이 될 뿐만 아니라 일반적으로 건물주인은 장기계약을 선호하기 때문이다. 장기간 임대계약은 양쪽 모두의 현명한 선택이다.

- **목록을 만들고 여러 번 확인한다.**

장기계약을 하기로 결정하였다면 지금 당장 '요구(wants)'와 '필요(needs)'의 목록을 작성한다. 실제로 레스토랑 매입시 미래의 수익과 관련된 비용까지 모두 지불하게 되는 셈이다. 실제로 향후 5년간 이 지역은 괜찮은지를 생각하여 내외적으로 필요로 하는 것이 목록에 적혀 있는지를 확인한다. 보안, 이웃, 도로구조, 주차장은 어떠한지, 목록에 모든 것이 포함되어 있는지를 확인해야 한다. 목록을 여러 번 확인하였다면, 그것을 마음속에 되새기며 임대장소를 찾을 수 있을 것이다.

- **중계인 수수료에 대한 계약 조건**

대부분의 건물주인은 당신이 고용한 중계인의 중계수수료를 지불하려고 한다. 만약 비용에 대한 공평성을 원한다면 건물주인이 고용한 중계인에 대해 수수료를 얼마나 내는지를 확인하는 것이 좋다. 만약 계약상에 수수료의 포함 여부가 명확히 규정되어 있다면 계약시 결정을 훨씬 더 쉽게 할 수 있다.

▣ 임대하는 이유 확인

새로운 지역에서의 레스토랑을 중단하고 이동하려 한다면 사전에 그 이유에 대해 스스로에게 질문하는 것은 중요한 절차이다. 어떤 경우, 이 과정에서 원래 장소에 그대로 유지해야 하는 충분한 근거를 인지하게 되기도 한다. 레스토랑의 장소를 옮기는 이유는 명확하여야 한다. 장소의 변경은 다시 적응하는 시간까지 많은 혼란을 초래할 수 있다. 다음 아래의 가능성에 대해 고려해 본다.

- **잦은 변화는 사업에 좋지 않다.**

  단기간 임대계약 동안 몇 번의 이동과정은 변화를 시킬 수 있는 좋은 기회이다. 하지만 레스토랑을 위해서는 좋지 않다. 레스토랑 고객은 음식보다 친숙함 때문에 방문하게 되는 경우가 많은데, 잦은 변화는 오히려 해가 될 수도 있다.

- **고객과 대화한다.**

  진정으로 레스토랑을 다른 지역으로 옮겨야겠다고 결정하면 단골 고객과 그것에 대해 상의하는 것이 좋다. 이 정보를 얻으면 단골고객들을 잃지 않게 된다. 만약 특정지역으로의 이전이 현재 고객이 절반으로 줄어드는 이유가 되어서는 안 될 것이다. 단골 고객과 이전에 대한 이야기를 하고 새로운 장소를 조사하는 데 그들의 아이디어를 참고해야 한다.

• **레스토랑에 투자한다.**

레스토랑 이전은 시간낭비일 뿐 아니라 돈 낭비이다(시간은 돈이라는 사실을 잊지 않는다). 또한 사업장소를 결정하기 위해 시간을 보낸 사람들이라면 위의 사실은 너무나 자명하다. 장소를 찾기 위해 몇 해 동안 영업을 소홀히 했다면 운영상 손실이 발생한다. 따라서 이와 같은 사항들을 고려한다면 이전하지 않는 것이 더 낫다.

• **건물주인에게 도움을 요청한다.**

레스토랑 이전의 요소 중 건물주인이 해결가능한 것들이 있다. 어떤 관계는 현재 임대계약 내에서 절충될 수도 있다. 예를 들어, 만약 건물 외부가 낡아보인다면 주인은 건물을 유지·보수해야 할 책임이 있다. 따라서 계약을 확인하고 주인과 대화를 나누어야 한다. 이렇게 해결가능한 문제가 레스토랑 이전의 이유라면 이전보다는 약간의 비용을 지불하고 문제를 해결하는 편이 낫다.

• **건물주인과 다른 장소에 관해 의논한다.**

현재지역에서 벗어나야 한다면 건물주인은 도움을 줄 수 있다. 인접 지역이 가능하다면 현재지역에서 광고를 할 수도 있다. 사실은 일부 임대계약서는 장소에 관해 첫 번째 선택권을 제시하기도 한다. 다른 장소로 이동하기 전에 이러한 가능성을 확인해 보아야 한다.

▣ 임대 중매인 고용

중매인은 레스토랑을 구입, 발견한 것을 보유할 수 있다. 또한 중매인이 하는 서비스는 레스토랑을 소유하고 있는 사람을 위해 임대 공간을 획득하고, 상업적 임대를 이용할 수 있도록 하지만 이를 위해서는 상업적 임대를 전문적으로 할 수 있는 제삼자를 고용해야 한다. 만약 중매인이 주로 주택에 관련한 일을 거래하는 사람이라면 최적의 거래를 발견하여 주문할 수 있는 능력이 부족할 것이다. 마찬가지로 상업적 자산을 가지고 일을 하게 된다면 임대는 불가능하고 오직 판매만 가능하게 되어, 아무런 도움도 줄 수가 없게 되는 것이다. 따라서 상업적 임대를 위해 일하는 중매인을 찾아야 한다. 다음의 내용을 고려해 보자.

- **중매인 고용 전에 이력사항을 확인한다.**

중매인에게 많은 고객이 있는 사람은 다소 믿을 만하다고 할 수 있다. 이때 이 고객들에게 요구되는 가장 최고의 질문은 이것이다. '이 중매인을 계속해서 사용할 것인가?'

- **모든 것은 문서화하여 소지한다.**

어떤 문제는 순수한 동기에서 중매인을 고용했을 때 발생되어진다. 중매인과 함께 레스토랑을 계약할 때는 어떤 종류의 논쟁의 여지도 없어야 하며 모든 부분을 책임지고 매우 상세하게 계약서에 협의할 수 있게 해야 한다. 중매인은 계약이 성사되기 전 고객이 예상했던 계약 내용이 가능한 한 성사될 수 있도록 노력해야 하며 계약에 관련된 모든 것들을 확인하고 소지하고 있어야 한다.

- **등록된 중매인을 고용한다.**

몇몇 중매인은 같은 방법으로 레스토랑을 사야 하는 매입자들에게 지불을 이끌어 내며 임대시에는 건물주인과 협상할 수 있어야 한다. 이런 중매인은 등록된 중매인이라고 부른다. 왜냐하면 건물주인들은 등록된 중매인에게 자산을 맡기고 관리받기 때문이다. 레스토랑 사업주는 이와 같은 등록된 중매인과 함께 계약을 해야 한다. 등록된 중매인들은 공명정대할 것이며 유용한 정보를 가지고 있을 것이다. 하지만 잊지 말아야 할 것은 대부분의 중매인들은 건물주인을 위해 일한다는 것이다.

- **자기 자신만의 중매인을 고용한다.**

건물주인의 관심사를 분명히 나타낼 수 있는 중매인을 통해 계약하는 것보다 사실상 자신만의 중매인을 고용하는 것이 더 좋다. 이는 임대과정 전체에서 지출이 추가될 수 있지만 중매인이 최선을 다해 계약을 성사시킨다는 확신을 얻을 수 있게 된다.

- **중립적인 중매인을 고용하지 않는다.**

어떤 나라에서는 중매인이 건물주인과 레스토랑 사업주 양쪽 모두를 위해 일하는 것을 허락한다. 이 상황에서 중매인은 중립일 것에 동의한다. 그러나 중립적인 중매인은 어느 쪽에게도 이익이 되는 전문적 충고를 줄 수 없기 때문에 좋지 않다. 만일 자신을 위한 중매인을 고용하게 되면, 모든 전문 이익을 얻을 수 있다. 따라서 중립적인 중매인을 고용하지 않는 것이 좋다.

▣ 중매인 고용시 혜택

레스토랑 계약에 도움을 줄 수 있는 중매인이 있다면 레스토랑의 부지선정시 중매인을 고용함으로써 발생하는 혜택에 대해서 알아보기로 한다.

- **중매인은 시간을 절감시켜 준다.**

시간이 충분치 않은 사람들에게는 시간절감이 최고의 혜택일 것이다. 만일 중매인이 레스토랑의 성격, 지리적인 특성을 정확히 알고 있다면 많은 시간을 절감할 수 있다. 또한 여태까지 알아본 레스토랑 입지보다 훨씬 더 좋은 장소를 쉽게 추려낼 것이다. 이는 레스토랑의 사업계획과도 잘 맞을 것이다. 단지 추려진 입지 중 어떤 입지를 가장 선호하는지만 나타내면 된다. 중매인에게 어려운 일들을 하도록 한다.

- **중매인은 탐방을 할 것이다.**

당신을 위해 일하고 있는 중매인은 많은 세부사항을 고려하게 된다. 자료를 수집할 뿐 아니라, 재산 검사자와 공간 계획자와 같은 필요한 전문가에게도 연락할 것이다. 중매인이 이러한 역할을 수행하는 동안 다른 것에 신경쓰지 않고 레스토랑 사업에만 집중하면 된다.

- **협상자로서 역할을 수행한다.**

만약에 매입하는 것보다 임대하는 것이 낫다고 생각한다면 장황한 협상과정에 참여할 필요 없이 중매인과만 상의하면 된다. 임대시에는 많은 세부사항이 관련되어 있으므로 중매인이 협상자로서의 역할을 수행하는 것을 확실히 해야 한다.

- **임차계약에 대한 것을 설명한다.**

비즈니스 임차계약은 매우 어렵고 상세한 법적인 계약일 수 있다. 중매인은 이해할 수 있는 적절한 용어로 쉽게 임차계약에 대한 설명을 할 수 있다. 만일 계약에 관련된 사항 중 무엇인가 이해할 수 없으면 중매인과 상의한 후 서명할 수 있다. 이러한 혜택으로 인해 중매인을 고용하게 되는 것이다.

임차계약 준비

레스토랑을 매입할 때 준비하여야 하는 사전단계가 있으며 임대에 좋은 조건을 얻어내도록 해야 한다. 만약 당신이 레스토랑을 매각할 건물주인이라면 가능한 한 최고의 조건을 유지시키기를 원한다. 이때 아래의 사항들을 주의한다.

• 재정기록을 정리한다.

건물주인은 레스토랑 비즈니스의 운영이 원만하게 되어서 임차금을 충분히 충당할 수 있기를 바란다. 건물주인은 현재의 재정상태, 재정기록, 은행기록 등을 알고 싶어 한다. 따라서 건물주인이 먼저 요구하기 전에 이러한 사항들을 준비해 둔다.

• 신용기록을 정리한다.

만일 당신의 개인 신용에 흠이 있으면, 가능한 한 깨끗하게 정리하고 싶어 할 것이다. 개인 신용은 레스토랑 주인인 당신을 나타낸다. 신용기록의 사본을 준비한 후 그 기록들을 정리한다. 미국의 경우 세 가지의 주요한 신용보고기관은 이하를 포함한다.

Equifax
www.equifax.com ……………………………800-685-1111
Experian
www.experian.com ……………………………888-397-3742
Trans Union
www.transunion ……………………………800-888-4213

• 신용기록을 바로 쓸 수 있게(handy) 준비해 둔다.

신용기록을 깨끗하게 정리하였다면 파일로 보관하여 둔다. 건물주인이 임대시 필요로 하는 모든 정보를 쉽게 얻을 수 있게 준비하여야 한다.

• 정리한 파일에 참조서류를 덧붙인다.

파일을 준비하는 동안 현재 그리고 이전의 건물주인에게서 참조서류를 받아둔다. 이는 앞으로 새로운 건물주인이 요구하는 서류를 준비하는 데 많은 시간을 절약시켜 줄 것이다.

- **정리한 파일에서 이전의 건물주인과 전화번호를 기록한다.**

미래의 건물주인은 어디에서 임대를 하였으며 이전의 건물주인과의 연락을 원한다. 미래의 건물주인이 이러한 것들을 요구했을 때 제공할 수 있도록 준비해 둔다.

- **납세신고서의 사본을 만들어 둔다.**

적어도 2~3년치의 납세신고서의 복사본을 만들어 둔다. 이를 임대계약서 서류에 첨부해 둔다.

- **개인납세신고서의 사본을 만들어 둔다.**

개인신용에 관한 사항은 보안이 유지되므로 개인납세신고서 또한 보안 아래 유지될 것이다. 납세신고서의 복사본을 만들 때 개인납세신고서 역시 복사본을 만들어 두는 것이 좋다.

- **사업계획서의 복사본을 파일에 넣어 둔다.**

반드시 당신의 '임차계약을 위한' 파일에서 이것을 포함한다. 이 사업계획서는 전망과 장기적인 계획을 이해하는 것을 도울 수 있기 때문이다.

- **준비가 끝났다면 이를 자랑스럽게 여겨도 된다.**

건물주인은 항상 상품판매에 있어 임대인 또는 같은 건물, 쇼핑센터 또는 지역에서 다른 토지 임차인으로부터 모두 필요한 서비스를 찾고 있다. 이런 점에서 레스토랑은 매우 좋은 위치를 가지고 있으므로 사업주는 이를 자랑스럽게 여겨도 된다. 누가 주위의 쇼핑센터에 임대를 하느냐는 중요하지 않다. 모든 사람들은 식사를 원하고 있다는 것을 기억하면 된다.

▣ 구전효과

말은 모든 상황을 상상하도록 해주기 때문에 큰 문제를 일으킬 수 있다. 부동산을 거래할 때 말은 특별히 문제를 일으킬 여지가 있다. 부동산 교섭과정뿐만 아니라 임대문의에 대한 편지를 쓸 때에도 말은 조심해서 사용해야 한다.

- **임대 의사에 대한 편지에서 장·단점 모두 비중을 두어야 한다.**

  임대 의사에 대해서 써놓은 편지는 나중에 건물주와 임대관련 업무에 대해 이야기할 때 매우 유리하다. 기본적으로 임대에 대해 세부적인 사항인 기간까지도 모두 서로 동의한 것이어야 한다. 그리고 그 서류는 양쪽 변호사의 합의가 이루어진 것이어야 한다. 임대 의사 편지에는 반드시 장·단점을 모두 기술하게 하고, 변호사는 모든 항목을 직접 확인하여야 한다.

- **임대 의사 편지는 법적으로 구속력 있도록 한다.**

  임대 의사 편지는 원만한 협상을 위한 단계에서 긍정적이면서 이익을 줄 수 있지만 부정적인 영향을 줄 수도 있다. 임대 의사 편지의 초안을 작성했으면 건물주에게 제시하기 전 변호사가 모든 항목을 자세히 확인하도록 해야 한다. 만약 변호사가 초안을 작성했으면 직접 모든 사항을 확인한 후 변호사와의 의견일치를 본 후 건물주인에게 제시한다.

- **어떤 것이라도 동의한다는 말은 자제한다.**

  건물주인은 항상 임차인이 무엇에 동의했는가에 대한 사항만을 기억한다. 그래서 '우리는 동의한다'나 '우리가 동의한 ~처럼' 식의 말은 자제하는 것이 좋다.

- **건물주인이나 건물주인의 변호사가 보낸 편지는 자세하게 검토한다.**

  건물주인이 보낸 편지는 매 단어 조사까지도 자세히 읽는다. 만약에 건물인이 동의할 것을 강요하는 말을 사용했다면, 반드시 그 부분에 대해서 수정을 하도록 요구하거나 반대의사를 표현해야 한다. 그리고 감사의 표시와 함께 원하는 사항(수정하고 싶은) 항목을 적어서 답장을 쓰고 논쟁의 성격을 지닌 편지는 반드시 피해야 한다.

- **어떤 형태의 임대이든지 기간변경이 가능하게 한다.**

가끔 건물주나 건물주의 법적 대리인이 임대기간을 명시하지 않는 경우가 있다. 기간을 명시하지 않았을 때 임대기간에 대한 사항을 첨가하거나 삭제하도록 반드시 의견제시를 해야 한다.

- **결코 얽매여서는 안 된다.**

전문적인 지식이 없는 상태에서 스스로 기입하였을 경우 예상치 않은 일이 발생할 수 있다. 법정대리인이나 경험이 많은 중매인에게 모든 과정에 대해 물어보고 법적인 문제 여부까지 상세히 도움을 받아야 한다.

- **이전의 레스토랑 임차인에게 물어본다.**

개인적인 임대상황을 알아보아야 한다. 임대시 발생했던 문제 중에서 사인을 하지 않은 항목을 발견할 수 있다. 정보를 서로 공유하면 차후 발생할 수 있는 골칫거리를 줄일 수 있다.

- **특정한 건물주인과 계약했던 레스토랑 사업주를 찾아서 물어본다.**

특정한 건물주와의 만남에서 확인해야 할 사항과 그들을 어떻게 다루어야 하는지를 자세하게 알 수 있다. 위의 상황을 모두 알고 있다면 문제가 발생하기 전에 문제를 제거할 수 있다.

- **임대시 변호사와 함께 모든 것을 해결한다.**

레스토랑을 임대할 때 변호사를 고용하지 않는 경우가 있다. 단지 모든 나쁜 상황이 나를 피해갈 것이라는 막연한 생각을 버리고 반드시 변호사를 고용한다. 그리고 변호사와 모든 부분을 자세히 확인한다. 또 하나 기억해야 할 것은 변호사(법적 대리인)는 레스토랑 운영자가 아니므로 사전에 충분한 대화가 없다면 레스토랑 계약시 중요한 사항을 놓칠 수 있으므로 유의해야 한다.

- **계약시 변호사와 사전에 의견을 나눈다.**

건물주인과 만나기 바로 직전에 변호사를 고용해서는 안 된다. 많은 레스토랑 운영자들은 임대관련 예비조사 단계를 스스로 하고 계약 당시에 변호사를 찾게 된다. 그러면 변호사는 지금까지 일의 진행상황을 잘 모르기 때문에 충분한 법률적 의견을 줄 수 없다.

▣ 공간 바꾸기

모든 건물이 임차인이 원하는 상태의 최적 외관을 갖추고 있지는 않다. 이전 사용자의 계약기간이 끝난 후 건물을 임대하기 전에 건물을 원상복귀를 해야 하는가 등에 대한 사항을 명확히 해야 한다. 다음 사항을 조사해야 한다.

- **교체 및 개선사항에 먼저 동의한다.**

임대 부분에서 교체해야 할 것과 개선해야 할 것에 대해 서로 동의해야 한다. 위의 상황에 대해 깔끔하게 정리되지 않으면 사람에 따라 해석하는 시각의 차이가 있으므로 추후에 반드시 문제가 발생하게 된다.

- **소유가 된 것을 확실히 한다.**

영업 고정물(시설물)은 사업자가 직접 구매하여 영업에 사용한다. 해체시 건물에 직접적인 손상을 줄 수 있고, 건물의 내부적인 부분에 소속되어야 할 경우 문제를 발생시킬 수 있기 때문이다. 비록 예외가 있을 수도 있지만 대부분의 건물주인은 계약이 끝나는 시점에서 없앨 것을 강요할 수 있다. 재산을 보호하는 방법은 정착물에 관해 매우 상세한 설명을 첨가한다. 이를 위한 변호사의 도움을 청해야 한다.

- **변경과 개선사항에 관한 분리된 합의서를 기안하는 것을 고려한다.**

  만약 자산의 광범위한 변화가 필요한 경우 모든 변경을 임차계약에 추가하는 것은 가능할지 모르지만, 이러한 변경을 보완할 전적으로 분리된 문서를 기안하는 것이 좋다.

- **기존의 것을 그대로 사용해서는 안 된다.**

  만일 임차계약 동의시에 건물 혹은 공간에 원래 있던 것을 사용할 수 없다는 내용과 같은 사항이 포함된다면 신중을 기해야 한다. 보통 '무보증'은 주인이 구조에 관한 문제에 대해 잘 알고 있는 것을 의미한다. 그 수리의 비용을 저당잡히지 않으려고 노력하며, 이것은 심지어 불법적인 문제를 포함할 수도 있다. 본질적으로 그것을 표준까지 끌어올리는 것은 당신의 재정상의 책임임을 시인하는 것이므로 유의해야 한다.

- **프랜차이즈 요구사항이 임차계약에 포함되는지를 확인한다.**

  만일 레스토랑이 프랜차이즈라면, 본사는 레스토랑 외관에 관한 자세한 지시를 한다는 것을 명심한다. 일부 본사는 사소한 캐비닛의 위치까지도 지정할 것이다. 그러므로 임대계약상의 요구조건이 프랜차이즈 계약 때의 요구조건과도 서로 충족할 수 있는지도 확인해야 한다.

▣ 역할을 분명히 정의한다.

임대계약시 누가 어떤 것에 책임이 있는지 등에 관한 명확한 정의가 필요하다. 비록 계약시 서로의 대화가 매우 명백했다고 생각한다해도, 임차계약 동의에 모든 것을 기입하도록 해야 한다. 잘못된 사항으로 인한 변경은 많은 비용을 초래하며 아무도 이와 같은 예상치 못한 비용을 지불하려 하지 않을 것이다.

- **건물주인이 모든 설비 개량의 값을 치르게 해야 한다.**

  설비 개량은 자산가치로 환전될 것이고, 그 시장 가치를 증대시킬 것이다. 건물주인은 이로 인한 많은 이익을 얻을 수 있으므로 이와 같은 비용은 건물주인이 해결하도록 한다.

- **모든 비설비 개량의 값을 치를 것을 예상한다.**

  레스토랑을 위한 어떠한 변경과 개선이 요구되어도 이것은 후에 운영할 사업주에게는 아무 가치도 부여할 수 없는 것들이 있다. 이러한 것을 비설비 개량이라고 하며, 이는 현재 운영 중인 사업주가 치러야 할 금액이기도 하다.

- **보험의 비용에 대한 계획은 현명한 방법이다.**

  많은 건물주인은 레스토랑 사업주가 여러 개의 다양한 보험에 가입되어 있기를 바란다. 그래서 건물 레스토랑 공사 중 발생하는 많은 형태의 사고를 알아서 해결하기를 바란다. 건물주인이 보험을 요구하지 않더라도 보험에 가입하는 것은 현명한 방법이다. 레스토랑 사업주에게는 종사원의 보상과 관련된 것 외에도 다른 종류의 보험을 가입하는 것이 요구된다. 보험회사와 이를 상의하고 지불할 수 있는 비용의 정도를 변호사와 상의해 본다.

- **건물주인은 모든 건물구조에 관련된 문제에 대한 책임이 있다.**

  만약에 새로 임대한 건물이 새로 지어져서 운영 중인 건물이라면 어떠한 상황이라도 건물구조에 관련하여 발생한 문제에 대해서는 비용이 추가되지 않을 것을 확실시 해두어야 한다. 건물주인이 이에 따른 비용을 지불해야 한다. 혹시 건물수리 비용이 변경비용이라는 항목으로 추가되어 있는지에 대한 검토가 필요하다.

- **임대계약에 '손해배상' 항목을 추가하는 것을 고려한다.**

건물주인의 잦은 건물변경과 개선에 따라 레스토랑 오픈 날짜가 미루어질 수도 있다. 따라서 이에 대한 몇 가지 보상책에 대한 논의를 해야 한다. 이에 따른 보상은 이미 임대계약서에 포함된 항목이어야 한다. 건물주의 부주의로 인해 날짜가 계속 미뤄진다면 '손해배상' 항목으로 구체적이고 이미 지불된 금액 중 어느 정도를 보상받을 수 있는지까지도 기술되어야 한다. 그러나 이에 따른 변화에는 몇 가지 위험요소가 있다. 각각의 개인 상황을 변호사와 함께 의논해 본다.

- **프랜차이즈와 관련한 사항을 확인한다.**

만약 프랜차이즈 본사로부터 레스토랑 오픈날짜가 법적으로 명시되어 있듯이 건물주인과도 오픈날짜가 법적으로 명시되어 있음을 확실히 확인해야 한다. 이는 특별히 건물의 변경과 개조가 계속될 때 상기해야 할 사항이다. 만약 건물주인이 뒤늦게 레스토랑 오픈 날짜가 미뤄지도록 만든다면 이미 계약한 계약서상의 법적 보상을 받아야 한다.

- **미래의 계획도 포함한다.**

미래에 행해질 수리와 보수를 위해서는 개조가 필요하다. 하지만 계약서상에 이런 수리와 보수가 누구에게 책임이 있는지를 확실히 하여야 한다. 계약 동의의 일부로써 서면으로 된 것이 포함되게 한다.

임대계약에 관한 이해

서명한 임대계약서에 많은 섹션과 사항들이 있다. 몇몇 섹션은 임차자의 이름을 넣는 것과 같이 간단한 것도 있고 임대 비용에 관련된 것도 있다. 다음의 것들은 임대계약서에서 볼 수 있는 사항들이다. 모든 계약서의 섹션이나 사항들을 포함하고 있지 않지만 궁금한 것들에 대한 일반적일 것들은 포함하고 있다.

• 변경과 수리

만일 변경과 개선이 중요하다면 대략적인 개요를 만들어서 이 부분에 대한 초안을 첨부하는 것도 좋다.

• 기간

각각 세부사항은 실지 계약상의 용어이다. 즉 임대를 시작하거나 끝낼 때의 영업기간에 따른 임대비용 지불을 확실히 해두어야 하며, 특히 수리나 공사와 같은 것이 진행되는 기간을 명확히 기술해 두어야 한다.

• 주차

레스토랑에는 항상 주차서비스가 제공되어야 한다. 만약에 음식이 맛있더라도 주차가 주된 문젯거리가 된다면 고객들은 주차시설이 편리한 레스토랑을 선택하기 쉽다. 주차공간 확보를 명확히 해두어야 하며 임대계약상에도 이를 정리해 두어야 한다.

• 보험

이것은 건물주인이 요구하는 최소 보험금액을 뜻하는 것이다. 항상 변호사 그리고 보험회사와 면밀히 확인해야 한다. 건물주인이 요구하는 것보다 많은 보험을 신청하는 것도 현명한 방법이다.

• **공공요금**

공공요금이 어떻게 책정되었는지 그리고 건물주인이 치러야 할 비용은 어떤 것인지 등을 명확히 알 수 있어야 한다.

• **전대(subletting)**

이 사항은 레스토랑에 대한 임대비용에 관한 것이다. 향후 전대에 대한 긍정적인 생각이 있다면 임대계약에 이 사항을 추가해도 좋다.

• **위배사항의 근거 제시**

임대하고 있는 건물이 속해 있는 지역, 주, 연방정부에 위배되는 사항을 가지고 있다면 이런 사항도 반드시 언급되어 있어야 한다. 이런 상황이 일어나지 않을 거라고 생각할 수도 있지만 문제 발생시에 대한 대비책을 확실히 마련해 두는 것이 좋다.

• **불이행과 구제책**

건물주인과 레스토랑 사업주가 계약 불이행을 하였을 경우에 대한 사항이 포함되어 있어야 한다. 만약 건물주인의 계약 불이행시 발생하는 손해비용이 계약서에서 잘 나타내고 있는지 확인한다.

• **파괴**

이 부분은 만일 건물의 일부 또는 전체가 파괴되면 어떻게 보상이 이루어지는지에 대해 설명해 준다. 만일 홍수, 회오리바람, 허리케인, 지진과 다른 파괴적인 자연재해가 빈번한 지역이라면, 이에 따른 보상방법 또한 포함되어 있어야 하며 모든 것이 서면으로 기록되었는지도 확인해야 한다.

• **계약금**

이 부분에는 건물주인이 요구하는 금액이 포함되어 있다.

• 계약 연장

만일 임대기간이 끝났지만 계약을 지속하고 싶다면 재계약을 어떻게 할지를 설명한다.

• 임대공간의 운영지표

이 부문을 매우 주의 깊게 읽는다. 이는 임대공간 운용방법의 지표를 정의한다. 이 부분에 포함된 규제가 영업에 방해가 되는지도 생각해 본다. 예를 들면, 계약상 알코올 음료를 판매할 수 없다고 규정되어 있는데 운영하는 레스토랑의 바에서 대부분의 수익이 이로부터 발생한다면 이는 계약 전에 재타협되어야 할 사항이다.

• 세금

상세하게 이 부문은 재산에 관해서 공과기한을 정의하고 세금을 낼 사람에 대해 설명해야 한다.

• 계속적인 유지와 수선

이것은 매우 중요한 조항이다. 만일 장기계약을 하게 될 경우, 수선 및 유지는 불가피하다. 누가 이 문제에 대해 재정적으로 책임이 있을 것인지 그들이 어떻게 수행하는지 등의 중요한 사항이 전제되어야 한다.

• 옵션

이것은 확장옵션에 이르기까지 옵션부터 구매를 위한 모두를 취재할 수 있다. 만일 지금 운영 중인 레스토랑의 공간보다 커지게 되면, 이 사항은 향후에 매우 중요한 역할을 하게 될 것이다.

• 보증

레스토랑 운영이 실패하면 일부 건물주인은 금융 채무를 취재하는 것에 동의할 것을 요구하며 보증인을 세우라고 부탁할 것이다. 만일 주인이 이것을 필요로 하면 보증인도 임대계약시 서명해야 할 것이다.

- **논쟁 결의**

이 부문은 분쟁과 의결방법을 약술한다. 기본적으로 이 부문은 법정에서 분쟁에 대비할 의도로 작성된다.

The FOOD Service Professional

레스토랑 창업 노하우

5 거래시 자금융자

■ 자금의 출처

무엇을 시작하거나 프랜차이즈 시스템으로 구매를 결정하든 많은 사람들에게 가장 큰 장애는 자금 문제이다. 다음은 행동 개시 자금을 취득하기 위한 가장 일반적인 방법이다.

- **중소기업**

미국의 경우 중소기업협회(Small Business Administration)와 상의한 경우 연방에 따라 공채로 투자된 프로그램으로 안전하게 은행 대부를 제공받을 수 있게 도와준다. 자격의 여부와 관계없이 가장 우선적인 단계는 중소기업협회에 전화하는 것이다. www.sba.gov에 온라인으로 방문하면 풍부한 정보를 제공하며, 방문할 만한 가치가 있다. 국내의 경우 중소기업진흥공단(www.sbc.or.kr) 온라인을 통해 컨설팅 및 지원 등의 정보를 획득할 수 있다.

- **중소기업협회(SBA)와 프랜차이즈**

미국의 중소기업협회(SBA)는 레스토랑 비즈니스는 위험이 따른다고 생각하지만 프랜차이즈는 이에 반해 다소 덜 위험하다고 생각한다. 대부분의 전문가들은 프랜차이즈는 10% 미만의 실패율을 가지고 있다고 말하며,

이 수치는 다른 비즈니스를 시작할 때의 위험률과 비교했을 때를 나타낸다. 만약에 프랜차이즈 레스토랑을 시작하려고 한다면 중소기업협회(SBA)로부터 레스토랑 시작시 고려사항 등에 관한 정보를 제공받을 수 있을 것이다.

- **은행 대출**

미국에서 은행과 다른 종류의 금융기관은 중소기업협회(SBA)의 레스토랑은 위험요소를 지닌 사업이라는 생각을 공통되게 가지고 있다. 은행은 집, 주식과 같은 주요한 담보물을 원하며 사용되거나 헌 장비에 대한 가치는 반영하지 않는다. 레스토랑을 시작할 때 이와 같은 은행의 상황을 고려해야 하는데 은행대출을 생각하고 있다면 다음의 것들을 준비해야 한다.

■ 담보를 준비한다 : 사전의 필수조건
■ 레스토랑 재산을 소지 : 임대하지 않는다.
■ 새로운 설비를 구매한다.

- **금융기관**

본질적으로 은행과는 다른 몇 가지 다른 형태의 금융기관이 있다. 또한 원하는 만큼의 금액 책정도 가능하다. 그러나 이와 같은 금융기관들은 은행보다도 더 엄격한 담보물에 대한 규칙이 존재하며 다른 요구사항도 요구된다.

- **장기저축**

현재 일정한 소득을 갖고 있다면 레스토랑을 시작하기 위한 저축이 필요하다. 원금을 저금하고 이에 따른 이자도 얻을 수 있다. 그리고 10년 정도의 저축계획을 세워본다. 장기저축이 핵심요소인데, 장기저축으로 인해 레스토랑 사업을 시작할 때 필요한 모든 자금을 충당할 수는 없지만 은행의 높은 신뢰를 얻을 수 있다. 가능하다면 은행의 장기저축을 통해 자금을 증대시킬 수 있도록 계획한다.

- **주식**

많은 사람들이 돈으로 생각하지 않는 많은 가치의 돈이 존재한다는 것은 놀랄만한 사실이다. 이러한 가치에 대해 돈을 지불할 수 있는 은행을 방문한다. 그리고 사용하지 않았지만 화폐가치가 있는 것들을 찾고 은행과 거래한다. 이렇게 하면 매일매일 보이지 않았던 가치의 금액을 창출할 수 있다.

- **유산**

직접 모은 자산이 아닌 유산과 같은 것을 기대하면 안 되지만, 우연히 유산의 기회가 주어진다면 함부로 사용해서는 안 된다. 이 금액은 레스토랑을 시작하는 기초적인 자금문제를 해결해 줄 수 있기 때문이다.

- **파트너**

레스토랑을 포함한 많은 비즈니스는 금융 파트너의 도움으로 시작된다. 다시 말해, 레스토랑의 인력구조를 정비하는 동안 금융파트너는 창업자본을 만드는 역할을 한다. 필요한 재정적 투자를 해결해 줄 사람을 알고 있다면 그런 금융파트너를 찾는 것을 고려해야 한다. 하지만 한 가지 주의할 점은 모든 사항은 문서화하여 어떠한 언어상 불명확한 것이 없게 동의서를 작성해야 하는 것이다. 만약에 금융파트너와 밀접한 관계를 가진 사람이라면 이러한 금융적 문제를 법적으로 더더욱 확실히 해두어야 한다. 이는 나중에 야기될 많은 문제를 해결해 줄 것이다.

- **고리대금업자**

모든 레스토랑 사업주는 그들의 영업기간 동안 고리대금업자와 연관되는 것을 원하지 않는다.

▣ 충분한 자금의 충족

일단 투자할 곳에 대한 생각을 가지게 되면 투자에 대한 심각한 고려를 해보아야 한다. 많은 레스토랑과 중소기업은 충분하지 못한 자금으로 인해 실패할 확률이 높다. 아래의 조항은 레스토랑을 시작할 때 포함되는 자금에 관한 사항이다. 적정한 자금의 부족으로 많은 레스토랑 사업주가 실패하고 있다는 것을 기억하고 사업 시작 전에 자금의 순환과 적정자금에 대한 확신이 필요할 것이다. 비즈니스 매입 비용에 관한 다양한 접근방법을 모색하고 어떠한 매입방법이 있는지도 모색해야 한다.

- **선급금(down payment)**

선급금은 대략 매입 총비용의 25% 정도에 해당하는 금액을 미리 지불하는 것이다. 다른 지불방식 동의서와 재정계획에 따라 다소 다를 수도 있으나 대부분의 레스토랑 비즈니스에서 통용되는 선급금의 범위이다.

- **결산 비용**

레스토랑의 매입을 위해 어렵게 돈을 모았음에도 결산 비용은 생각했던 것 이상의 금액이 부과되는 경우가 있다. 레스토랑의 결산 비용을 예상하고 이에 따른 적절한 계획을 세운다.

- **훌륭한 탐정 수수료**

탐정에게 지불할 금액을 아까워하지 않아야 한다. 이것은 매입자의 모든 사항을 원만하게 해줄 수 있기 때문이다. 주로 레스토랑 조사, 기자재 구매방법 등에 관한 조사비용으로 사용된다. 짧게 보면 탐정수수료를 지불하는 것은 비싸지만 장기적으로는 탐정수수료를 지불함으로써 다른 비용절감 효과를 가져올 수 있다.

• **소액 현금**

소액 현금이라 불리는 것은 영업현금 또는 현금 보유액이라고 볼 수 있다. 최종 결정은 매입한 레스토랑의 연간 매상고의 1.5%를 포함해야 한다는 것이다. 예를 들면, 만일 레스토랑의 연매출이 10억 정도이면 판매의 이 수준을 유지하기 위해 최소한 5백만 원이 요구된다.

• **재고**

재고로 인한 금액은 현재 이용 가능한 돈에 포함되지 않는다. 재고의 연간 매상고의 1%는 위의 총계를 형성한다.

• **요금**

어떤 비즈니스를 시작하거나 매입할 때 요금과 같은 많은 비용에 관한 계획을 세워야 한다.

주식 요금부터 대리인 요금(회계 요금에서 요금이 처리되기 위해 필요할 것인 면책 비율)을 모두 포함해야 한다. 그리고 모든 허가증, 면허와 요구되어진 모든 것은 등록하고 그에 따른 요금을 지불해야 한다.

• **예금**

비즈니스와 더불어 비용 목록은 수없이 많다. 단지 기억할 것은 계약금은 요금은 계약 전에 지불되어야 하므로 미리 계획을 세워야 하는 것이다.

• **조세**

주와 연방 모두의 조세를 기억해야만 한다. 정부는 절대 조세를 잊지 않으므로 항상 염두에 두어야 한다.

▣ 재정을 쉽게 만들기

레스토랑을 운영했거나 다른 사업을 운영해 본 사업주들은 결코 재정에 관련된 문제가 간단하지 않다고 생각한다. 그러나 다양한 종류의 이용 가능한 재정 방법이 있으며 이는 재정 문제를 간단하게 하기도 한다. 방법은 쉽지 않지만 그렇다고 실행할 수 없는 선택만은 아니다. 중소기업을 운영하는 사업주가 이용 가능한 일반적인 재정 선택사항을 살펴본다.

- **순가(equity) 재정**

재정계획 중 위험을 초래하는 자금을 순가라고 한다. 다양한 종류의 순가가 존재하지만 대부분은 매입자에 의해 충당되는 순가이다. 계약시 여러 변호사와 매입자가 함께 순가의 옵션에 관한 토의를 한다. 절대 혼자서 해결해서는 안 된다. 미국의 3분의 1의 레스토랑 사업주들은 한 명의 소유자에게 속해 있다.

- **위험부담자본의 재정(venture capital financing)**

레스토랑 사업주에게 제공할 수 있는 가장 현실적인 방법 중 하나는 초기 사업자금 형성을 확실히 해결해 주는 것이다. 상환을 전제로 위험부담자본을 제공해 주는 많은 금융기관이 있다. 만약에 레스토랑이 확장 잠재력을 충분히 가지고 있다면 위험부담자본을 다루는 금융기관은 투자하게 될 것이다. 하지만 그들은 레스토랑 운영의 구체적인 지침을 요구할 것이다. 또한 빠른 시간 내에 투자했던 돈의 수익을 바라기도 할 것이다.

- **협력**

협력은 가치 있는 자원으로서 주식을 인수하고, 재정이 포함되어야만 한다. 합병회사는 둘 이상의 활발하게 활동할 파트너를 포함한다. 합병회사 신디케이션은 레스토랑을 관리함에 있어 일반 사원과 '조용한 투자가'

인 다른 파트너를 포함한다. 변호사와 함께 이와 같은 협의사항에 대한 토의를 하고 적절한 상황을 선택해야 한다.

▣ 레스토랑에 돈을 융자하기 위한 다른 아이디어

주식 금융은 상거래를 동반할 수 있는 오직 한 가지 방법이다. 레스토랑 재정을 준비할 수 있는 다른 아이디어를 생각해 본다.

- **자금 조달계획을 세워야 한다.**

비즈니스에서 현금 보유액을 가지는 것은 단지 좋을 뿐만 아니라 중요하기도 하다. 좋은 자금 조달 거래를 할 수 있으면, 자금 조달 계획과 함께 준비하면서 현금을 절약하는 것이 현명한 방법이다. 현금은 산소와 같이 사업시 생존할 수 있는 중요한 수단이 된다.

- **매각자를 자금 조달에 관련시킨다.**

대부분의 매입에 있어 매입자가 매입비용의 일부를 매각자로부터 빌리는 것은 좋은 전략이다. 원칙은 다음과 같다. 만약에 매각자는 매입자가 레스토랑 임대 후 운영상황을 근간으로 금액을 지불하게 된다면 이러한 정보는 몇 가지 역할을 한다. 첫 번째, 매각자를 회사에 관련시키게 유지할 수 있으며, 이는 비즈니스의 운영 흐름에 긍정적 영향을 끼친다. 또한 레스토랑 운영에 있어서 높은 신뢰도를 나타낼 수 있다.

- **변화 가능한 안전장치를 이용한다.**

변화 가능한 안전장치는 실제적으로 매각자와 매입자 모두에게 모두 좋을 수 있는 복합시스템을 포함한다. 운영기간 동안 비용은 대출금에서 주식으로 전환될 수 있다. 재정전문가와 함께 이와 같은 상황이 유익한 옵션이 될 수 있는지를 확인하는 것이 좋다.

• **일부 지불수단으로서 주식을 제공한다.**

매각자에게 명백한 이익을 제공하는 좋은 생각이기도 하다. 그러나 매각자가 주식을 거래하는 데 있어 어떠한 제한을 받을 수도 있게 된다. 또한, 거래에서 너무 많은 주식을 받아들이는 것을 경계해야 한다. 주식도 중요하지만 현금은 비즈니스에서 필수적 요소임을 기억해야 한다.

• **판매인을 고용한다.**

매입자는 판매인을 고용하여 구체적인 시간이나 임금과 같은 재정적 계획의 관리를 수행할 수 있어야 한다. 이는 좋은 재정관리의 수단이 될 수 있다. 계획의 구체적인 부분은 명백하다. 만약에 매각자가 운영하는 레스토랑의 종사원들이 파업 중이라면 매입자와 판매자는 서로 협동하여 매각을 수행하는 것이 훨씬 더 바람직하다.

• **혼합과 조화(Mix and match)를 발견한다.**

레스토랑의 모든 재정적 문제를 고려한 후에 혼합과 조화를 통한 전략을 실행해 본다. 혼합과 조화를 고려하여 적절하게 포함시키면 된다. 재정적 상황을 가장 잘 부합시킬 수 있는 적절한 조화를 발견하여야 한다.

• **매각자로서 재정적 문제를 상세히 조사한다.**

매각자는 재정적 문제를 상세히 조사하여야 한다. 만약에 서둘러서 문제를 해결하고 재정적 업무를 해결해 둔다면 매입자는 단지 매입자 자신의 문제만 해결하기만 하면 된다. 이것은 매각을 빨리 진척시키며 매입자가 신속한 결정을 쉽게 내릴 수 있도록 도와준다.

▩ 근면과 일반적 고려사항의 절차

현재의 수면습관이 올바르다고 생각하여 거래를 유지한다고 가정하자. 만약에 매각자의 입장이라면 수면은 구제책이 될 수 있다. 왜냐하면 매각자는 계약을 먼저 생각하기 때문이다. 만일 당신이 우연히 판매인이 되게 되면, 구매자는 당신에게 제삼자가 잠을 계속 자고 싶어 한다는 것을 알리기 때문에 당신의 잠은 지금 보장되는 것이다.

이번에 일부 인원 경감이 있을지도 모르는 동안, 시험적인 동의, 기술적으로 어떤 동의 없이 지금의 기간은 시간의 낯선 블록이 될 수 있다.

- **시작점**

  실제로 시작점은 언제인가? 이것은 두 부분 모두가 원칙의 합의가 이루어졌을 때 시작되는 것이다. 이와 같은 단계에서 변호사와 함께 모든 일을 수행하여야 하며 세부사항도 고려하여야 한다. 또한 표출되지는 않았지만 발생가능한 문제들도 포함시켜야 한다.

- **사업의 과정이 평탄치 않은 것에 대한 이해**

  매입자는 판매과정 동안의 시간을 이야기하는데, 매입자에게는 긍정적인 영향을 미치고, 매각자에게는 다소 부정적인 영향을 미친다. 이러한 사실을 간과할 수도 있지만 이러한 사항을 이해한다면 매각과 매입에 관련된 준비를 더 잘 해낼 수 있다. 만약에 매입자라면 법적 관계자들이 판매과정 동안 생산적이고 효율적으로 행동하는지를 확인해야 효과적인 결과를 성취할 수 있다.

- **매각자로서 당연한 역할**

  매입자가 매각에 부정적인 영향을 미칠 수 있는 정보를 획득하기 전에 불확실한 사항을 올바르게 해결해 두어야 한다. 초기에는 많은 비용이 요구되지만 후에는 비용 이상의 가치를 창출하게 된다.

• 미공개 동의서명의 강화

대부분의 매입자가 거래 초기 단계에 미공개 동의서명을 요구받는 반면, 주요한 동의는 이와 같은 협상시 충분한 효력을 발휘하지 못한다. 초기 대화시 매입자는 매각자의 레스토랑에 관한 매우 제한적인 접근만 가능하다. 따라서 이 단계에서 미공개 동의사항 및 모든 문제들에 대해서 확실히 해두어야 한다.

• 인내심

매각자와 매각자의 레스토랑의 종사원은 인내심을 가져야 한다. 때때로 매입자와 매입 수행원은 많은 질문과 요구사항으로 매각자를 힘들게 할 것이다. 같은 한 문제에 대해 여러 사람이 다른 방식으로 많이 질문을 하게 될 것이다. 그러나 명심할 것은 인내심을 갖고 잘 견뎌내야 한다는 것이다.

• 긴장의 완화

항상 긴장을 완화시킬 수 있어야 한다. 어떠한 일이 발생하더라도 해결할 수 있어야 한다. 문제들이 30~40분 정도의 짧은 시간 안에 해결될 수 없거나 해결하기 어려워서 감당할 수 없을 것이라고 생각할 수도 있다. 하지만 긴장을 완화시키고 차근차근 해결하여야 한다.

• 당연한 요구

영업을 시작하기 위해 항상 준비를 해야 한다. 갑자기 문제가 발생하여 매각자를 곤란하게 하는 경우도 있다. 매각할 레스토랑은 매입자들에게 항상 공개된다. 은행, 재정지원자 그리고 모든 종류의 투자가는 항상 관찰할 것이다. 따라서 이러한 사람들에 대해 미리 준비하고 계획한다면 모든 것은 문제가 되지 않는다. 매각할 레스토랑을 자신있게 공개할 수 있기 전까지는 동의서에 쉽게 계약하지 않는 것이 좋다.

- **너무 많은 시간적 여유를 가지지 않아야 한다.**

매입자가 시기연장을 요구한다면 이는 매입자가 재정적 준비에 어려움을 겪고 있다는 것이다. 시기는 매각자가 아닌 매입자에게 많은 혜택을 가져오므로 너무 쉽게 수용해서는 안 된다. 다만 매입자가 요구하는 이유에 대한 고민이 요구된다. 매입자가 시간의 연장을 요구하면 매각자는 의심을 가질 수 있으므로 일정대로 모든 계약을 수행하는 것이 바람직하다.

- **가능한 한 회계보고서를 제공**

매입자는 회계보고서를 요구한다. 회계보고서를 가지고 있다면 계약과정을 변화시킬 수 있다. 매입자의 회계사와 법적 수행원들은 많은 질문과 자세한 재무상태를 요구할 것이다. 이러한 시기를 너무 오래 갖지 않는 것이 좋다. 매각자의 종사원이 이 문제에 관한 실마리를 제공할 수 있으며 이는 매각자의 레스토랑 운영에 부정적 역할을 할 수도 있기 때문이다. 가능하다면 회계보고서를 준비해 두고, 만약 매각을 3~5년 정도의 시간을 갖고 생각한다면 미래의 매입자를 위해 3~4년의 회계보고서를 준비해 두는 것도 좋다.

- **의문사항을 해결해 둔다.**

레스토랑 환경은 매각과 관련된 모든 사람들의 주요 관심사이며 모든 종류의 자산 가치요소이다. 레스토랑 환경과 문제에 관한 조사 없이는 아무도 매입을 시작하지 않는다. 만약 환경적인 문제를 가지고 있다면 매입자가 언젠가는 발견하게 되므로 숨기지 않고 공개하는 것이 현명하다. 또한 문제가 공개되기 전에 주변 문제를 해결할 전문가의 도움을 받아 매각 전에 해결하는 것이 바람직하다.

• **아무것도 숨기지 않아야 한다.**

매각자는 문제를 공개하기 위한 사전 준비가 요구된다. 이는 매각자가 해결해야 할 시급한 문제이기도 하다. 비공개된 문제가 매입자나 그의 변호사에 의해 발견된다면 매각의 시기가 늦춰지며 매각자의 신뢰와 또 다른 비공개의 문제가 있는지에 대한 불신이 시작된다. 따라서 모든 것을 공개해야 한다.

• **공개(disclosure)의 이면**

매입자에게 공개 이면의 일이 발생하게 된다. 레스토랑을 매입할 계획을 가지고 있고 근면의 시기동안 공개된 사항의 모순점을 발견한다면 이는 문제의 소지가 될 수 있다. 물론 매각자, 법적 수행원의 과실이 있을 수 있지만 발생한 모든 일은 진실을 충분히 오보할 수 있으며 계약이 수행되지 않을 수도 있다. 매각자의 단 하나의 거짓말이 발견되었다는 것은 더 많은 거짓말이 존재할 수 있다는 것을 암시한다. 이에 대한 적절한 조치가 필요하고 세심한 주의가 요구된다.

• **어떠한 지연도 발생시키지 않아야 한다.**

매각자는 기간을 단축시키고 이 기간이 오래 지속되는 것을 원하지 않는다. 그러므로 매입자의 잦은 요청과 많은 사항이 요구되어도 침착하게 해결해 나가야 한다.

▣ 돈을 벌며 세금을 지불한다.

매각자는 레스토랑에서 많은 수익 창출을 목표로 한다. 그러나 수익 창출시 항상 상기할 것은 세금을 지불해야 한다는 것이다. 특히 매각시기에는 세금지불을 철저히 해 두어야 한다. 비록 매각이 거의 이루어진 시점이라 하여 세금을 지불할 시기가 너무 늦었다 하더라도 지불해야 한다. 늦게라도 해결하는 것이 미해결보다는 훨씬 좋은 방법이다.

- **세금분기는 어떠한 매매과정이라도 취급되어야 한다.**

  언제든지 레스토랑을 매각하거나 다른 사업 매각시 세금을 포함시켜야 함을 상기하여야 한다. 레스토랑을 운영함에 있어서 세금이 문제되어서는 안 된다. 매매과정에서 세금문제는 반드시 수행되어야 한다.

- **세금전문가의 조언을 얻는다.**

  의사결정시 세금규약에 대한 본인의 지식에 너무 의존해서도 안 된다. 그렇다고 너무 세금문제를 변호사에게 의존하는 것도 현명한 방법이 아니다. 변호사가 세금전문가가 아니라면 계약종료 전 세금전문가의 조언을 얻도록 해야 한다.

- **주식이 모든 문제를 해결하지 않는다.**

  몇몇 매각자는 주식거래를 하면 수익에 대한 세금을 지불하지 않아도 된다고 잘못 생각하는 경향이 있다. 이것은 자명하게 잘못된 생각이다. 보유한 주식이 상향과 하향을 이룸에 따른 비용을 지불해야 한다. 이러한 내용은 종사원과 레스토랑 세금보고서에도 기입되어야 한다.

- **잃는 것은 얻을 수 있다.**

  흥미롭게도 만약 레스토랑이 적자를 보게 된다면 그건 아마도 전년도로부터의 이월된 것일 것이다. 이러한 적자라도 이윤을 얻을 수 있다. 예를 들면, 매각자는 아마 전년도 적자 또는 적자를 추론할 수 있는 지출비용으로 인해 모든 것을 다시 점검할 것이다. 이렇게 함으로써 적자로부터 작은 매출이라도 이윤을 얻게 되는 것이다. 그래서 레스토랑의 판매실적을 계산할 때 분명히 이러한 이월된 적자의 계산을 포함하여야 한다. 그리고 적자에서 또 다른 이윤을 만들어 내야 한다.

- **현재의 판매고는 매각자에게 주요한 소득이다.**

만약에 판매고가 현재의 매각자에게 중요한 것이라면 낮은 소득세금률에 대한 질적 수입이기 때문이다. 이러한 현상은 매각자와 매입자 모두에게 유리하다.

- **이중과세는 피한다.**

매각자는 레스토랑의 운영시 이중과세를 피하려 할 것이다. 이렇게 할 수 있는 두 가지 기본적인 방법 중 첫 번째는 S회사의 판매고와 함께하는 것이고, 두 번째 방법은 과세대상이 아닌 것을 매입자에게 양도하며 매각을 준비하는 것이다.

- **장래를 거는 무모한 도박을 하지 않는다.**

매각자는 미래의 매각시 수익을 연기시킬 수 있다. 이는 수익을 줄여 세금이 적게 적용되게 하여 이익을 취하는 데 목적이 있다. 이런 방식으로 지불해야 할 세금을 낮추는 것이다. 그러나 이것은 다소 위험한 방법이다. 이렇게 세금이 적은 미래의 어떤 시점을 기대하는 것은 매우 제한적이고 불분명하여 쉽게 확신할 수 없기 때문이다.

- **국세청 IRS Code를 따른다.**

미국 국세청(IRS) Code를 통해 세무 업무를 수행하기 바란다. 만약 IRS Code를 따르면 매입자가 매입시 주식거래의 세금감면을 수반하게 된다. 국내도 국세청(National Tax Service)의 세무상담을 통해 세금감면에 관한 정보를 얻는 것이 좋다(www.nts.go.kr).

• **상속자를 보호한다.**

만약 레스토랑 매각시 매입자의 후계자에게 지속 연계시킬 계획이 있다면 그들의 상속재산세로부터 세금 감면을 받을 수 있는 가장 좋은 방법을 말해줘야만 한다. 회계사나 세금전문가는 이런 것들을 말해줄 수 있는 가장 좋은 사람들이다.

▣ 매각 소득 – 중요한 고려사항

낮은 세금률이 적용된 수익창출을 계획한다면 이 계획의 장단점을 고려해 보아야 한다. 다음은 장점을 고려할 수 있는 방법이다.

• **자산판매는 주요 획득에 도움이 된다.**

어떤 자산이건 매각(일년을 최대로 해서 보유한 자산)은 수익창출에 도움이 되는 유익한 수단이다.

• **판매할 자산의 선택은 매각자의 선택사항이다.**

이 사항은 매각자가 완전히 통제할 수 있는 사항으로 자산 판매의 선택은 매입자의 선택사항일 뿐이다. 그러나 매입자가 고급스러운 레스토랑의 시설을 보고 레스토랑 매입에 관심을 가진다하여도 자산을 평가하기 전에 매매를 해서는 안 되며, 자산으로 인해 전체 거래의 흐름이 흐려져서는 안 된다.

• **연속성이 있다.**

두드러지게 매각사업은 연속성을 꾸준히 유지하고 있다. 이것은 레스토랑 매각의 가능성을 만들고 실제로 매매를 성사시킨다.

- **부정적인 고려사항도 있다.**

  중요자본을 획득하는 판매조치에는 부정적 측면 또한 있다. 이 관점에 따른 몇몇의 쟁점들이다.

- **주주는 이윤을 가질 수 없다.**

  매각자가 자산판매에서 이윤을 얻는 동안 주주들은 손해를 볼 것이다. 사실, 자산 판매과정이 주주에게 옮겨질 때 주주는 이중과세를 부담하게 된다.

- **개인 매각자의 이익을 내는 반면 회사는 이익을 내지 못한다.**

  간단히 언급했듯이 이점들이 중요자본을 유리하게 판매했을 때 개인적인 판매자는 이윤을 얻게 되지만, 회사는 손해를 볼 수도 있다.

▣ 계약 완료

판매의 일을 해 본 사람들이면 누구나 계약 완료가 가장 어려우면서도 가치가 있다는 것을 알고 있다. 즉 계약 완료에 따라 성취감을 주며 때로는 스트레스가 되기도 한다. 계약 완료의 경험이 없다면 계약 완료에 관한 세부사항에 대한 다음의 정보를 살펴본다.

- **법적 관계자와 매매협정을 다시 확인한다.**

  매매 계약서를 꼼꼼히 살펴보기 전에 절대 성급하게 계약을 해서는 안 된다. 또한 변호사가 계약 내용을 살펴볼 때까지도 서명을 해서는 안 된다. 매매시 이와 같은 시간을 갖는 이유는 계약을 하는 순간 모든 사항들이 법적 효력을 지니므로 계약 후 엄청난 손실을 방지하기 위함이다.

- **가격과 재무용어를 꼼꼼히 확인한다.**

  분명하게 판매에 감춰진 매매협정의 가장 중요한 것은 돈이다. 분명하게 정해진 금액에서 매매가 이루어져야 함을 명심한다. 지불에 관련된 용어들은 통일해야 한다. 동의를 하는 순간 동의에 따라서 지불하게 될 것이다. 그러므로 모든 것을 확실히 해두어야 한다.

- **계약**

사인 날짜와 마감 날짜가 아무 이유 없이 다르다면, 계약 직전에 계약을 보호할 수 있는 적절한 계약이 필요하다. 이것은 특히 매입자에게 중요하다. 이는 매각자로부터 큰 빚을 지지않도록 보호해 줄 수 있다. 따라서 계약은 매우 중요하다. 법적 수행원들과 계약시 포함하여야 할 것과 설명되어야 할 것이 잘 기술되었는지 확인하는 것이 중요하다.

- **보증서와 안내서**

매각자와 매입자자 모두 보증서와 안내서를 요청받게 된다. 그러나 매각자는 보증서와 안내서를 명시해야 할 가장 중요한 사람이다. 매각자는 안내서를 꼼꼼하게 확인해야 하고 매입자가 요청하기 전에 수행해야 하며, 매입자들은 보증서와 안내서를 통해 자료를 확인할 수 있다.

- **보증(배상금)**

매매협정 중 보증은 매입자의 보호를 위한 가장 중요한 것이다. 보증조항은 기본적으로 법적 조항 중 야기된 문제를 발견하고 해결하는 데 사용된다. 보증조항을 확인하며 법적보호를 받을 수 있도록 해둔다.

- **현금지불을 위한 가장 좋은 방법 결정**

만약 매각자라면 먼저 어떻게 현금지급할 것인지에 대해 결정하여야 한다. 송금은 안전하고도 가장 세심한 방법으로 여겨진다. 지불의 또 다른 방법은 즉시 현금을 입금하는 것이다. 어떤 것이든 입금하는 사람의 요구사항을 만족시킬 수 있는 방법을 선택하는 것이 좋다.

The FOOD Service Professional

레스토랑 창업 노하우

6 또다른 가능성

▣ 거래를 진행 중이며 계속하여야 하는가?

매입자가 계약서에 서명하기 전에 반드시 생각해야만 할 것들은 모든 매각자가 정직하지 못한 것은 아니지만, 대개 재정적으로 이득을 추구하려는 사람들이 많다는 것이다. 'Caveat emptor'라는 말은 '매입자가 조심하도록 한다'라는 말이며 좀더 정확히 말하자면 '매입자는 반드시 신중해야 한다'는 말이다. 그것은 비관적인 견해처럼 들릴지도 모르지만 유익한 충고가 될 수 있다. 시범운전을 해 보지도 않고 카센터 직원에게 문의를 하지도 않고도 중고차를 사는 사람은 많지 않을 것이다. 당신은 왜 재정적 위험이 큰 레스토랑을 구매하면서 충분히 조사를 하지 않는가? 다음을 생각해야 한다.

- **신중해야 한다.**

  듣는 것, 읽은 것, 본 것 등 모든 것을 신중하게 처리해야 한다. 이때는 현명한 결정을 내려야 하며 방심하지 말아야 한다.

- **한 걸음 뒤로 물러선다.**

  일단 레스토랑 매매서류에 서명하면 앞으로 오랜 시간 동안 많은 협상에 관련되게 된다. 매각자는 다른 아이디어와 조건을 하나씩 소개하며 매입자에게 익숙할 수 있도록 알려줄 것이다. 익숙하다는 이유 때문에 거래

종료에 도달해 버릴 가능성도 있다. 이와 같은 흐름에 휩쓸리지 않도록 조심하며 한 걸음 뒤로 물러서 보아야 한다. 매입 전에 잠깐 휴식의 시간을 갖는 것이 좋다. 단지 익숙하다는 이유만으로 매입한다는 것을 편하게 생각하고 있지는 확인해 보자.

- **매각자와 사적으로 너무 친밀하게 지내지 않는다.**

특히 매각자와 레스토랑 매매 이후에도 관련이 지어진다면 유대관계를 잘 맺어 두는 것은 중요한 일이다. 그러나 매각자와 너무 친밀하게 지내다 보면 오히려 매입자에게 해가 될 수도 있다. 매각자에게서 매각과 관련된 말을 많이 들을수록 매입자에게 그 말들은 이치에 맞는 것처럼 들린다. 매각자의 위치가 좋아보이고 호감을 갖게 되다가 결국 원치 않는 거래를 맺고 마는 경우가 있다. 비록 매각자가 좋은 사람이고 정직하고 평판이 좋다하여도 그 사람의 목표와 당신의 목표는 서로 다를 수도 있다. '선'이 반드시 유익한 것은 아니다. 처음의 매입동기를 상기하여 매각자의 목표와 일치하지 않는다면 서명하지 않아야 한다. 매각자에게도 이 말은 적용된다. '만약 초기에 가졌던 목적이 거래의 마지막 단계에서 사라져 버린다면 그런 계약은 파기해야 한다. 이렇게 하면 후회할 일을 방지할 수 있게 된다.

- **찬성과 반대 목록을 작성한다.**

찬성과 반대 목록을 작성한다. 종이의 한 가운데에 선을 만들어 한쪽에는 거래의 장점들을 쓰고, 다른 한쪽에는 거래의 단점들을 써라. 장점이 단점보다 확연히 많다면 이 계약은 상당히 좋은 것이 될 수 있다. 그러나 단점이 장점보다 우세하다면, 당신은 이 사업은 다시 한 번 생각해 보게 될 것이다.

• **거래의 1부터 10까지 등위를 매겨 본다.**

거래를 시작할 때 세운 주된 목표를 종이 위에 모두 써본다. 중요한 목표들을 쓴 다음 1부터 10까지 등위를 매겨 본다. 1은 이 거래가 목표에 부합되지 못하는 것이고, 10은 목표를 충실히 만족시키는 것을 의미한다. 각각의 목표에 등위를 매긴 후 평균값을 산출한다. 만약 평균값이 6 이상이면 좀더 거래를 잘 추진하기를 원할 것이며, 만약 평균값이 5 정도 된다면 조심스럽게 일을 추진할 것이다. 5 이하라면 즉시 거래를 멈추어야 한다.

• **방문 전에 전화연락을 해야 하는지를 고려한다.**

매각자가 매입자에게 레스토랑을 방문하기 전에 전화연락을 미리 하기를 원한다면 매입자는 방문 전 미리 준비한다는 것을 알아야만 한다. 그것은 좋은 징조가 아니다. 만약 숨길 것이 없다면 통보를 하지 않고 원하는 시간에 언제나 방문할 수 있어야 한다.

• **회피하는 질문이나 주제를 잘 살펴본다.**

정치인들이 질문을 교묘하게 피해나가서 대답하지 않는 기술에 주목할 필요가 있다. 사업가들도 그럴 수 있다. 만일 사업을 거짓으로 설명하거나 무언가 옳지 못한 의도로 매각하려 할 때는 특히 그럴 수 있다. 만약 회피하는 질문이나 주제가 있다면 매입자는 그것이 위험 신호임을 인지해야 할 것이다. 만약 매각자가 대답하지 않는다면, 뭔가를 숨기려 하는 것일 수 있기 때문이다.

• **다른 업체가 매각자 혹은 경영팀과 연락하고 있는지 물어본다.**

거래하는 사람에 대하여 여러 가지 정보를 갖고 있는 것은 중요하다. 정보를 직접 묻지는 말고 직접 조사해서 얻어야 한다. 그 지역 경영 지도자들에게 자문을 구하거나 그 지역 레스토랑 분야 외의 업계에서 일하고 있는 사업지도자들에게 자문을 구한다. 덜 민감한 질문을 하되 정직과 성실에 관하여 매각자의 평판에 대하여 할 수 있는 한 많이 알아보는 것이 좋다.

- **잠자리에 변화가 있는지 주목한다.**

  만약 거래의 마무리 과정에 있어서 잠이 잘 오지 않는다면, 그 불면증의 원인에 대해 생각해 본다. 즉 무엇에 관하여 걱정하고 있는가? 잠을 못 잘 만큼 머릿속에 생각하고 있는 것은 무엇인가? 그 고민이 무엇이든 매매를 끝내기 전에 해결을 하여야 한다.

▣ 매각하지 않기로 결정

매각자가 모든 것을 공개하는 경우에는 매각하지 않으려 하는 경우이다(혹은 매입을 계속할 필요 없는 매입자). 정말 나쁜 상태에서 끝내는 것보다 좀 당황스럽더라도 철수하는 편이 오히려 더 좋다. 기억할 것은 매각자는 언제든지 매각진행을 멈출 권리가 있다는 것이다. 다음을 명심해야 한다.

- **제시한 가격을 현실적으로 생각해 본다.**

  매각자는 제시한 가격보다 낮은 가격을 제시받을 때 낙담하게 된다. 만약 이런 일이 일어난다면 제시한 가격이 너무 높거나 낮은지에 대한 조사가 필요할 것이다. 전문가를 개입시켜 제시가격을 감정받는 것이 좋은 방법이다. 만약 제시가를 약간 높게 설정했다하더라도 낮은 가격을 수락할 생각이 있는가? 만약 그렇지 않다면 소매를 걷고 다시 레스토랑을 운영하는 편이 나을 수도 있다. 만약 낮은 값을 수락할 생각이 있다면 좀더 현실적인 가격설정을 위해 전문가와 함께 상의해보도록 한다.

- **매입자가 매입하려 하지 않는 이유를 알아낸다.**

매입자가 흥미는 보이지만 실제로 거래를 하려고 하지 않을 때 그 이유를 발견해야 한다. 만약 가격이 적당하고 모든 것이 합당하다면 중요한 무엇인가를 놓친 것임이 분명하다. 특히 거래를 시작하지 않고 있는 매입자의 흥미를 끌만한 것이 있다면, 현재 유대관계를 갖고 있는 매입자에 대하여 생각해 보는 것이 좋다. 매입자와 함께 식사를 하는 등 시간을 같이 보내며 매입하지 않는 이유가 있는지를 찾아본다. 이를 위한 가장 좋은 대상은 이미 매입을 거부한 매입자이다.

- **지나간 일은 지나간 일로 둔다.**

매입기간 동안 해결할 수 없는 잡다한 일이 생기기 마련이다. 그러한 일들은 문제가 해결되게 내버려두는 것이 좋다. 많은 레스토랑 사업주는 거래과정 중에 얼마나 많은 잠재 매입자와 중요한 종사원들을 밝혀야 하는지에 대해 걱정이 많다. 만약 누군가 당신이 이미 겪은 매매에 관한 문제를 겪게 된다면 정직하게 말해 준다. 하지만 만약 매입을 거부했던 매입자가 레스토랑에 악영향을 주기 위한 정보를 사용하려 한다면 이러한 계략보다 한 수 위의 계략을 생각해 보아야 한다. 그러나 진행되지도 않는 일에 너무 사로잡혀 있지 않는 것이 좋다. 또한 평소처럼 레스토랑을 운영해야 한다. 소유한 레스토랑의 생존은 매입자와의 경쟁이 아닌 레스토랑 운영에 달려 있기 때문이다.

- **종사원들을 편하게 한다.**

종사원들을 편하게 해주어야 한다. 만약 그들이 레스토랑의 매각을 알게 된다면 스트레스 받게 됨을 고려해야 한다. 새 사업주 하에서 계속 일할 수 있을지 어떨지 확실하지 않은 가운데 새 사업주를 갖게 될 것이라는 것을 생각하는 것은 쉬운 일은 아니다. 종사원들은 이내 자신감을 상실하게 된다. 그러므로 다시 그들의 신뢰를 회복하는 것 또한 매각자의 역할이다.

- **기반이 되는 고객들을 놓치지 않는다.**

레스토랑 사업주는 다른 사업주보다 상당히 많은 장점을 갖는다. 시장 외적인 상황을 고려할 때 특히 지역 및 고객과의 좋은 이미지를 가지고 있다면 많은 레스토랑 비즈니스 기반 고객들은 레스토랑 사업주가 그만두지 않기를 희망한다. 그러나 대부분의 사람들은 당신이 그들 곁에서 즐겁게 웃으며 기념일을 챙겨주고 계속 여전히 거기에 있다는 사실을 좋아하는 사람들이 있는 반면, 또 어떤 사람들은 그들에게 베푸는 친절과 수고를 껄끄러워할 수도 있다. 어떤 실패였던 간에 실패한 거래에 관하여는 고객에게 자세히 말하지 않는다. 고객들은 관련이 없기 때문이다. 그대신이 기간동안 고객에게 좋은 서비스와 추가의 혜택을 성의껏 제공한다.

- **매각인과의 관계 변화에 주목한다.**

특히 작은 사업체의 경우, 매각인 가운데 지급조건과 신용공여 조건을 관대하게 처리하지 않는 사람들이 있을 수도 있다. 간단히 말해, 그들은 레스토랑을 닫고 떠나는 것을 원하지 않는다. 선불할 것과 거래의 종료에 관해 완전히 끝났음을 확실히 해둔다면 신용을 회복할 수 있다. 하지만 기억할 것은 매각자의 레스토랑 비즈니스는 매입자에게 달려 있다. 매각자가 당분간 수상쩍은 존재가 되는 것은 당연하다.

- **청산을 고려한다.**

만약 적당한 매입자가 없지만 여전히 레스토랑을 매각하고 싶다면 매각자 스스로 레스토랑 청산을 준비할 필요가 있다. 그것은 하루아침에 준비할 수 없다. 청산시 유리한 조건으로 또 종사원을 위해서는 공정하게 사업을 마무리할 수 있도록 계획을 세워야 한다.

▣ 완전히 휴업하기

때때로 매각자는 레스토랑을 매각하려 하여도 적합한 매입자를 찾지 못할 수도 있다. 때때로 휴업을 하고 청산을 하는 것은 좋은 선택일 수도 있다. 반대로 그렇지 않을 수도 있다. 결코 성급한 결정을 내려서는 안 된다. 좋은 사업은 아니지만 점포 재고정리에 관한 결정에 이르러서는 다음을 고려한다.

- **구매동기**

  첫째, 원하는 이유가 무엇인지 생각한다. 레스토랑 매각 동기에 대하여 생각하고 또 생각해야 한다.

- **경영인을 고용**

  레스토랑 비즈니스에서 성공적으로 운영을 이끌기 위한 시간투자에 관한 언급은 특히 중요하다. 만약 레스토랑을 좋아하고 거기서 생기는 수익을 좋아하지만, 단지 일하는 시간 때문에 지치게 된다면 경영인을 고용하는 쪽을 생각해 본다. 사실 추가적인 인건비로 수익에서 손해를 보더라도 그 정도의 재정적 여유를 갖춘 상태라면 오히려 레스토랑에는 이익이 될 수 있다. 레스토랑 사업주가 장시간 레스토랑에서 일하느라 가족과의 시간을 갖는데 어려움을 갖는 경우라든가, 나이가 너무 많아서 일을 계속하기 어려운 경우, 이것은 현실적으로 옳은 선택일 수 있다. 레스토랑에서 그만두고 싶은 주된 이유가 늦게까지 장시간 일해야 하는 것뿐이라면 경영인 고용을 한 번 생각해 보아야 한다.

- **휴가**

  어쩌면 일과표를 완전히 바꿀 필요가 없을 수도 있다. 혹은 지난 5년간 휴가를 갖지 않았는지도 모른다. 유능한 종사원을 담당자로 맡겨 놓고 긴 휴가를 취한다. 바로 이것이 모든 것을 해결하는 방법인 것이다.

- **종사원에게 직무 위임**

레스토랑을 운영하는 것은 스트레스를 받으며 힘든 일일 수 있다. 해결해야 할 문제가 매니저나 휴가와 같은 것이 아니라 종사원에게 직무위임하는 것이라면 우선 직무 책임에 관한 목록을 만든다. 종사원이 지켜야 할 핵심적 사항을 기술한다. 그리고 신중하게 목록을 확인한다. 위임에 관련된 문제를 가지고 있다면 위임에 관한 즉각적인 결정이 이루어져야 한다. 이와 같은 문제가 해결된다면 레스토랑 운영이 한결 수월해질 것이다.

▣ 당황한 상태로 어떤 결정을 내리지 않고 대안을 생각해 본다.

한 번 시장에서 실패하게 되면 어쩔 줄을 몰라하는 사업가가 대부분이다. 하지만 어떤 사람은 그것을 개인적인 재고의 시간으로 생각하여 성공한 사업가로 거듭나기도 한다. 만약 실패감을 느꼈다면 이를 극복해야 한다. 자존심 때문에 레스토랑을 완전히 닫아서는 안 된다. 사업주만큼 고객과 종사원에게는 큰 문제가 되지 않는다. 그러므로 그 일에 대해 더 이상 괴로워하지 말고 활기차게 일을 진행시켜야 한다.

- **스스로에게 도전한다.**

레스토랑을 매각하려는 첫 계획을 상기한다. 안절부절하지 못하며 새로운 변화를 원하는가? 본인의 직업에 지루함을 느끼는 것은 자연스러운 일이다. 만약 프랜차이즈에 속해 있지 않다면 사업주가 원하는 대로 레스토랑의 운영을 바꿀 수 있다는 것이 훌륭한 장점이다. 따라서 이럴 경우 사업주와 종사원을 변화시킨다. 변화는 레스토랑 운영에 새롭고 흥미로운 분위기를 창조해 낸다. 기본적으로 사업주가 생각했던 모든 것을 실천해 본다. 변화로부터의 기회는 레스토랑의 수익을 창출하며 창초적인 생각들은 자연스럽게 흘러나올 수 있게 한다. 지금 당장 이를 실천해 보아야 한다.

• **완전히 다른 것을 창조한다.**

레스토랑을 지속할 만큼의 수익이 창출되지 않아서 매각하고 싶다면 새 사업체로 모든 것을 변화시키는 것을 고려해 본다. 이의 간단한 방법으로 레스토랑의 주소를 사업주의 집주소로 바꾸거나 혹은 우편번호를 변경(만약 지역에서 P.O. 박스를 허용한다면)하며 레스토랑이 여전히 존재하는 사업체로 여겨지게끔 만든다. 추후에 레스토랑 관련 모든 자산을 청산하고 청산한 현금을 높은 이자율의 은행상품에 투자한다. 다시 사업을 시작하려 할 때에는 청산한 현금이 새로운 사업의 초기자금으로써 유용하게 사용될 것이다. 법적인 사항과 은행 전문가와 함께 이러한 방법이 법적으로 허용 가능한지의 여부를 살펴보아야 한다.

• **분배한다.**

만약 당신의 자녀나 상속자가 레스토랑에 관심을 보였다면 상속의 일부로 그들에게 레스토랑을 주는 것은 어떨까 생각해 본다. 완전히 레스토랑을 닫는 것이 쉬운 일은 아니다. 많은 사업주들은 사업을 그만두는 것이 '참 슬펐다'고 진술한다. 만약 레스토랑 문을 닫는 것이 심적으로 어려우면 레스토랑을 가족의 누군가가 계속하게 하는 것이 좀더 쉬운 결정일 수 있다. 관심이 없어 보인다고 꼭 그 일을 원하지 않는다고 말할 수 없다. 어떤 자녀는 자기 것이 아닌 것에 대해 요구할 수는 없다고 느낄 수도 있기 때문이다. 만약 누군가가 관심이 있을 수 있다는 생각이 들면 직접 그것에 대해 의논해 본다. 만약 관심이 없다면 강요하지는 말고 선택할 기회를 주는 것이 좋다.

▣ 레스토랑을 종사원에게 매각하기

만약 매매가 이루어지지 않는다면 현재 종사원에게 레스토랑을 매각하는 것에 대해 생각해 본다. 만약 작은 레스토랑을 운영했다면 이는 사업주에게 좋지 않을 수도 있지만 다소 좋은 면도 있다. 종사원도 뛰어난 레스토랑 사업주가 될 수 있다는 것을 명심해야 한다. 몇 년 후 자기 소유의 레스토랑을 갖기를 꿈꾸는 주방장, 그리고 결혼을 하고 재산을 늘릴 계획인 수석 웨이터는 거래의 잠재적인 매입자가 될 수 있기 때문이다. 실제 수익을 얻는 방법을 제공할 수도 있고, 레스토랑을 살아 있는 유산으로 유지시킬 수도 있다. 다음 계획 중에 하나로 종사원에게 레스토랑을 매각하는 것을 생각해 본다.

- **MBO(목표관리)**

  기본적으로 종사원이 사업주를 위해 레스토랑을 매입할 수 있도록 경영팀이 대출금을 보장해 주는 것을 말한다. 그러한 대출처리를 위해서는 재정상태가 그 레스토랑의 재정능력을 뒷받침할 수 있어야 하기 때문에, 이런 방법은 레스토랑이 거래를 이루기 위해 필요한 일정금액을 대출할 능력을 갖고 있는 경우에만 효과가 있다. 경영인이 대출 처리를 하기 때문에 그는 보통 거래가 끝날 때 회사 주식의 30%를 할당받을 것이다.

- **LBO(기업매수 자금의 대부분을 매수대상 기업의 자산을 담보로 한 차입금으로 충당하여 매수)**

  이것은 MBO와 유사하다. 그러나 금융업자가 다르다. 대출 처리의 형태에서 제3자가 금융처리를 하고 경영팀과 커미션을 나눈다. 이러한 대출 처리에 경영팀은 기껏해야 10%의 커미션밖에 받지 못한다.

- **ESOP(종업원 지주제)**

  이 대출 처리 형태는 종사원이 퇴직금의 일부로 주식을 사는 방법이다.

종사원은 자신이 소유한 레스토랑을 위해 더 열심히 일하게 된다는 점에서 이 방법은 좋은 계획이 될 수 있다. 그러나 종사원이 전적으로 레스토랑 주식을 사기 때문에 종사원 입장에서는 모험이 될 수도 있다. 만약 주식이 하락하면 그들은 큰 손해를 보기 때문이다. ESOP 방법은 인건비의 비중이 큰 레스토랑의 경우 현실적인 좋은 방법이 될 수 있다. 만약 이 방법을 선택한다면 세제상의 우대조치가 크게 주어질 것이다. 만약 레스토랑이 공개적으로 매매될 수 없다면 미국 회사에서 유가증권을 매매하는 방법을 쓴다. 3년 이상 주식을 갖고 있었고 ESOP에서 30~100%의 몫을 팔았다면 면세거래에 적당할 수도 있다. 그런 수당을 위해 몇 가지 조건들이 더 있다. 그러므로 세금 전문가와 어떻게 자격을 얻을 수 있을지 상의해야 한다.

▣ 그래도 여전히 당신은 일을 그만두고 싶은가?

레스토랑 매각에 대한 심사숙고를 거친 후에도 여전히 매각하고 싶다면 완벽한 준비 여부를 확인해야 한다. 장래에 후회가 없도록 확실히 계획을 실행할 시간을 갖는다. 하룻밤 사이에 레스토랑 매각을 기대하면 안 되며 하룻밤 사이에 문 닫기를 기대해서도 안 된다. 많은 사람들은 레스토랑을 그만두는 것이 가장 빠른 효과를 볼 수 있는 순식간의 결정으로 생각한다. 만약 매각이 준비되어 있다 해도 그것은 순식간의 결정이 아님을 다시 한 번 되새겨보아야 한다. 오랫동안 그 일 때문에 고민해 왔더라도 매각에 있어 빠른 효과를 가져올 수 없을 것이라는 것이다. 투자했던 금액을 돌려받을 수 있도록 계획을 세울 필요가 있다. 낭비되는 음식 비용이 없도록 가능한 한 많은 식음료들을 소비하고 싶을 것이다. 그리고 종사원들에게 손해가 가지 않도록 공정하게 점포정리계획을 세우고 싶어 하나 이는 아무도 모를 것이다. 언젠가 그 지역에 또 다른 사업을 시작하고 싶을 수도 있다. 미래의 이러한 시점에 20명의 종사원들에게 아무런 대비책도 세워주지 못하고 예고 없이 직장을 잃게 한 사업주라는 평판은 원치 않을 것이다. 우선 레스토랑 매각만으로도 수개월 혹은 여러 해가 걸릴 수도 있다는 사실을 알아야 한다. 완전한 매각을 원한다면 다음을 생각해 보아야 한다.

- **선취득권의 명세서를 작성한다.**

  레스토랑에 선취득권이 있는 경우 모든 자산에 대한 목록을 작성할 필요가 있다. 만약 자산을 팔아서 청산하기로 결정한다면 빚을 갚을 비용까지 모두 포함하여 값을 치를 수 있도록 매각인의 제시가격을 선별할 수 있어야 한다. 수천 달러가 선불된 선취득권이 있는 레스토랑을 매입하고 싶지는 않을 것이다. 만약 어떤 자산에 대하여 이득을 보고 싶다면 수익이 높은 자산에 관해 더 높은 가격을 제시한다.

- **만약 가격을 크게 고려하지 않는다면 청산 전문가와 의논한다.**

  자산이 얼마에 팔리는지에 관해 그리 걱정할 정도가 아닐 만큼 재정적인 어려움이 적다면 청산 전문가를 통해 일하고, 자산 매각에 대해서는 신경 쓰지 않는 것이 좋다. 부동산 매매자에 대해 들어본 일이 있을 것이다(아이템을 팔아 이득을 보기 위하여 개인의 전 소유지를 매각하는 사람). 이것이 청산 전문가가 하는 일이다. 그들이 개입해서 모든 것에 대해 한 가지의 가격을 제시할 것이다. 이의 장점은 레스토랑의 모든 물건이 빨리 팔린다는 것이고, 단점은 좋은 가격에 팔리지는 않는다는 것이다. 청산 전문가는 사업주가 직접 파는 것보다는 대체로 낮은 가격으로 팔려고 할 것이다.

- **중고품 판매정신을 높인다.**

  이는 아마도 레스토랑 운영에 자신의 인생을 쏟은 사업주에게는 끔찍하게 들릴 수도 있다. 그러나 수익에 있어서는 의미가 있다. 만약 중고품 판매를 한 경험이 있다면 이것이 무슨 말인지 알 것이다. 다소 어려운 일이지만 현실적이기도 하다. 레스토랑 자산을 청산하기 시작했을 때 같은 종류의 '수익'이 예견될 수 있다.

- **종사원들에게 개인적으로 매각한다.**

언젠가 자기 소유의 레스토랑을 운영하고자 저축을 하고 있는 종사원이 실제로 있을 것이다. 이런 경우, 그들은 레스토랑 사업주가 될 준비를 하며 필요한 물건들을 마련하면서 중고품 가격을 지불할 것이다. 이것은 종사원에게는 돈을 절약하는 방법이 되고, 사업주에게는 만족스런 가격을 치르는 방법이 될 것이다. 한 번 시험해 볼 가치가 있는 방법이다.

- **채권자에게 당신이 신용을 위해 자산을 송환해야 하는지 상담한다.**

채권자와 매매인 가운데는 실제로 부분적인(때때로 낮은) 신용을 위해 자산을 송환하라고 하는 사람들이 있다. 그들은 중고기계를 거래하는 생각에 대해 구애받지 않아 이에 적합한 기회를 제공할 수 있으며, 이를 통해 또 다른 레스토랑에서 매매를 하거나 임대를 할 수도 있게 한다.

- **폐업차원의 사업을 판매한다.**

마지막 탈출구로서 레스토랑의 모든 운영과 종사원들이 계속 일할 수 있도록 제공하는 것은 레스토랑 매각의 중요한 고려사항이다. 청산계획을 진행시키고 청산과정을 끝내기 위하여 예상하는 가격을 정한 후에는 먼저 협상을 했던 잠재 매입자 중 한 사람에게 전화연락을 한다. 가격이 급격하게 하락했기 때문에 매입자는 모든 물건들을 포함하여 레스토랑 전체를 매입하려 한다. 이것은 빨리 레스토랑을 매각함과 동시에 종사원들에게 악영향을 주지 않는 방법이다. 만약 레스토랑 매각에 대한 자신감을 자제할 수 있는 사업주라면 이러한 방법은 상당히 효과적이다.

- **모든 관련 세금과 법률문서들을 철해 둔다.**

레스토랑을 청산한다하여도 관련된 세무에는 책임이 주어지게 된다. 실제로 이 세금 문서들은 유익할 수도 있다. 그러나 손해든 이득이든 레스토랑 매각 후 처리하지 않고 남은 미국 국세청(IRS) 비즈니스를 잘 살피는 것을 잊지 말아야 한다. 레스토랑이 위치하고 있는 곳에 따라 철해 두어야 할 주, 연방, 그리고 지역 문서들이 있을 수 있다. 마무리 매듭을 잘 짓는 것을 잊지 않아야 한다.

- **합법적으로 매각을 완료한다.**

미국 국세청(IRS) 관련 서류를 철할 때, 공식적으로 그리고 합법적으로 레스토랑을 매각할 것임을 반드시 문서화한다. 레스토랑 혹은 다른 사업체를 같은 이름으로 다시 운영할 계획이 없다면 영업을 계속할 필요가 없다. 만약 그럴 경우, 레스토랑은 다른 종류의 소송을 포함해서 모든 종류의 문제에 계속 연결될 수 있다. 사업주의 결정으로 레스토랑의 매각이 이루어졌다면 속한 지역에서 정부기관과 IRS편에서도 폐업했음을 확실히 해두는 것이 좋다.

The Food Service Professional

레스토랑 창업 노하우

7 미래의 성공 확신

미래의 운영을 어떻게 계획할 것인가?

매뉴얼에 나타난 몇 가지 생각들은 레스토랑 결정시 미래의 잠재력을 바탕으로 결정되어야 함을 언급한다. 사실상 매입자와 매각자 모두에게 기획하는 것은 중요하다. 그러나 미래의 레스토랑 운영상태를 어떻게 예상할 수 있는가? 중요한 정보 중 하나는 시장과 경쟁 전망에 관련되어 있을 것이다. 왜냐하면 현존하는 비즈니스는 영업 기록을 가지고 있는데, 이는 영업 기록이 없는 새로운 브랜드의 레스토랑 운영보다 훨씬 더 신뢰성 있는 예상이 가능하기 때문이다. 그러나 신용이 바탕이 된 전망을 하는 것은 매각자와 매입자 모두에게 중요하다. 신용에 바탕을 둔 예상이 이루어진 시장에서는 아래의 전망이 아주 쉽게 된다. 전망을 할 때에는 다음의 사항을 고려해 본다.

- **미래를 판매하는 것**

  레스토랑 매입에 관한 잘못된 이해 중 하나는 과거의 영업상태를 매입하는 것이 아니라 사실상 미래의 운영수익 능력을 매입하는 것이다. 이의 비밀은 미래의 전망은 아주 중요하기 때문에 간과해서는 안 된다는 것이다.

- **전문적 회사의 고용**

  전망을 스스로 수행하거나 전문적인 사람의 도움을 받던 이는 비용을 초래한다. 전문회사를 고용하는 것은 더 비싸지만 그만큼 합당하다 할 수 있다. 왜냐하면 레스토랑이 입점해 있는 지역출신의 사람이 아니거나 그 지역에 익숙하지 않다면 혼자서 수행하는 데 어려움이 있으며 많은 시간을 초래할 수 있기 때문이다. 심지어 레스토랑 입점 지역에 익숙하다 하여도 전망의 결과로 인해 많은 것들이 결정될 수 있다는 것을 기억해야 한다. 또한 모든 과정이 명확하게 수행되도록 확실히 해 두어야 한다. 레스토랑 매입은 결코 적은 비용이 드는 것이 아닐 뿐 아니라 생각해 둔 목록 외의 추가 비용이 들 수 있기 때문에 모든 것을 올바르게 수행해 나가야 한다.

• **은행의 선호**

만약 레스토랑을 매입하려 한다면(이는 분명히 누군가가 새로운 사업을 하기 위한 필요조건이 될 것이다) 은행과 다른 금융기관은 전망을 요구하지 않을 것이다. 그러나 은행이 요청하지 않더라도 레스토랑을 조직하고 책임지며 그리고 레스토랑 소유에 관한 진술을 작성한다면 그들은 좋아하게 될 것이다. 이는 은행 및 다른 금융기관이 감동받게 할 수 있으며 새로운 레스토랑 창업에 관련된 돈을 빌려줄 수 있는 주요한 요소가 된다.

• **경제학101**

우리 모두는 경제학101의 수요와 공급에 관한 법칙을 배웠다. 이는 수요와 공급이 발생하는 실제의 상황이다. 미래의 매입자는 음식과 음료 상품의 수요가 어느 정도인지를 조사를 통해 알아낼 수 있다. 뿐만 아니라 수익을 내기 위해 유지되어야 할 수요 또한 제공할 수 있다. 이와 같은 정보 없이는 새로운 레스토랑을 경영하는 데 어려움을 겪게 된다.

• **자세한 정보의 부재**

투자자는 조사를 통해 제시된 시장과 경쟁에 관한 자세한 정보의 제공

없이는 투자하려 하지 않는다. 따라서 그들에게 충분히 설명해야 한다.

• **주변 종사원으로부터의 정보**

주변의 주요한 종사원에 관련된 정보는 조사를 통해 얻을 수 있을 것이다. 이와 같은 정보를 레스토랑 운영시 이용한다. 예를 들면, 만약 사업주가 종사원을 저녁시간대에 근무시키려는 경향이 있다면 이러한 종사원을 테이크아웃 서비스하는 곳으로 초점을 두면 좋다. 가까이에 있는 종사원에게 특별한 것을 제공해야 한다.

• **근처의 학교**

외식산업에서 학생들은 주된 수익의 재원이다. 어떤 학교가 근처에 있는지는 조사를 통해 알 수 있다. 만약에 레스토랑 근처에 대학교가 있다면 학생과 교직원을 매료시킬 만한 특별한 것을 제공한다. 만약에 고등학교가 근처에 있다면 점심시간 통행자유에 대한 학교의 방침을 알아본다. 만약에 점심시간대의 자유로운 통행이 가능한 학교인 경우 얼마나 많은 학생들이 움직이는지를 알게 되면 놀랄 수밖에 없을 것이다. 학생들에게 친근함을 줄 수 있는 분위기를 갖춘 점심이 제공된다면 많은 학생을 유입시킬 수 있다.

• **직·간접 경쟁**

경쟁에서 우위를 유지하고 있다면 경쟁에 대해 좀더 정확하게 이해하여야 한다. 다음의 조사는 레스토랑을 둘러싼 경쟁에 관한 정보를 제공하여 고객에 기초한 자료를 제공한다. 경쟁자의 강점과 약점에 관한 고찰은 조사에 포함된다. 경쟁자의 약점에서 강점을 추구하고 경쟁자가 이미 강점을 가졌다면 역시 강점을 만들어야 한다.

- **교통**

레스토랑 주변의 주된 교통형태는 정의될 수 있다. 어떠한 레스토랑을 매입하기 전에 교통이 비즈니스 성패에 중요한 요소임을 기억하여야 한다. 예를 들면, 주된 각 주간의 시스템이 개발되고 향후 5년 내에 레스토랑 주차장소가 개발입지에 속하게 됨을 알게 된다면 레스토랑 매입을 다시 고려하게 된다. 또 다른 예는 어떤 매입자는 빠르게 도로를 주행하는 많은 운전자들이 레스토랑을 방문하여 수익을 창출할 것이라고 생각하여 주요 고속도로 근처에 위치한 레스토랑을 매입하려 한다. 이 사람이 깨닫지 못한 것은 비록 고속도로에서 레스토랑이 가깝다 하여도 빠른 속도를 내는 고속도로 운전자들이 일부러 속도를 줄여가며 레스토랑에 쉽게 접근하려 하지 않는다는 것이다. 즉 속도를 줄여 레스토랑을 방문하고, 또다시 고속도로로 돌아가는 경우는 많지 않다는 것이다. 이같은 속성은 레스토랑 운영에 지대한 영향을 미친다.

- **실업률**

시장과 경쟁상황은 레스토랑 분야의 실업률을 확연하게 제공한다. 만약에 실업률이 매우 높고 미래의 고용시장도 불분명하다면, 즉 실직자들은 레스토랑을 자주 이용하지 않음을 상기해야 한다. 즉 실업률이 높은 지역에서의 매입을 재고려해야 하는 것이다.

- **국적과 문화**

국적을 통해 훌륭한 통찰력을 얻어낼 수 있고 문화는 지역적인 상황을 잘 나타내 주는 요소가 될 수 있다. 국적과 문화를 통해 어떤 형태의 레스토랑이 가장 적합한지를 도출해 낼 수 있다. 예를 들면, 히스패닉계 미국인 인구밀집이 높은 지역에서 멕시칸 레스토랑 매입을 고려한다면 레스토랑 성공의 가능성은 매우 높을 것이다.

• **고객의 시간**

이 정보는 고객이 방문하는 날의 시간을 알려주며 레스토랑에서 식사가능시간을 제공한다. 예를 들면, 어떤 도시의 중심가에서는 밤에 많은 고객이 예상된다. 이는 저녁시간대의 붐빔에 좋은 역할을 한다. 그러나 오후 5시경 레스토랑이 한가해지는 경우 가장 큰 수익을 내는 상품이 저녁 메뉴라면, 이러한 형태로 레스토랑을 운영하는 것은 바람직하지 못하다.

• **부모에게 판매**

조사를 통해 아이들에 관련된 정보를 얻게 될 것이다. 예를 들면, 근처 어린이집의 수를 파악할 수 있다. 만약 주변에 어린이집이 많다면 맞벌이 부부의 엄마들은 오랜 근무 후에는 저녁을 준비하는 것을 꺼리게 되어 아이들을 위한 저녁특선이 준비된 레스토랑을 방문하게 된다. 이럴 경우 아이들에게는 무료 저녁식사를 제공하는 것도 매우 효과적인 방법이 될 수 있다.

• **주요한 유인요소**

많은 집이 있는 주택가나 특별 상품이 많은 로데오거리, 집회장소 등과 같은 대규모 인구가 밀집한 지역에 있는 레스토랑에서는 고객과 레스토랑을 발전시키는 방안을 함께 모색해야 한다. 수천만의 사람들이 이와 같이 다양한 구실을 할 때 근처의 레스토랑은 많은 사람들로 붐비게 될 것이다. 좋은 입지는 많은 고객을 유인하기에 조사로부터 이와 같은 정보를 제공받아야 할 것이다.

▣ 자료의 확인

다음의 지침서는 시장과 조사에 있어 제공된 정보에 관련된 자료를 제공할 것이다. 이와 같은 자료는 완벽하지 않고 오직 몇 가지 형태의 제공된 정보만을 나타낸다. 일단 자료가 유입되면 반드시 확인 절차가 이루어져야 한다.

- **주변을 살펴본다.**

  레스토랑 주변을 살펴본다. 예를 들어, 조사자료가 레스토랑 주변에 대규모 아이들의 수를 나타낸다면 이 지역의 레스토랑들은 아이들이 이용 가능한 메뉴를 소개해야 한다.

- **식료품점 매니저와의 친밀한 유대관계를 형성한다.**

  지역 고객이 식료품점에서 구입한 물건들로써 이용 가능한 수익에 대해 알아볼 수 있다. 기본적으로 구입 가능한 물건의 가치는 레스토랑의 수익을 예상할 수 있게 한다. 구입 가능한 물건의 가치가 높을수록 이 지역 사람들은 풀서비스 레스토랑을 자주 이용함을 나타낸다. 구입 가능한 물건의 가치가 낮을 경우 풀서비스 레스토랑 사업주에게는 좋은 소식이 아니다. 지역의 식료품점 매니저에게 자신의 소속과 이와 같은 분석을 하는 이유를 명확히 밝힌다면 매니저를 통해 이러한 조사를 어렵지 않게 할 수 있게 된다.

- **주변지역을 직접 살펴본다.**

  일요일 오후에 드라이브를 하거나 주변지역을 걸어다닌다. 또한 조깅을 하거나 자전거를 타며 레스토랑 주변지역의 관찰된 모든 것을 직접 확인한다. 만약 그 지역의 수많은 것들이 부조화를 이루고 있다면 다시 조사를 시작해야 한다.

• **법원에 다녀온다.**

레스토랑을 오픈하려는 지역에서 모든 종류의 경쟁업체에 관한 정보는 쉽게 증명된다. 지역에 위치한 법원에 다녀온다(혹은 다른 정부산하기관). 그리고 레스토랑 건물의 허가서, 사업자 등록증, 음식서비스 허가증, 알코올 음료 판매허가증 등 모든 종류의 정보들을 확인한다.

• **주요 사업체와 기관과 근접한지 살펴본다.**

주요 사업체와 밀접하게 위치해 있고 관광객이 찾는 명소 등과 같은 것들이 레스토랑 주변에 형성되어 있어야 한다. 예를 들면, 조사한 자료에서 레스토랑을 오픈할 지역 주변에 주요한 사업체(Microsoft, NASA 혹은 Hewlett Packard)가 있다면 진위여부를 직접 확인해야 한다. 만약 Microsoft 사의 주변에 점심때 많은 고객이 몰리거나 NASA 직원에 의해 늦은 저녁 식사 제공이 예상되지만, 이보다 좀더 자세하게 조사해 보는 것이 좋다.

▣ 판매 후의 서비스

많은 사람들이 자동차를 구입할 때 보장받았던 많은 서비스들이 제대로 이루어지지 않아 불쾌한 경험을 한 경우가 많다. 물건 구입의 계약서가 작성된 후에 제공되는 서비스의 유무를 확인해야 한다. 즉 판매자는 돈을 획득하고 구입자는 혜택을 얻는 것이다. 레스토랑 매각은 공동 운영, 관리직 혹은 다른 역할을 맡지 않는 한 자동차 판매와는 달리 사후의 서비스가 요구되지 않는 편이다. 그럼에도 불구하고 매각 후의 책임을 확실히 해 두어야 한다. 때로 새로운 매입자는 매매 후의 사후 서비스를 전혀 바라지 않는 경우도 있다. 그러나 매입자가 매각자의 사후 서비스를 기대한다면 최선을 다해서 역할을 수행해야 한다.

- **레스토랑 매각 후의 변화되는 것들을 도와준다.**

레스토랑 매각 후 인수인계가 되는 동안은 기존의 몇몇 고객을 잃을 수 있다. 이것은 특별히 기존 레스토랑 사업주가 단골 고객관리를 철저하게 잘해 둔 경우 더욱더 부각되는 현상이다. 이 책 앞부분에서 이미 언급하였듯이 매각과정을 빠르게 진행하여 시간을 단축하는 것이 매각하는 요점이 된다. 그러나 올바른 매각자는 단지 레스토랑의 변화를 도와주는 것뿐만 아니라 매각 후 변화하는 것들이 올바르게 진행될 수 있도록 도와준다.

- **매각 후에도 레스토랑에서 매입자와의 관계를 유지한다.**

운영상 위태로움과 평판에 관련된 문제가 있어서 레스토랑을 매각하였다 하더라도 고객과 종사원 그리고 도매상들을 안심시킬 수 있는 가장 좋은 방법은 새로운 매입자와 레스토랑에 함께 있어 주는 것이다. 이렇게 될 때 종사원과 고객이 새로운 매입자를 보았다하더라도 기존의 사업주가 눈에 띄므로 안심할 수 있고, 새로운 매입자도 운영을 배울 수 있으므로 좋다. 이러한 시간을 가진 후 서서히 레스토랑에서 떠나면 되는 것이고 이것은 매우 효과적인 방법이다.

- **매각자에게 자주 강조하여 말한다.**

매입자와 매각자는 매매 협상 중 몇 가지 문제점에 봉착하게 된다. 대부분의 매매는 문제점을 갖고 있기 마련이다. 그러나 고객과 종사원은 절대 이것을 알게 되어서는 안 된다. 만약 알게 된다면 그들은 부정적 견해를 가지게 된다. 매입자에게 매우 호의적으로 말해야 하며 가능한 한 공개적인 곳에서 발언하는 것이 좋다. 이것은 단지 매입자에게만 강조하여 말하는 것이 아니라 매각자 본인도 말하면서 깨달을 수 있는 발언이 되어야 한다.

• **레스토랑에서 매입자와 식사할 기회를 가진다.**

매매는 매우 복잡하여 매각자에게 어려움을 느끼게 만든다. 그러나 레스토랑 매각에서 종사원과 매각자 자신에게 가장 최선의 방법을 모색한다면 할 수 있는 한 최선을 다해야 한다. 매각하려는 레스토랑에서 매입자에게 극진히 저녁대접을 한다면 긍정적인 효과를 가져다 줄 수 있다.

• **매각과정 중에는 태도를 올바르게 한다.**

몇몇 매각자는 매매 동의의 일환으로 레스토랑 운영의 역할을 몇 년간 맡게 된다. 이러한 경우 매각자는 매우 어렵고 난감한 위치에 놓이게 된다. 그러므로 매입자의 선택과 결정으로 인해 이러한 문제가 발생할 경우 해결방안을 모색하여야 한다. 방법은 새로운 매입자가 매각자에게 할당한 2~3년의 책임기간을 수행하는 것이다. 그러나 생각보다 기간이 길어질 수도 있다. 또한 새로운 매입자와의 관계에서 선택의 권리도 없어진다. 따라서 역할이 부여되는 경우에는 신중하고 항상 올바르게 수행해야 한다.

• **선물을 증정한다.**

모든 매각자는 매입자가 잘 선택되기를 희망한다. 매각자는 매입자가 레스토랑 운영에서 성공하기를 희망해 주어야 한다. 매각자는 자신이 창업한 레스토랑이 매각 후에도 지속적으로 성공하기를 바란다. 그러므로 매입자에게 항상 공개적으로 희망을 기원해 주어야 한다. 좋은 방법은 샴페인이나 기타 성공을 기원할 만한 상품을 구입하여 선물하는 것도 바람직하다. 이는 매각자의 좋은 인상을 남기는 방법이기도 하다. 또한 기억할 것은 이러한 작은 행동들이 알게 모르게 매각자가 미래의 어떤 사업을 구상하여 시작할 때 좋은 답례가 되어 돌아올 것이고, 이러한 사실을 알고 기억한 지역사회에서도 좋은 인상이 심어지게 된다.

• **새로운 매입자에게 일어날 상황에 대한 설명을 해준다.**

레스토랑을 매각할 때 관련된 모든 사람들, 즉 기존 종사원, 고객, 도매상들과 함께 새롭게 시작하는 것이 쉽지만은 않다. 하지만 결국 모든 사람들은 운영의 흐름을 익히게 되고 가장 선호되는 메뉴 완성, 스케줄 등 모든 것이 자리를 잡아 갈 것이다. 매입자에게 앞으로 일어날 상황에 대한 모든 것을 알려준다면 새롭게 시작하는 모든 것들이 한결 편해질 것이다. 즉 모든 사람들에게 벌어질 상황에 대처할 수 있게 한다.

• **매매가 끝나기 전에 관리상의 변화에 대한 토의를 한다.**

매각자와 매입자에게 종사원 고용변화에 관한 문제가 제기될 경우 매매가 종결되기 전에 문제를 토의해서 종사원의 문제가 공정하게 진행될 수 있게 하여야 한다. 특히 관리직에 있는 종사원의 경우에는 더욱 그러하다. 종사원이 매매과정의 희생자가 되어서는 안 된다. 이러한 문제의 가장 좋은 방법은 매매 계약서에 종사원과 관련된 사항을 포함하는 것이다.

• **고객에게 알린다.**

매각자는 레스토랑 매각이 어떻게 될 것이며 언제 이루어질지에 관한 사항을 고객에게 알려야 한다. 이렇게 하면 고객에게 매각문제가 급진적으로 느껴지지 않게 된다. 매입자가 원하는 한 고객에게 알리는 것은 계속되어야 하지만 매입자가 원하지 않을 경우에는 기꺼이 하지 않는 것이 좋다.

• **연락정보를 바꾸지 않는다.**

매각 전에는 레스토랑의 전화번호, 홈페이지 이외의 연락방법을 가능한 한 변경시키지 않는다. 비즈니스는 지속성을 추구한다. 새로운 전화번호, 새로운 홈페이지 등은 매입자, 고객, 그리고 종사원이 그들의 역할을 수행하는 데 어려움을 초래할 뿐이다.

▣ 새로운 매입자에 대한 조언

레스토랑을 매입하는 것은 '뜨거운 감자'에 대한 게임과 같이 보일 수도 있다. 몇몇의 매입자들에게 매입과정은 항상 신중해야 할 부분이다. 그러나 매입을 무사히 마칠 수도 있다. 매입은 두렵거나 긴장될 뿐만 아니라 새로운 것을 매입하는 데서 오는 즐거움이 될 수도 있다. 다음의 사항들은 외식산업에서의 매입과정 중 쟁점이 된 몇몇 사항에 관한 것들이다.

- **점진적인 변화를 시도한다.**

매입과정 중 생기는 변화는 너무나도 자연스러운 것이다. 시간이 지나면 새로운 매입자도 레스토랑의 사업주로서 자리를 잡게 될 것이다. 이는 레스토랑 매입 후 이익을 보기 위해 빠른 변화를 통해 모든 것을 수행시키려는 매입자에게 좋은 조언이 될 것이다. 그러나 항상 유의할 점은 새로 시작하는 사업주라는 것이다. 고객, 종사원 그리고 도매상들은 여전히 매입자의 모든 것을 확인하려 한다. 그러므로 모든 변화는 점진적으로 수행해 나가야 한다.

- **기존의 사업주에게 좋은 발언을 한다.**

'충성심'이라는 것은 매우 흥미로운 것이다. 기존의 사업주와의 관계가 원만하지 못했던 종사원이 있을지라도 그들의 충성심은 여전히 기존의 사업주로 흐르게 된다. 심지어 레스토랑의 음식이 지역 내에서 최고가 아니었어도 고객의 충성심이 있을 수 있다. 또한 도매상도 레스토랑 자체가 아닌 기존 사업주에 대한 충성심이 있었으므로 구매시 많은 할인을 적용해주게 되는 것이다. 기존 사업주의 사업능력이 어떻든 회계능력, 관리능력 혹은 다른 것에 의해 모든 사람의 충성심이 야기될 수 있는 것이다. 새로운 매입자가 기존의 사업주에 대한 나쁜 발언을 한다면 이는 대가를 치러야 하는 결과를 초래하게 된다.

• 흥미로운 사항을 제거하지 않는다.

기존의 사업주가 레스토랑을 운영할 때 고객에게 매주 금요일 저녁에 무료의 맥주와 함께 식사를 제공해 주었다고 가정하자. 그러나 매입자가 이러한 행사는 너무 많은 비용을 초래하는 것 같아 없애버린다면, 이후 가장 수익을 낼 수 있는 금요일 밤 저녁시간의 수익은 감소할 것이다. 매입자가 이와 같은 전통을 실행하는 것이 꺼려져 수행하지 않은 것이 고객을 감소시켰으며 새로운 더 좋은 무언가를 찾기 전까지 고객의 감소는 계속될 것이다. 마찬가지로 종사원에 대한 혜택도 같은 맥락이다. 기존의 사업주가 종사원에게 하루에 한 끼 무료식사를 제공했었다면 이같은 전통을 없애기 전에 장점과 단점 모두를 생각해 보아야 한다. 불평이 많은 종사원에게서는 높은 효율성을 기대할 수 없다. 기존의 사업주가 무료로 많은 것을 제공하고 운영방침을 너무 강하게 운용하지 않았다면 새로운 매입자는 무언가 변화를 시켜야 한다. 그러나 변화를 시행하기 전 심사숙고하는 것을 잊지 말아야 할 것이다.

• 변화를 두려워하지 않는다.

현명하게 변화를 대처해 나간다. 레스토랑 운영 중 고객에게 흥미를 줄 수 있는 것들을 지속시키는 것에 대한 대화를 할 때 매입자 입장에서는 새롭게 레스토랑을 운영하여도 많은 변화가 없는 것처럼 느껴질 수 있다. 그러므로 매입자의 운영방침에 맞게 변화시킬 것은 변화시켜야 한다. 물론 변화를 통하여 이전의 사업주보다 효율적이고 높은 수익을 낼 수 있는 방향으로 운영하고 싶어하지만 변화하는 방법에 따라 성과가 다르게 나타난다. 빠른 변화는 다른 사람을 전혀 고려하지 않은 것 같은 인상을 줄 수도 있다. 하지만 변화를 두려워하지 말고 현명하고 점진적으로 수행해야 한다.

• **성취는 적절한 시기조절을 통해 이뤄져야 한다.**

만약 머리가 자라고 헝클어져 보일 때까지 머리손질을 하지 않다가 머리를 손질하면 모든 사람은 이를 알아챌 것이다. 그러나 항상 청결하게 머리손질을 하던 사람이 머리를 또다시 손질한다해도 아무도 쉽게 알아차릴 수 없다. 레스토랑의 성취도 머리손질과 같다. 그러므로 아무도 알아차릴 수 없게 점진적으로 진행되어야 한다.

• **종사원과 개인적으로 만나 본다.**

홀종사원, 주방장, 바텐더 혹은 누구든지 레스토랑 종사원 모두를 개인적으로 만나 본다. 레스토랑이 IBM이나 Continental Airline과 같이 규모가 크다면 불가능한 일이겠지만 레스토랑 비즈니스에서는 행할 수 있는 일이다. 매매과정에서 발생한 종사원의 근심과 걱정을 들어보고 더 좋은 근무여건을 만들기 위한 의견을 공유해야 한다. 이와 같은 개인적 접근방식은 종사원의 충성심을 획득할 수 있게 된다. 시간을 가지고 이를 행해야 한다.

• **단골고객에게 저녁, 디저트, 음료를 무료로 제공한다.**

마지막 매매의 협상기간 동안 레스토랑의 단골고객 명단을 확보하여야 한다. 이를 확보하지 못하면 종사원과 함께 단골고객 명단을 작성하여 본다. 단골고객과의 약속을 만들고 그들에게 음료, 디저트 심지어는 식사도 제공해야 한다. 재정적으로 부담이 될 수 있지만 장기적으로 보면 단골고객에 의한 수익을 창출할 수 있게 되는 것이다.

• **매입 한 달 후 종사원과의 피드백(feedback)을 가져 본다.**

레스토랑 매입 후 한 달 정도 운영한 후 종사원으로부터 피드백을 가져본다. 종사원과 회의나 전문 설문을 통해 피드백을 할 수 있다. 이를 통해 사업주가 알지 못했던 사항을 발견할 수 있을 것이다. 종사원의 의견을 명확히 들어야 한다(모든 사람은 자신의 의견을 나타낼 수 있는 시간을 좋아한다).

• **마주칠 수 있는 시간을 많이 만든다.**

두말할 필요도 없지만 레스토랑 매입 후 6개월 정도는 핵심적 역할을 하고 있는 종사원, 단골고객, 도매상과의 개인적 유대관계를 친밀하게 유지하는 것이 중요하다. 이 역시 매입자의 근무시간 중 그들과 마주칠 기회가 생길 경우에만 가능한 일이다. 그러므로 장시간 마주칠 수 있도록 계획을 짠다. 이를 통해 후에는 장시간을 투자하지 않아도 수익에 관련된 충성심을 형성할 수 있는 좋은 계기가 될 것이다.

• **종사원과 정규적인 회의를 한다.**

이전의 사업주는 정규적인 종사원과의 회의가 있었거나 없었을 수도 있다. 변화하는 첫해 동안에는 매주 혹은 매달 한 번씩 종사원과의 정규적인 회의를 한다. 이와 같은 회의의 성공적인 방법은 종사원에게 역할을 부여하는 것이다. 단지 잘못된 점만을 서로 이야기하는 것이 아닌 서로를 격려하고 보완해 주며 사기를 충족시키고 함께 피드백하여야 한다. 긍정적으로 회의를 진행하는 것이 중요하다.

• **현재 진행 중인 광고 캠페인을 이용한다.**

지역사회에서는 레스토랑에서 진행 중인 무언가 새롭고 흥미로운 것들을 쉽게 알게 된다. 그러므로 지면광고에 무료쿠폰을 제공하여 고객을 유인할 수 있게 된다.

• **종사원 한 명의 불평은 쉽게 여러 명에게 전달된다.**

가능한 한 종사원의 불평은 해결되어야 한다. 종사원의 불평을 해결할 때 사업주에 대한 종사원의 충성심이 형성될 수 있다. 그리고 이와 같은 개선은 레스토랑 운영을 원만하게 진행될 수 있게 한다.

- **고마움은 항상 표현한다.**

 '고맙습니다'라는 표현은 비용이 들지 않지만 경이적인 현상들을 불러일으킨다. 레스토랑이 변화하는 시기에 열심히 일하고 있는 종사원에게 '고맙습니다'라는 한마디를 하는 것을 잊지 않아야 한다. 또한 이전의 사업주 단골고객이었던 사람이 재방문하였을 때도 '고맙습니다'라는 표현을 아끼지 않아야 한다. 또한 운영에 도움을 주는 지역사회, 도매상들에게도 '고맙습니다'라고 표현해야 한다. 이는 비용이 들지 않지만 그들의 마음을 움직이는 방법이므로 당장 오늘부터 실천해야 한다.

▣ 마지막 고려사항

레스토랑의 매입, 매각 혹은 세를 놓는 것, 이러한 모든 상황은 각각의 처해진 상황을 보장해 줄 수 있는 매매과정으로 진행되어야 한다. 끝으로 몇 가지의 조언을 한다면 다음과 같다.

- **인내심을 가져야 한다.**

 매입자, 매각자, 프랜차이즈, 건물주 그 누구든지 인내심을 가져야 한다. 겉으로는 모든 것이 좋아보이지만 마음 속에서 매매 중단을 희망할 수도 있다. 그렇다면 매매의 과정을 중지시키고 싶어 하는데, 이때는 인내심을 갖고 생각해 보아야 한다.

- **변호사를 고용한다.**

 매매의 과정을 혼자 진행해서는 안 되며 변호사와 함께 해 나가야 한다.

• **다른 사람에게 해를 끼치지 않는다.**

자신의 이름을 걸고 하는 일은 사업상 아주 중요한 것이다. 누군가가 지역사회에서 부정적인 이미지를 갖고 있는 레스토랑을 매각하려 한다면 신중하게 고려하여야 한다. 이러한 레스토랑을 매입하여 운영하는 것보다는 새로운 다른 무언가를 찾는게 훨씬 쉬운 방법이 될 수 있다.

• **마감기한을 정한다.**

매매과정이 장시간 지속되어서는 안 된다. 이는 사업주, 종사원 모두에게 해가 된다. 매각과 조정에 있어 문제가 발생한다면 마감기한을 정하고 이를 수행해야 한다. 정해둔 마감기한 내에 매각이 이루어지지 않으면 다른 방법을 모색해 보아야 한다.

• **즐겁게 한다.**

매각을 하든 매입을 하든 즐겁게 하여야 한다. 매매과정은 인생과정 중 하나의 사업상 거래라 할 수 있다. 이러한 과정은 꿈을 만족시킬 수 있는 기회가 되기도 한다. 흥미를 잃게 만드는 요소는 제거하고 즐겁게 일해야 하는 것이다.

3

레스토랑 디자인

The Food Service Professional GUIDE TO SERIES

INTRODUCTION

소형 레스토랑을 신규로 운영하려고 하거나 기존 레스토랑 사업을 확장하고자 할 때, 레스토랑 사업은 상당 규모의 재정적 자원과 개인의 열정이 요구된다. 여기에서는 성공적인 신규 레스토랑을 개점 또는 레스토랑의 확장, 개보수에 실제 도움이 되는 비법과 유용한 아이디어를 제공하고자 한다.

다음의 용도로 활용될 수 있다.

- 중요한 조사 연구와 사전계획 단계를 통해 사업주에게 지침을 안내해 주고 사업주 개인의 목표와 기업의 목표를 설정
- 고객, 종사원과 레스토랑 디자인, 장식, 음식 간의 상호관계를 이해
- 사업계획서 작성시 사업 파트너, 종사원, 투자자, 은행가의 요구를 만족시키면서 건전한 운영 목표를 설정할 수 있도록 도움
- 전문가 팀(부동산 중개사, 디자이너, 계약자, 컨설턴트)을 구성하여, 전문적 식견을 공유하고 성공을 위한 시너지 효과를 창출

어떠한 책도 레스토랑을 건축하고, 새롭게 장식하고, 개·보수하는 동안에 야기되는 모든 문제를 다룰 수는 없다. 여기서의 목적은 독자들이 제대로 알며 질문하고, 올바른 결정을 내리고, 이러한 과정을 편안하게 느낄 수 있도록 독자들을 교육시키는 데 있다. 여기서 다루고 있는 레스토랑 디자인과 관련된 주요 주제들이 고객, 종사원, 자금에 얼마나 큰 영향을 미치는지를 알려줄 것이다.

The Food Service Professional

레스토랑 창업 노하우

1 조사 및 계획

자가 진단

간단한 자가 진단은 레스토랑 사업에 도움이 될 수 있다. 기업의 목표를 달성하는 데 필요한 자신의 관심분야, 기대, 노력(재정적, 육체적, 감정적)을 진단하는 것이 바로 사업의 초기 계획단계라고 말할 수 있다.

레스토랑을 운영하는 것은 매우 힘든 일이고 실패할 확률도 상당히 높다. 그러나 자신의 꿈을 실현하는 것은 개인적으로나 사업적으로도 아주 가치있는 노력이 될 수 있다. 레스토랑 성공의 필수 요소는 단순히 맛있는 음식을 제공한다는 것만으로는 부족하다. 레스토랑 운영의 성공 요소는 열정, 비전(vision), 리스크 감수, 사업적 재능의 복잡한 혼합체이다. 비전을 명확히 설정하는 것은 사업계획서를 작성하고, 투자자에게 레스토랑의 컨셉을 판매하고, 사업주가 원하는 바를 건축가, 계약자, 디자이너, 공급업자와 의사소통하는 데 도움을 준다. 먼저 다음 문제들을 진단해 본다.

- **눈을 감고 상상**

꿈꾸는 레스토랑을 볼 수 있는가? 식당홀은 손님들이 즐겁게 대화하고 분주한 종사원의 모습으로 가득 차 있는가? 주방에서 맛있는 냄새가 나는가? 특정 요리가 떠오르며 군침이 도는가? 이러한 연상은 바로 당신의 열정을 의미한다.

- **심사숙고**

몇 시간 동안 조용히 생각하면서 비상금을 모아 사업을 하려는 이유, 동업자를 구하려는 이유, 장기대출을 받으려는 개인적·재정적 사유를 정리해 본다.

- **긍정/부정적 요소 나열**

모든 모험에는 위험 요소(부정적 측면)가 뒤따르며, 모험에서 긍정적인 요소가 부정적인 요소보다 더 많을 때 사업은 전개될 수 있다. 만약 기업정신이 발생 가능한 리스크 요소를 제어할 수 있다면, 다음 단계인 비전을 말로 표현하는 단계로 넘어간다.

- **과정에 포함시킬 수 있는 사업주의 재능을 결정**

색깔 감각에 뛰어난 재능을 갖고 있는가? 레스토랑의 회계전표를 작성하고 전문가가 이를 대행해 주기를 원하는가? 식당 운영 전반에 걸쳐 상담받기를 원하는가? 등을 고려해 보고 외부의 도움이 필요한 분야를 기술해 본다.

▣ 음식 이상의 가치를 제공하는 레스토랑

레스토랑 사업가로서 단순히 음식만을 제공하는 것이 아니라 고객이 요구하는 모든 것을 제공할 수 있어야 한다. 피자점을 운영하든지, 디너하우스를 운영하든 간에 레스토랑은 사람들에게 감정적·육체적으로 필요한 자양분을 제공하고, 사람을 즐겁게 하고, 활력을 불어 넣고, 편안하게 해 주고, 식욕을 채워주고, 만족감을 느끼게 하는 장소가 되어야 한다.

레스토랑의 건축과 디자인에 관한 의사결정은 메뉴의 결정보다 훨씬 더 중요하다. 유명한 척키치즈(Chuck E. Cheese's)[1] 체인점과 피자헛은 모두 피자를

1) 어린이를 대상으로 하는 피자레스토랑으로 놀이실, 게임공간, 공연공간을 마련하여 어린이에게 즐거움을 선사함

판매하는 음식점이지만, 어느 누구도 이 두 음식점을 혼돈하지 않는다. 이처럼 레스토랑의 독창성을 갖추기 위해서는 다음 요소를 고려한다.

- **분위기**

  고객의 기대를 충족시키는 물리적 환경을 제공해야 한다. 레스토랑을 건축, 디자인, 리모델링할 때 어떤 유형의 물리적 환경을 만들어 낼 것인가를 결정해야 한다.

- **창의적인 아이디어**

  레스토랑을 건축하고 디자인할 때 요구조건과 소요비용은 레스토랑 운영자가 고객에게 제공하고자 하는 분위기에 직접적으로 영향을 받는다. 또한 레스토랑이 고객에게 어떤 의미를 주는지에 따라 달라진다. 사고를 자극하는 데 도움이 되는 유용하고 창의적인 컨셉을 몇 가지 소개하면 다음과 같다.

  ▪ 다세대 가족 모임 대비 청소년 휴식 공간의 레스토랑
  ▪ 점심식사 제공 대비 연중무휴의 레스토랑
  ▪ 패스트푸드 음식점 대비 저녁식사 후 음주와 흡연이 가능한 안락한 레스토랑
  ▪ 어린이의 생일축하 모임 대비 성인 전용 레스토랑
  ▪ 전통 민속음식점 대비 대중 일반 음식점
  ▪ 고급 음식점 대비 뷔페 레스토랑
  ▪ 부드러운 재즈음악 3인조 대비 록 밴드 여흥을 제공하는 레스토랑

▣ 비전 창출

레스토랑은 눈에 보이는 스토브, 식탁, 의자를 갖춘 건물 이상의 것이다. 즉 사업주의 개성, 음식에 대한 사랑, 열정을 공유하고자 하는 열망을 반영한 것이다. 레스토랑을 디자인하고 건축할 때 조화로운 노력이 필요하다. 아이디어가 풍부

한 협력자를 만들고, 협력적인 파트너십을 형성하는 한 가지 방법은 그들과 함께 당신의 꿈을 공유하는 것이다. 그들이 제공하는 서비스에 비용을 지불하겠지만, 강한 유대관계를 형성한다면 당신의 비전은 한층 더 쉽게 달성될 것이다. 새로운 사업을 시작하거나 기존 사업을 개선하는 데 있어 중요한 부분은 아이디어 개발과 올바른 목표 설정이다. 아래에 제시된 사항은 레스토랑을 새롭게 창업하거나 기존의 레스토랑을 개선하는 데 유익한 창의적인 활동이므로 시도해 본다.

- **매일 제공할 메뉴개발**

  추후에 단행할 모든 의사결정들은 레스토랑이 어떤 메뉴를, 어떤 방법으로, 왜 서빙하는지를 아는 것에서부터 시작된다.

- **샘플**

  선택한 식기, 실버웨어, 테이블보, 냅킨, 테이블 위에 놓는 품목(꽃병, 광고물, 냅킨꽂이 등)의 샘플을 받아본다. 지역 내 인테리어 상점, 타일 상점, 직물점 혹은 페인트 상점 등에서 페인트 견본자료, 재질 샘플 등을 얻는다.

- **포트폴리오**

  스케치, 아이디어, 노트, 장식 견본품으로 표현되는 시각적인 포트폴리오를 만든다.

- **아이디어 수집**

  무역박람회, 인테리어 잡지책을 통해 디자인에 관한 아이디어를 스크랩한다.

- **밑그림 그리기**

  당신이 생각하고 있는 레스토랑의 모습을 가능한 한 자세히 그려 본다.

- **테마를 상징하는 장식품 수집**

  고대 미술그림, 카우보이 모자, 와인 상표와 같은 물건은 디자인 포인트로 이용할 수 있다.

- **1분 홍보자료 작성**

  만약 엘리베이터 안에서 투자가를 만났다면 그를 만난 순간부터 엘리베이터가 목적지에 이르기까지 짧은 시간 내에 비전을 어떻게 설명할 것인가? 비전에 대한 유형적인 편익을 강조하면서 당신의 열정을 보여 주어라.

- **한 페이지 분량의 마케팅 플랜 작성**

  새로 시작한 레스토랑을 어떻게 소개할 것인가? 다른 레스토랑과는 구별되는 차이점과 성공적 요소는 무엇인가?

- **사업계획서 작성**

  '사업계획서 작성하기' 부분을 참조한다.

메뉴 구성

레스토랑에서 제공하려는 메뉴의 종류나 제시방법은 레스토랑에 필요한 기기, 공간 크기, 배치 방식, 장식에 직접적으로 영향을 미친다. 품격 높은 디너하우스에서 필요한 기기는 햄버거 판매점에서 필요한 것과는 상당히 다르다. 제공할 메뉴가 결정되면, 레스토랑에 꼭 필요한 것과 원하는 것의 목록을 작성할 수 있다. 레스토랑 운영자가 일반적으로 메뉴를 개발할 때 숙고해야 할 사항들은 다음과 같다.

- **음식 서비스 단계별로 필요한 비식품류 작성**

  이것은 신속하고 비용 효율적인 방법으로 식사를 제공하면서 좋은 작업 환경을 조성하는 데 필요한 기기, 배치, 예산을 결정하는 데 도움을 준다.

세부사항

- ■전처리 : 도구, 기기, 작업 공간의 필요 요건
- ■저장 : 팬트리, 냉장고, 냉동고의 필요 요건
- ■조리 : 기기, 환경(조명, 환기, 하수 등) 및 작업흐름 관련 필요 요건
- ■서비스 : 배식용기, 수저, 기구(카트, 보온램프, 얼음통 등) 등

- **전형적인 형태의 연출 또는 형식 타파**

일부 음식 유형은 강한 시각적 이미지를 불러일으킨다. 예를 들면, 가야금, 한복을 입은 한정식 음식점, 혹은 불을 내뿜는 용이나 금불상이 있는 중국 레스토랑 등이 그러하다. 레스토랑의 장식은 심지어 민족 특성을 보여주는 레스토랑의 경우에도 전형적인 형태를 능가할 수 있다. 모든 레스토랑이 테마 레스토랑일 필요는 없지만, 서빙하는 음식을 강조하는 통일된 테마를 지녀야 한다.

- **음식 제시 방법의 선택**

흰 접시에 요리를 차려 고객에게 전달할 것인가, 또는 1회용 종이 접시에 차려 나갈 것인가와 같이 레스토랑의 음식 제시 방법은 결국 레스토랑 장식에 영향을 주는 단서가 된다. 우아한 접시에 음식을 차려 나가는 것은 소위 전통적인 스타일을 떠오르게 하며, 반면에 1회용 접시는 내열성의 플라스틱 테이블과 등이 낮은 의자를 연상시킨다.

- **서비스 유형 결정**

고객이 직접 샐러드 바를 이용하게 할 것인가, 아니면 테이블 옆에서 즉석으로 조리해서 줄 것인가? 고객이 식사를 카운터에서 직접 가져가게 할 것인지, 서비스종사원이 식사를 가져다 줄 것인지를 정한다.

• **미래 예측**

메뉴가 개발되고 시판된 후 6개월 이내에 약 50퍼센트 이상의 메뉴가 교체된다. 그러므로 잠재적인 변화를 감안하여 유연성을 제공할 수 있는 디자인이나 기기를 선택한다.

▣ 조사와 분석

새로운 컨셉과 건축계획을 조사하고 타당성을 분석하는 것은 별로 흥미로운 일은 아니다. 그러나 이러한 조사나 분석업무를 하지 않는다면 큰 실수를 범하게 될 것이다. 조사와 분석과정에 필요한 유용한 정보 몇 가지를 소개하면 아래와 같다. 사업계획을 준비하고, 잠재 수익과 구매력을 결정하기 위해 먼저 인구통계학적인 자료와 정보를 수집해야 한다.

• **반드시 알아야 할 인구통계학적 변수**

- 지역 인구 : 잠재 고객수는 충분한가?
- 경제적 수준 : 한 끼 식사에 대한 고객들의 지불능력 수준은?
- 라이프스타일 : 잠재고객은 미혼자인가 또는 한부모 가정인가?
- 구매습관 : 잠재고객은 주말과 휴일에 외식을 즐겨 하는가?

• **인구통계학적 자료원**

무역협회, 정부기관, 상업상의 부동산 중개사로부터 인구통계학적 정보를 수집한다. 미국의 경우 레스토랑협회(www.restaurant), 베드 & 블랙패스트협회(www.nbba.com), 미국운송협회(www.tia.org), 호스피텔러티세일즈앤마케팅협회(www.hsmai.org)에서 무료 또는 저렴한 비용으로 자료를 얻을 수 있다. 우리나라의 경우 통계청(www.nso.go.kr), 지역 내 구청, 인터넷 상권정보인 상권닷컴(www.sangkwon.com), 점포119닷컴(www.jumpo

119.om)에서 정보를 얻을 수 있다.

- **관광객 관련 자료를 살펴보기**

  지역 사업계획조직, 상공회의소, 여행사를 접촉해 본다.

- **전문가 고용**

  정보를 판매하고 조사를 담당하는 웹기반 서비스(예 : (주)케이알창업(www.krchangup.com))를 이용한다.

▣ 경쟁업소 방문

컨셉 선정과 잠정적인 성공을 결정하는 데 중요한 것은 경쟁자를 분석하는 것이다. 지역 내 고객은 새로운 형태의 피자전문점을 원하는가? 스테이크 애호가들은 양질의 스테이크를 먹기 위해 장시간 운전해야 하는가? 레스토랑의 틈새시장을 알아내고, 다른 사람들의 경험을 통해 배우고, 성공을 위한 잠재력을 기르기 위해서 조사와 탐색이 필요함을 명심해야 한다. 아래의 몇 가지 사항은 경쟁업소를 발견하는 데 도움을 줄 것이다.

- **업체 주변 상권 분석**

  레스토랑 위치에서 반경 여섯 블록 떨어진 곳에 원을 그리고 '도보'로 표시한다. '운전' 지역은 반경 400m 떨어진 곳부터 원을 그린다. 이 지역이 바로 우선적으로 조사 연구해야 할 지역이다. 사람들이 식사하러 올 수 있는 거리를 기준으로 조사 영역을 넓혀 나간다.

- **식음료를 제공하는 모든 점포 방문**

  소형 편의점을 포함하여 레스토랑, 패스트푸드점, 바, 카페테리아 등 조사권역 범위에 있는 모든 식음서비스 시설은 잠정적인 경쟁 대상이다. 사람들이 많이 드나드는 슈퍼마켓의 샐러드 바를 보면, 업무에 지친 직장인들이 빨리 집으로 돌아가 아이들에게 식사를 준비해 주고 싶어 한다는 것을 알 수 있다. 이들에게는 시끄럽고 재미를 추구하는 스포츠바와 같은 컨셉은 어울리지 않는다.

- **경쟁업소에서 식사하기**

  자신의 음식점과 유사한 메뉴, 테마를 가진 식음서비스 시설, 즉 경쟁업체에서 식사해 본다.

- **레스토랑 비평가 되기**

  제대로 운영되고 있는 곳과 그렇지 않은 곳의 특성을 메모해 본다.

- **레스토랑 둘러보기**

  똑같은 음식 유형을 제공하는 업소 간에도 레스토랑마다 혼잡한 정도는 서로 다르다. 이유가 무엇인지를 살펴본다.

- **고객과 물리적 환경 간의 상호작용 방식**

  사람들은 편안하게 휴식을 취하고 있는가? 의자는 너무 크지 않는가? 10대 청소년들이 비디오 게임을 하면서 시간을 보낼 수 있는가?

- **음식상권이 형성된 곳에 입점**

  패스트푸드점이 왜 거리의 코너마다 있는지를 알아본다. 이것은 잘못된 계획이라기보다는 외식에 대한 충동이 일어날 때에 쉽게 찾아오게 할 수 있다는 믿음 때문이다. 햄버거 상점 바로 건너편에 멕시칸 음식점이 있고, 그 옆에 테이크아웃 음식점이 있다는 것은 부모가 차로 한 번에 모든 가족을 만족시킬 수 있다는 것을 의미한다.

- **이상의 조사 내용을 업소의 컨셉을 확정하는 데 활용**

▪ 투자자가 소유주를 믿고 투자할 수 있도록 완벽한 사업계획서를 작성한다.
▪ 마케팅 캠페인을 개발한다.

주요 고객은 누구인가?

계획단계의 중요한 요소는 누가 주요 고객이고 그들을 어떻게 즐겁게 만들 것인가를 결정하는 것이다. 이것을 알면 사업에 반은 성공한 것이다.

- **고객의 선호 음식 제공**

바쁜 직장인을 위해 커피와 머핀을, 육체노동자나 제대로 된 식사를 원하는 사람들을 위해서는 정성어린 아침식사를 제공한다.

- **편리한 장소에 위치**

집, 직장, 놀이 공간에서 쉽게 찾아올 수 있는 장소에 위치하도록 한다.

- **고객이 원할 때 이용 가능하게 한다.**

표적 고객들이 쉽게 이용할 수 있도록 새벽 6시에도 커피숍을 운영한다든가 새벽까지 바를 운영한다.

- **적절하고 안락한 환경 만들기**

청바지 작업복, 세척이 쉬운 비닐로 마감한 창구, 혹은 고전적인 까만 칵테일 파티용 드레스, 우아함을 주는 대리석 바닥 등 레스토랑의 컨셉에 적절한 환경을 만든다.

- **표적 고객 가시화**

표적 고객 모델을 만든다. 가상의 '반복 구매' 고객을 설정해 봄으로써 레스토랑의 컨셉을 개발할 때 '표적' 고객을 마음속으로 그릴 수 있을 것이다. 이상적인 고객은 남자일수도 여자일수도, 10대, 노인 부부, 소단위 모임, 가족 단위일 수 있음을 잊지 말아야 한다. 진짜 고객은 이들 집단들의 혼합체일 수도 있다. 그러나 이 모든 사람에게 어필하려고 노력한다면 결국에는 계획은 실패로 끝날 것이다.

- **기본 특성을 목록화**

고객의 성별, 나이, 거주지, 좀더 자세히 들어가면 고객의 옷차림, 교육수준, 결혼 여부 등과 같은 고객 특성 목록을 작성한다. 고객이 싫어하고 좋아하는 것, 원하고 기대하는 것 등을 적어 본다. 고객이 레스토랑에 들어오는 과정도 그림으로 그려 본다. 고객들이 근처의 쇼핑몰에서 차를 타고 오는지, 사무실에서 걸어 나오는 것인지, 장거리 여행에서 잠깐 들릴 것인지를 파악한다. 고객과 같이 식사하는 동반 고객은 누구인가? 보통 고객은 혼자서 식사하지 않는다. 누가 그들과 같이 식사하는가?

- **레스토랑 선택에 열쇠를 쥐고 있는 사람은?**

표적 고객이 식사비를 지불하지 않는 경우도 있다. 어린이를 표적 고객으로 운영하는 레스토랑이 성인 전용 레스토랑으로 운영될 가능성은 거의 없다. 마찬가지로 어린이 대상 레스토랑에 구석진 곳에 높은 칸막이 의자를 둘 필요는 없을 것이다.

- **레스토랑 선택에 열쇠를 쥐고 있는 주요 표적 집단을 대상으로 식음서비스를 제공할 것인지, 또는 다양한 고객을 대상으로 혜택을 제공할 것인지를 결정**

다시 말하면, 모든 고객을 만족시키려고 한다면, 결국 아무도 만족시키지 못하게 되는 것을 기억해야 한다.

▣ 레스토랑의 입지

사람들이 식사할 곳을 선택하는 것은 많은 요소에 영향을 받는다. 그 중에 가장 중요한 요소가 위치이다. 위치를 고려할 때 3가지 요소를 검토해 본다. 첫 번째는 물리적 요소로 레스토랑의 크기는 충분한가? 고객들에게 편리한 위치에 있는가? 두 번째는 감정적인 요소로 안전하고 안락하다는 느낌을 주는 위치인가? 표적 고객은 음식 유형과 서비스 스타일이 적절하다고 생각하는가? 마지막으로 욕구적인 요소로써 지역 주민들은 당신 레스토랑과 유사한 음식점이 더 필요하다고 생각하는가? 주변에 잠재고객이 충분히 있는가? 하는 점들이다. 다음의 제안들은 레스토랑 운영에서 적절한 입지를 선정하는 데 도움을 줄 것이다.

- **지역 주변을 운전하면서 돌아보기**

  지역 사업체나 근처의 경쟁업소를 방문한다. 교통량과 식사시간 동안의 교통 패턴을 관찰한다.

- **상호보완적 업종의 물색**

  식사하려는 사람들을 지역 안으로 끌어들이는 상호보완적 업종을 찾아본다. 상호보완적 업종의 예로는 영화관, 백화점, 학교, 사무실 빌딩들이 있는데, 이 업종들은 군중을 모으는 이점이 있다.

- **찾기 쉬운 곳**

  레스토랑이 눈에 잘 띄는 것만으로도 행인이나 운전자에게 저절로 마케팅이 될 수 있다. 구석진 곳에 레스토랑의 위치를 정하고 간판에 의존하여 고객을 끌어들이는 것은 바람직하지 않다.

- **공인중개사에게 문의**

  공인중개사에게 성공을 거둘 수 있는 상업지역이나 레스토랑 사업에 우

호적인 건물주를 문의해 본다.

- **레스토랑 운영에 실패했던 장소에서의 개점 피하기**

폐점한 레스토랑의 위치에서 다시 레스토랑을 오픈하면 그 레스토랑은 실패할 확률이 높다는 것은 비명문화된 법칙이다. 이것은 재삼 사실이라는 것이 입증되고 있다.

- **미래의 요구를 충족시켜 주는 입지인지를 검토**

시설을 확장하거나 이사할 경우에 비용이 많이 들고, 그동안 열심히 노력해서 쌓아올린 것들을 잃게 될 수 있다. 또한 입지와 관련된 새로운 문제를 만들 수 있다.

- **충분한 좌석을 제공할 수 있는 크기의 레스토랑**

레스토랑의 면적은 충분한 좌석을 제공할 수 있는 크기이어야 한다. 좌석은 바로 돈이다. 따라서 투자비용, 임대비용이나 건축비용 등을 고려할 때 좌석당 면적과 그 비용을 계산해 본다.

- **사람의 통행이 많고 식음서비스 시설이 부족한 지역을 고려**

사람의 통행이 많고 식음서비스 시설이 부족한 지역을 선택하여 고객의 욕구를 충족시킨다. 손님이 있는 시간에 문을 열고(예 : 이른 아침에 식사를 원하거나 혹은 늦은 저녁에 칵테일을 원하는 경우), 손님이 없을 때 영업을 종료한다든지, 고객들이 원하는 방식대로 음식을 제공(테이크아웃 또는 안락한 서비스)한다.

▣ 타당성 조사 및 분석

레스토랑의 소유자 중에 어느 누구도 그들이 실패할 것이라 생각하면서 사업을 시작하지는 않는다. 그래도 많은 경우에 실패한다. 레스토랑 경영자들은 스스로가 레스토랑을 운영하는 데 적합한 성격, 즉 독립성, 추진력, 높은 자아를 가지고 있다고 생각한다. 이러한 성격적 특성으로 인해 조사와 분석에 많은 시간과 노력을 들이지 않고 바로 사업에 뛰어드는 경향이 있다. 단기 수익과 장기적인 잠재이익, 재정적인 욕구를 충분히 탐색함으로써 성공에 한층 더 근접할 수 있을 것이다. 지금은 구성원들과 함께 사업을 계획할 시간이다. 외부에 광범위한 연구와 분석을 의뢰하든 혹은 경영자 스스로가 수행하든지 간에 타당성 조사는 반드시 필요하다. 다음은 타당성 조사를 수행하고 준비하는 데 유용한 아이디어들이다.

- **기본사항 파악**

  두 가지 유형의 타당성 조사가 있다.

  ■ 마케팅 타당성 조사 : 고객을 조사하고 경쟁자와 지역사회를 조사한다.

  ■ 재무 타당성 조사 : 돈에 관한 질문을 하고 대답한다. '비용은 얼마나 소요되나?', '예상 수입과 지출은 얼마인가?', '이윤이 남을까?', '사업에 성공하기까지 살아남기 위해 재정적인 지원이 얼마나 필요한가?', '노력해 볼 만한 가치가 있는가?'

- **타당성 조사 사례 검토**

  미국의 경우 노스캐롤라이나 대학의 중소기업개발센터에서 레스토랑 입지 선정에 관한 타당성을 조사하고 그 결과를 웹사이트(예 : www.sbtdc.org/research/restauran.pdf)에 게시하고 있다.

- **연구 조사**

  '경쟁업소의 방문', '주요고객은 누구인가?', '계산하기' 영역을 자세히 읽어보면 아이디어를 얻을 수 있을 것이다. 미국 레스토랑협회에서는 신규 레스토랑의 입지를 선정하는 조사방법을 혼자서 할 수 있도록 도와주는 매뉴얼을 판매하고 있다. 국내의 경우 (주)제너시스의 창업컨설팅그룹은 창업 초보자를 위한 컨설팅, 상권분석지원을 제공하고 있다(www.changupfocus.co.kr).

- **컨설턴트 고용**

'야후'에서 레스토랑과 식음서비스 경영 컨설팅 회사, 식음서비스 컨설팅 단체를 검색해 본다. 최근 중소기업청에서 근로자 5인 미만의 음식서비스업을 영위하는 자영업자에게 연 2회까지 컨설팅을 지원하고 있다. 매출분석, 상권분석, 경영애로, 환경개선 분야의 서비스를 제공한다(www.sbdc.or.kr/support/consult).

계산하기

계산기를 꺼내 스스로 계산해 본다. 특히 운영경험이 전혀 없는 경우, 처음에는 어려운 일일 수 있다. 그러나 지역 레스토랑 운영자와 이야기하다 보면 쉽게 '견적'을 구할 수 있을 것이다. 다음 사항은 의사결정시에 도움이 될 것이다.

- **예상 수입 계산**

예상 수입을 계산할 때에는 다소 과소평가하는 것이 바람직하다.

- **예상 고객수 계산**

매일, 매끼(아침, 점심, 저녁)마다의 식당 이용자수를 계산해 본다. 하루에 제공될 식사 끼니별로 좌석수와 회전율을 곱하여 이용자수를 구하고 각각을 합산한다.

• **전체 고객수 계산**

주 단위(1일 고객수에 주당 운영일수를 곱한다), 월 단위, 연 단위로 이용자수를 계산한다.

• **평균 판매금액 계산**

다양한 식사(음료, 애피타이저, 주요리, 디저트)별로 평균 가격을 구한다. 고객수와 평균 식단가를 곱하면 예상 수입을 구할 수 있다.

• **예상 원가와 비용을 계산**

식음 재료비, 노동비를 전체 매출액 대비 백분율로 계산하고 고객수, 업계의 평균치, 해당 지역의 자료와 비교해 본다. 식음료 공급업자와 접촉하여 예상 구매가격 수준을 파악한다. 동종업계의 임금과 후생복리제도에 관한 정보를 수집한다.

• **업계 운영 보고서 참조**

한국외식연감(http://info.foodband.co.krdmf)과 같은 레스토랑 전문 보고서에서 제시된 운영 관련자료를 참조한다.

• **지출비용 계산**

운영비용과 보험료, 수도광열비, 기기 대여비와 임대료와 같은 간접비용을 계산해 본다.

• **예상수입에서 예상원가 및 지출비용을 차감**

예상원가나 비용의 감소는 이익 증가를 의미한다.

• **투자수익률 계산**

투자수익률은 의사결정 도구이다. 사업을 확대하는 데 얼마나 투자할 것인가를 결정하는 데 도움을 준다. 좌석 25석을 늘리는 데 8,500만 원의 리모델링 비용을 들이는 것이 현명한 투자인지 아닌지를 결정한다든지 또는 새로운 레스토랑에 5억 원을 투자하고, 과연 몇 년 후에 그 돈을 회수할 수 있는지를 알아볼 때 투자수익률을 계산해서 의사결정한다.

▣ 사업계획서 작성하기

어떠한 투자가나 대여자도 문서화된 사업계획서 없이는 사업투자를 심각하게 고려하려 하지 않는다. 그러나 많은 경우 레스토랑 경영자는 사업계획서가 얼마나 유용한지를 깨닫지 못한다. 완벽하게 작성된 계획은 몇 가지 무미건조한 통계수치와 무의미한 재정상의 보고 그 이상의 것이다. 좋은 사업계획서는 사업주의 열망과 목표를 반영하며, 모든 사람에게 이러한 목표를 달성할 것을 공식적으로 알려 주는 역할을 한다. 성공적인 기업가는 '당신이 할 수 있는 가장 중요한 것은 계획이다'라고 말한다. 다음은 사업계획서를 작성하는 몇 가지 요령과 계획서를 작성할 때 모든 내용을 문서에 담기 위해 시간을 투여해야 하는 이유를 기술하였다.

• 직접 작성

사업계획서를 작성하는 과정은 재정 상태와 필요한 직원수를 결정하고, 레스토랑의 컨셉을 규정하고, 건축이나 리모델링 계획을 준비하는 데 좋은 기회를 제공해 준다. 사업계획서의 견본형태는 비즈폼(http://www.plan.bizforms.co.kr) 등 문서 작성 관련 웹사이트에서 찾아볼 수 있다.

• 2페이지 분량의 사업계획서

많은 분량의 사업계획서는 필요하지 않을지라도 개인이나 전문가의 목표 설정용으로 2페이지 분량의 계획서는 반드시 작성한다. 사업계획서의 내용으로는 성취하려는 목적을 뚜렷하게 제시하고, 사업수행 내용과 그 일정을 규정하고, 벤치마킹 대상업체를 제시해야 한다.

- **일정한 서식을 갖춘 사업계획서의 구매**

서점이나 인터넷을 통해 일정 양식의 사업계획서를 구매한다. 미국의 경우 사업계획서를 작성하는 데 많이 활용되는 소프트웨어 패키지로 'Business Plan Pro from Palo Alto Software'가 있다. 국내의 경우 동영상 강의로 사업계획서 작성의 예를 상세히 설명해 주는 비법닷컴(www.vipup.com)이 있다. 이런 자료를 활용하면 좀더 조직적으로 사고하게 도와주고, 연구자료를 수집하고 솔직한 방식으로 표현하는 것을 도와줄 것이다.

- **지역 내 중소기업청 방문**

지역에 있는 중소기업청(www.smba.go.kr)을 접촉해 보거나 대학에서 무료나 저렴한 가격으로 사업계획서 작성법을 알려주는 강좌를 찾아본다. 수업을 통해 계획서를 작성하는 방법을 배우는 것 이외에 기업가들과 접촉하는 기회를 얻을 수 있다.

- **커뮤니케이션 전문가 고용**

커뮤니케이션 전문가를 고용하면 사업계획을 한 단계 더 높은 수준으로 끌어올릴 수 있다. 사업계획서 작성 경험이 많은 전문가는 은행가나 투자자가 감탄을 자아낼 수 있도록 프레젠테이션 기술을 다듬어 줄 것이다.

- **사업계획서 작성시 직원 참여 유도**

이 과정에서 종사원의 만족도는 증가되고, 강력한 협력관계가 형성된다. 종사원들이 쏟는 노력은 매우 가치있으며, 비전을 서로 공유함으로써 레스토랑의 성공 가능성은 더욱 높아진다.

▣ 직접 수행 혹은 전문가 고용?

레스토랑을 새롭게 장식하고 약간의 리모델링하는 프로젝트는 소유주가 직접 하는 것도 가능하다. 출입구에 페인트칠하는 것은 사업가의 입장에서 재미있고 창조적이며, 비용 효과적인 프로젝트가 될 수 있지만, 바쁜 레스토랑 운영자의 입장에서는 스스로 하는 것이 낭비를 초래할 수도 있다. 여기에 제시된 여러 가지 사항들을 곰곰이 생각해 보면, 전문가를 고용하여 감독을 할 것인지, 아니면 직접 할 것인지를 결정하는 데 도움을 줄 것이다.

- **과거 경험을 고려**

  빌딩 허가와 검사를 요하는 프로젝트는 해당 면허증을 소지한 전문가를 고용해 처리할 수 있다.

- **기술 수준 고려**

  기대하는 품질 수준과 할 수 있는 품질 수준을 면밀하게 비교 평가한다. 단순한 수리에 전문가를 고용하면 매우 불필요하게 높은 대가를 지불하게 될 수도 있다.

- **소요시간 계산**

  자신의 경험과 기술 수준을 곰곰이 생각해 본다. 스스로 프로젝트를 수행하는 데 소용되는 시간을 예상하고, 그 시간에 두 배를 곱하여 소요시간으로 결정한다. 직접 수행할 경우 일이 분산될 수 있고, 프로젝트는 실패로 돌아갈 수 있음을 명심하고 의사결정을 내린다.

- **소비자 가격을 지불할 용의**

  간단한 프로젝트는 소매가를 지불하고도 예산범위 이내에서 수행될 수 있다. 그러나 전문가를 고용하면 도매가격으로 구매가 가능하고, 거래시

할인, 전문가의 구매 기술 등으로 비용을 상당부분 절감할 수 있다. 이것은 상당부분의 컨설턴트 비용을 상쇄시켜 준다. 미국의 경우 대부분의 장식 자재나 건축자재는 면허증이 있는 전문가에게만 구매가 허용되나 우리나라에서는 인테리어 업자에게 10% 정도의 할인혜택을 준다. 제품의 선택과 품질 수준 또한 일반 문외한이 구매할 수 있는 것보다 훨씬 더 우수하다.

- **잠재 문제의 해결 능력**

소유주가 직접 총괄계약자로 활동하는 것은 경제적인 것처럼 보이지만 실제로는 관련 문제의 재정적, 법적인 책임을 소유주가 지게 된다는 점을 감안하여 전문가 고용여부를 결정한다.

- **소유주가 직접 프로젝트에 참여할 경우**

당신이 벌어들이는 수입은 비록 최소한의 급여수준으로 보일지 몰라도 레스토랑이나 고객, 종사원에게 주는 소유주의 진정한 가치는 전문가를 고용하는 것을 훨씬 능가할 수 있다.

- **하고 싶지 않은 것**

스스로 하는 프로젝트의 인건비를 계산할 때 스스로 하고 싶지 않은 것에 대한 비용을 고려해야 한다.

- **전문가를 고용할 경제적 능력**

소유주가 경제적으로 여유가 없어 전문가가 제시하는 사업계획서를 실행에 옮기지 못한다 할지라도 전문가의 사업계획서를 받아 보는 것은 당신에게 도움이 될 수 있다. 소유주가 직접 프로젝트를 수행하는 경우에도 전문가들이 프로젝트를 어떻게 접근하는지 그 방법에 관한 귀중한 정보를 얻을 수 있을 것이다.

▣ 대금 지불 의무자는 누구인가?

건축이나 리모델링을 하는 동안 소유주는 법적으로 미지급된 자재비, 인건비, 서비스 비용을 지불해야 하는 책임을 질 수도 있다. 소유주가 계약자에게 이 비용들을 이미 지불했다 할지라도 계약자가 소유주를 대신하여 구매한 제품과 서비스 비용을 지불하였는지를 알아보는 것은 소유주의 책임이다. 그러므로 이런 상황에 대비하기 위하여 몇 가지 질문에 답해 본다.

- **건축담보권은 무엇인가?**

  건축담보권은 건축이나 리모델링하는 데 사용된 제품과 서비스의 지불을 확보하기 위하여 법적으로 요구하는 사항이다. 계약자에게 비용을 지불했다는 것만으로 소유자가 담보권으로부터 면제되는 것은 아니다. 이 때문에 소유주는 자신과 사업을 보호하기 위해 우선적으로 사전 조치를 취할 필요가 있다. 건축담보권에 관하여 더 자세히 알고 싶으면 건축 계약자 위원회에 연락해 보든지 변호사에게 주의법에 관하여 자문을 구해 본다.

- **어떤 종류의 재화와 서비스에 책임을 지고 있는가?**

  만약 계약자가 하청업자, 노동자, 장비 임대회사, 재료 공급업체에게 비용을 지불하지 않았거나 소유주를 대신하여 법적으로 지불해야 되는 것이 있다면, 채권자는 소유주의 자산에 담보권을 주장할 수 있다.

▣ 사업체를 보호하는 방법

- **항상 계약서 작성**

  사업규모가 클수록 변호사를 고용하고 소유주를 대신하여 구매된 제품과 서비스의 지불 비용에 관한 조항을 검토하게 한다.

- **전문건설협회에 문의**

계약자가 지니고 있는 면허증의 상태가 양호한 지를 확인한다.

- **지불계획 일정 확립**

모든 청구서가 지불된다는 것을 확실하게 하기 위해 소유주의 지불능력을 기초로 지불계획 일정표를 작성한다.

- **지불 점검**

지불이행 여부를 계약업자와 공급업자 쌍방이 확인할 수 있도록 하거나 공급업자에게 직접 지불한다.

- **계약이행 보증보험 요구**

공급업자에게 프로젝트 비용 지급에 따른 계약이행 보증보험의 가입을 요구하거나 보증금을 요구한다.

- **제3자 예탁계좌 설정**

공급업자와 채권자에게 자금을 지급할 제3자 예탁계좌를 통해 지불한다.

- **부동산 권리 대행업체 접촉**

부동산 권리 대행업체와 접촉하여, 건축 담보권 요구에 대항하여 소유주를 보호해주는 권리보험증권을 얻는다.

- **담보권 통보 정독**

담보권 통보에 관한 모든 것을 빠짐없이 읽는다. 계약자가 제공하는 소비자 통지서 양식이나 그 밖의 문서에서 소유주 권리에 관한 모든 내용을 빠짐없이 읽는다.

- **채무 담보권 환수**

최종적으로 지불을 완료하기 전에 계약업자와 재료공급업자에게서 지불보증에 관한 담보권을 되돌려 받는다.

The FOOD Service Professional

레스토랑 창업 노하우

2 팀 구성

▣ 전문가와 협의

전문가들, 컨설턴트 그리고 거래처로 팀을 구성하는 것은 프로젝트 개발에 기초가 된다. 원하는 바의 범위와 본질에 기초하여, 전문가 팀을 1~2명 정도로 구성하거나, 많게는 6~7명 정도의 인원으로 구성할 수도 있다. 각 전문가들은 레스토랑의 디자인, 건축 그리고 기기 구매 등의 개별적인 분야를 다루며, 그 중 일부는 다양한 분야에 걸쳐 매우 가치 있는 서비스와 조언을 제공할 수 있을 것이다. 자원의 활용을 극대화하고 단합력 있는 팀을 만들기 위한 몇 가지 방안들을 제시하면 다음과 같다.

• 사업 제안 요구서 작성

소유주가 원하는 바를 구체적으로 표현한 사업제안 요구서를 작성하면, 서비스 제공자/공급자가 쉽게 프로젝트 입찰에 참여할 수 있을 것이다. 제공하는 정보가 많을수록, 그들의 제안서는 더 정확해질 것이다. 서비스 제공자/공급자들은 소유주가 원하는 바의 일부를 예견할 수는 있으나 소유주의 속마음까지 읽어낼 수는 없다. 그러므로 현명한 소유주들은 책임 있는 식음서비스 컨설턴트나 프로젝트 매니저를 고용하여, 사업제안 요구서를 작성하게 한다.

• **완벽한 제안서 제공**

유능한 컨설턴트는 완벽하고 신중한 제안서를 제공해 줄 것이다. 사업에 필요한 비용과 서비스뿐만 아니라 프로젝트 범위, 적절한 접근방법 그리고 창조적인 해결책 등을 자세히 검토할 것이다.

• **이력 점검**

컨설턴트가 제시하는 포트폴리오는 매우 인상적이며, 항상 맞는 말을 한다. 그러나 그들이 소유주의 의견을 경청하고 신속하게 회신하며, 마감일을 맞추고 프로젝트에 주의를 기울이는지는 알 수가 없다. 그러므로 훌륭한 종사원을 고용할 때와 같이 컨설턴트의 이력 자료를 꼼꼼히 점검하는 것은 매우 중요한다.

• **함께 일했던 사람들에게 직접 물어보기**

프로젝트 매니저, 레스토랑 소유자 혹은 레스토랑 매니저 그리고 다른 의사결정권자들과 의논해 본다. 가능하면 컨설턴트들이 완료한 유사한 프로젝트들을 검토해 본다.

• **명료화**

계약서에 서명하기 전에 불확실하다고 생각하는 점이 있으면 그 부분을 명확하게 짚고 넘어간다.

• **컨설턴트를 인정하고 대우하기**

회의를 위해 사전 준비를 하고, 시간 낭비가 없도록 한다. 의사소통은 항상 공개적으로 이루어질 수 있도록 하고, 컨설턴트가 의사결정에 개입하게 한다.

▣ 컨설턴트 비용 지불방법

컨설턴트들의 비용을 지불하는 방법에는 시간급, 고정급, 소요 비용 대비 비율제 혹은 이 방법들을 혼합한 것이 있다. 소유주가 해야 할 일은 서비스 비용을 과도하게 지급하는 것이 아니라 적정한 수준으로 지급하는 것이다. 서비스에 대한 적정 이익을 보장받는 컨설턴트는 파트너십을 가지고 소유주의 일을 처리해 줄 것이다. 컨설턴트에게 대가를 지불할 때에 명심하고 있어야 할 사항들은 다음과 같다.

- **프로젝트를 명확하게 정의**

  컨설턴트가 제안서를 준비하기 전에 프로젝트를 명확하게 정의하여 자금을 절약한다. 컨설턴트가 어떤 서비스를 제공해야 하는지를 명확하게 정립하는 것은 대단히 중요하다. 의사소통이 잘못되면 프로젝트의 지연이나 미완성 혹은 불만족스러운 프로젝트로 끝날 수 있다.

- **컨설턴트 비용의 처리에 대비**

  비용처리 방법, 장기 프로젝트일 경우 중도금 지불여부, 변호사 의뢰비용 등 다양한 비용처리 부분을 명확히 해야 한다.

- **부가적인 비용 인지**

  기본비용 외에 부가적인 비용들이 청구가 될 것인지를 명확히 한다. 숙박비, 출장과 운송 등과 같이 현금으로 지급하는 비용들은 일반적으로 별도로 청구된다. 컨설턴트의 제안서에는 이러한 내용들이 명확하게 정의되어 있는지 살펴봐야 한다.

• **시간급으로 지불되는 프로젝트**

- 프로젝트를 명확하게 정의하고 컨설턴트가 예상 소요시간을 제시하게 한다.
- 중도에 조정이 가능하다는 합의가 이루어지면, 최대 청구금액을 미리 설정해 둔다.

• **고정급으로 지불되는 프로젝트**

프로젝트를 완성하는데 요구되는 예상 소요시간을 컨설턴트가 제안서에 명시하게 한다. 고정급으로 프로젝트 수행비를 지불하는 방법은 안전한 방법으로 보일 수 있으나, 일부 서비스에 대해 과도하게 지급되는 경향도 있다. 컨설턴트는 예상치 못한 추가 작업을 보상받기 위해 일반적으로 거래가격을 부풀려서 청구한다.

• **비용대비 지급방법**

- 이 지급방법은 인테리어 장식업자, 장비 엔지니어 혹은 컨설턴트 대리업체들이 주로 선택한다. 컨설턴트들은 거래 금액을 할인받고, 그 비용에다 일정 비율을 더해 비용을 청구한다.
- 구매 대리인의 독립성 확인 : 구매 대리인이 독립적인지, 경쟁력 있는 제조업체의 제품을 공급해 줄 수 있는지를 확인한다.
- 구매에 대한 자유권 부여 : 가능하면 이 방법은 피한다. '지불하는 것만큼 얻는다'는 옛 속담은 여기서는 그릇된 정보일 수도 있는데, 지나치게 많이 혹은 지나치게 비싼 제품을 구매하도록 허용하는 것은 기대 이하의 결과를 가져올 수 있다.

▣ 레스토랑 / 식음서비스 컨설턴트 선정방법

'식음서비스 컨설턴트'라는 용어는 시장조사와 분석에서부터 디자인과 구매에 이르기까지 광범위한 분야를 다룬다. 한 명의 컨설턴트 혹은 한 회사가 프로젝트를 담당할 수도 있고, 혹은 여러 명의 전문가들이 수행할 수도 있다. 모든 서비스를 제공하는 회사가 당신의 주요 컨설턴트가 될 수도 있고, 프로젝트 요구에 따라 개별적 사항에 관한 정보만 제공하는 컨설턴트가 될 수도 있다.

- **컨설턴트 명단 작성**

  식음서비스 컨설팅 분야에 특화된 컨설턴트의 명단을 작성한다.

- **컨설턴트의 추천 받기**

  다른 레스토랑 소유주들에게 물어봐서 컨설턴트를 추천받는다. 어떤 컨설턴트가 일을 잘 수행했는지, 그리고 기대하는 바와 예산을 잘 맞추었는지 등에 대해 물어본다.

- **전화번호부 업종별 안내편 참조**

  '외식창업', '창업 컨설팅' 등을 전화번호부 업종별 안내편에서 찾아본다.

- **컨설턴트의 업무 기술서 작성**

  컨설턴트가 프로젝트의 어떤 측면을 책임 있게 해주길 원하는지를 결정해 둔다. 서면 형태의 보고서를 원하는가 혹은 함께 일할 사람이 필요한가?

- **후보 컨설턴트 면담**

  2~3명의 후보자를 압축하기 위해 컨설턴트들과 면담한다. 큰 회사는 다양한 요구를 처리할 수 있는 여러 명의 직원을 보유할 수 있으나, 작은 회사들은 단지 하나의 요구사항만을 다룰 것이다. 당신의 프로젝트와 요구에 대한 그들의 관심사항을 들어 본다. 그들이 당신의 의도를 확인하기

위한 질문들을 하는가? 혹은 그들이 얼마나 대단한지를 당신에게 확신시켜 주려는 이야기를 주로 하는가?

- **과거 컨설턴트 의뢰자를 통한 경력 조회**

후보 컨설턴트와 함께 일해 본 경험이 있는 사람과 이야기해 본다. 덜 숙련된 업무보조자에게 업무가 인계되는가, 혹은 대표자와 함께 일하게 되는가? 당신의 아이디어들을 이 사람에게 쉽게 의사 전달할 수 있는가? 관계가 좋은가?

- **제안요구서의 작성**

원하는 바를 구체적으로 제시한 제안요구서를 작성한다. 서면으로 작성된 사업 제안요구서는 컨설턴트가 서류에 기초하여 사업의 입찰에 참여하는데 정확한 지침이 된다. 회사에서 많은 정보를 제공할수록 더 완벽하고 명확한 응답을 얻을 수 있다.

- **최종 후보자에게 서면 제안서 요청**

컨설턴트의 제안서와 제안 가격과 더불어 컨설팅 회사의 기초적인 배경 정보, 회사 브로셔, 샘플(적절하다면) 그리고 참조자료를 받아야 한다.

공인중개사

상업 빌딩이나 일정 지역의 부동산을 임대하거나 매입하고자 할 경우 소유주의 이익을 대변하기 위해 부동산 중개사를 고용해야 한다. 자질 있는 브로커를 확보함으로써 시간과 돈을 절약할 수 있다. '사업비용'이 판매자와 임대자의 요구 가격에 영향을 받는 것처럼, 브로커에게 직접적으로 서비스 비용을 지불하지 않는다 하더라도 결국 서비스 비용을 지불하게 된다. 부동산 중개사의 수수료는 적지 않으므로, 지불 비용 이상의 서비스를 그들에게 받을 수 있도록 꼼꼼히 살펴본다. 다음은 소유주의 요구를 만족시키고 최고의 대리인을 선정하는 데 도움이 되는 다섯 가지 방법이다.

1. **당신의 시간을 가치있게 만들고, 당신의 요구에 귀 기울이며, 핵심을 파악하는 질문을 하는 중개인을 물색한다.**
   의뢰인에게 중요한 질문들을 묻지 않거나 듣지 않는 부동산 중개사는 구매하기에 부적당한 빌딩이나 땅을 보여줌으로써 많은 시간들을 허비하게 할 것이다.
2. **판매자/임대자의 대리인에 의존하지 않는다.**
   상호간의 이해 상충을 피하기 위해 당신만을 위해 줄 중개인을 찾는다.
3. **지역 내 레스토랑 자산 전문가를 발굴한다.**
   지역 시장을 잘 아는 사람을 고용하면 활용 가능한 자산을 쉽게 찾을 수 있다.
4. **리스 협상에 경험 있는 사람을 선택한다.**
   모든 중개인들이 부동산 임대를 취급하는 것은 아니다. 좋은 세입자 대리인은 세입자를 대신하여 전 협상과정을 처리해 주고 시장에 관한 개인적인 지식을 활용하여, 더 좋은 조건의 임대 가격, 개선 비용, 조항 삭제 등의 중개 역할을 제공한다.
5. **창조성과 문제해결 기법을 갖춘 사람을 고용한다.**
   소유주가 필요로 할 때 완전한 조건을 갖춘 자산이 시장에 나오는 것은 매우 드물다. 레스토랑과 소유자들마다 서로 요구하는 조건들이 다르다. 당신의 요구사항을 정확하게 파악하고 창조적으로 생각하는 대리인은 소유주 입장에선 매우 가치 있는 존재이다.

건축팀

- **건축**

숙련된 건축가는 수많은 자재와 건축비를 절약해 주고, 분쟁 소지가 있는 문제와 법률적인 문제들을 피할 수 있게 해준다. 건축가는 또한 프로젝트의 사양서 대로 일을 수행할 수 있는 계약자와 전문 컨설턴트를 추천하는 중요한 정보원이 되기도 한다. 급속하게 확장하는 서비스 중 하나가 '디자인 건축(design-build)'이다. 이것은 기획 단계에서부터 개점까지 모든 측면을 회사가 처리해 준다.

- 사전 기획 회의 : 어떤 장소나 건물을 구매하거나 임차하기 전에 건축가에게 그곳을 방문하여 부지의 적합성, 필요한 공간면적, 예상 건축비용, 그리고 그 지역에 적용되는 법규를 검토해 줄 것을 요청한다.
- 레스토랑 설계 경험이 있는 회사를 선택 : 레스토랑 / 식음서비스업에 경험 있는 설계 회사를 선택한다. 10층짜리 사무실 건물이나 미니 몰을 설계하는 것은 명물 레스토랑이나 유행을 따르는 나이트클럽을 만들어내는 것과 전혀 다르다. 즉 레스토랑 환경의 복합성은 수많은 정부 규제사항뿐만 아니라 여흥, 음식 생산 그리고 안전문제들에 관한 지식을 요구한다.
- 자체 수행/하도급업체 : 자체 직원이 직접 수행할 일은 무엇이며, 하도급업체에 의해 수행되는 일은 무엇인지를 질문해 본다.

- **계약자들**

디자인 건축회사를 선택하지 않았다면 건축이나 개축을 감독할 총괄 계약자를 물색해야 한다. 건축가와 식음서비스 컨설턴트는 당신에게 몇몇 사람을 추천할 것이고 후보자에 대한 그들의 개인적인 경험을 알려 줄 것이다.

- 건축가의 추천 내용 검토 : 멤버들은 우선 건축가가 추천한 내용부터 검토를 시작한다. 성공적으로 함께 일해 본 적이 있는 사람들로 하나의 팀을 구성하면 큰 이득이 될 수 있을 것이다.
- 추천 의뢰 : 다른 레스토랑의 소유주에게 추천을 의뢰한다. 그들의 현장 경험담을 요청하고 추천 계약자들이 예산을 초과해서 사용했는지, 시간을 잘 지켰는지, 그리고 세부사항에도 면밀하게 주의를 기울이는지를 질문해 본다.
- 계약자의 포트폴리오이면 고려 : 그들의 전문성, 프로의식 그리고 재정 안정성에 관하여 많은 질문을 해 본다.
- 사업등록증, 허가증 및 보험과 담보를 요구 : 사업등록증, 허가증, 그리고 보험과 담보를 요구하고 이를 확인한다. 건축 사업에 관한 추가 정보는 다음의 섹션을 참조한다.

사업팀

사업 조언자와 재정 후원자들은 레스토랑을 건축하거나 리모델링을 하는 데 있어 중요한 역할을 담당한다. 만약 처음 시작하는 사업이라면, 더욱이 사업 조언자나 재정 후원자와 같이 사업에 꼭 필요한 지원 인력들을 조기에 찾아야 한다.

• 변호사

지금과 같이 소송이 비번한 사회에서 사업가의 가장 좋은 친구는 변호사일 것이다. 자산 구매, 임차 서명 그리고 컨설턴트와 계약자의 고용은 모두 장기간의 법률적, 재정적, 개인측면에 장기적인 영향을 미치므로 변호사의 물색은 중요하다.

- 변호사 물색 : 막판의 위급한 상황을 피하기 위해 누군가를 필요로 하기 전에 비즈니스 변호사를 찾는다.
- 계약서 및 합의서의 검토 의뢰 : 함정을 피하기 위해 모든 계약서와 합의서를 검토하도록 의뢰한다.

- 회의 일정 논의 : 사업 구조, 개인 자산 보호 그리고 책임 문제들을 논의하는 회의 일정을 계획한다.

- **회계사**

새로운 건축, 리모델링 그리고 실내·외 장식의 프로젝트는 모두 돈을 필요로 하는데, 흔히 소유주가 지출하고자 하는 규모 이상의 자금이 소요된다. 좋은 회계사는 재정에 관한 의사결정을 이끌어주고 사업계획을 준비하는 데 도움을 준다. 만약 회계사가 없다면, 다음 사항을 수행할 수 있도록 회계사를 한 명 고용한다.

- 자금조달 계획 정리 : 채권자와 투자자들이 자금계획서를 주의 깊게 살펴볼 것이므로 현재 시점에서 개인과 사업의 자금조달 계획을 순서대로 정리해 본다.
- 투자 규모 : 프로젝트를 위해 어느 정도 투자할 수 있는지를 이해한다. 당신이 지불할 수 있는 대출 상환의 유형이 어떤 것인지, 그리고 가입할 수 있는 저축의 종류는 어떤 것인지를 결정한다.
- 투자자 물색 및 자금 대여 : 투자자를 구하고 돈을 빌리는 데 도움을 받는다. 회계사들은 이러한 목적을 위해 서류 작성, 면담 준비, 사업계획의 재정적인 부분을 검토하는 등의 도움을 줄 수 있다.
- 재무 타당성 보고서 준비 : 재무 타당성 보고서는 투자수익률, 잠재 수익금, 그리고 현금 흐름을 결정하는 데 도움을 준다.
- 비용 분석 : 실제적인 비용들을 비교하여 분석한다. 기기의 소유, 리스 및 임대 시 발생하는 비용을 비교 분석한다든지, 건축과 개축시의 비용 분석 혹은 사업 구조에 관한 실제적인 비용들을 비교하여 분석한다.
- 세금 관련 조언 요청 : 장비 구입, 개축을 위한 투자, 사업 확장 등의 과정에서 부과되는 세금에 관한 조언을 듣는다.

• **은행가**

인터넷상으로 은행 업무를 처리하는 시대에 살고 있다고 하더라도, 여전히 지역 은행가와 관계를 발전시키는 것은 중요하다. 은행들은 경험 없는 햇병아리 사업가에게 건축 대출을 해주려고 하지 않는다. 그러나 많은 곳에서 중소기업을 지원하는 대출을 취급한다.

- 신용한도액 설정 : 은행가는 사전 자금 조달을 위한 당신의 신용한도액을 설정하는 데 도움을 줄 수 있다. 즉 자금이나 투자자가 확보되기 전에 현금 지출이 필요한 경우 은행가는 은행으로부터 자금 조달을 받을 수 있게 도와준다.
- 조언 요청 : 일부 은행가들은 중소기업 지원 부서를 가지고 있다. 비즈니스 교육과정을 제공하고, 사업계획을 검토해 주고, 대여자 혹은 정부의 자금지원 프로그램을 연결해 준다.

▣ 팀 리더

각 팀의 구성원들은 개개인의 역할에 기초하여 우선순위와 협의할 사항을 가지고 있을 것이다. 프로젝트의 규모가 크든 작든 간에 협력, 의사소통, 타협 3요소를 조율할 팀의 리더를 지명해야 한다. 팀 리더는 소유주, 식음서비스 컨설턴트, 건축가 혹은 총괄 계약자가 될 수 있다. 어떤 프로젝트에서는 1인 이상의 리더를 두기도 하는데, 이는 프로젝트의 규모에 따라 정해진다. 성공적인 리더는 프로젝트를 전반적으로 이해하고, 즉시 활용이 가능하며, 조직화를 잘하고, 사람들을 다루는 기술이 뛰어나야 한다. 강력한 개발 팀을 만드는 데 도움이 될 몇 가지 리더십에 관한 조언은 다음과 같다.

• **프로젝트 개시 파티**

프로젝트의 시작을 알리는 파티를 개최한다. 서비스 제공자와 공급자들을 공식적인 저녁모임에 초대하여 모든 사람에게 알린다. 직무상의 강력한 유대관계를 형성하기 위해 사업에 파티의 즐거움을 더하는 것이 필요하다.

- **사업소개 회의**

계획, 희망, 기대하는 바를 공유하는 사업소개 회의를 갖는다. 아이디어를 공유하며 의사결정하고, 책임을 할당하는 환경을 만들어 나간다.

- **프로젝트 접촉 리스트의 개발 및 공유**

접촉해야 할 사람의 이름, 개인 연락처 그리고 핸드폰 번호와 이메일 주소 같은 중요한 정보들을 수집한다.

- **접촉방법 설정**

바람직한 접촉방법을 설정하고 긴급이 요구되는 사항과 응답시간을 설정한다. 의사소통이 중요하기는 하지만 모든 메시지들이 긴급하게 응답될 필요는 없다.

- **정기적인 회의**

주기적이고 규칙적으로 사업진행 상황을 점검하는 회의를 계획한다. 일정과 합의를 효과적으로 하기 위해 당사자들에게 중요한 정보들을 나눠주고 기록한다.

- **리더의 권한과 책임범위 설정**

특히 소유주가 부재 중일 때 의사결정을 해야 하는 경우를 대비하여 리더의 권한과 책임범위를 정한다.

- **프로젝트 정보와 메시지 전달을 위한 중앙의 의사전달 채널 개발**

▪ 내부 웹 정보시스템
▪ 사무실 게시판 운영, 음성메일 기반의 메시지 전달 시스템 혹은 이메일 소식지

• **사업진척 보고서 작성**

우선순위와 일정을 원안대로 유지하기 위하여 사업진척 보고서를 작성하고 공유한다.

• **타협상황 이해**

타협이 필요한 몇 가지 상황들이 있다는 점을 이해해야 한다. 각 프로젝트 멤버들은 자기 분야의 전문성만을 고려한 편협한 시각을 가질 수 있다는 점을 명심해야 한다. 따라서 그들의 아이디어나 의견들은 다른 사람들이 희망하는 바나 기대 수준과 달라 갈등을 일으킬 수 있으므로 경청하고 리드를 해나가야 한다.

▣ 작업자들과 비업무

건축 프로젝트를 착수하기 위해서는 건축 거래의 본질을 이해해야 한다. 건축업무는 전문성을 지니지만 소비자 불만의 대다수가 건축과 관련된다. 여기에서는 건축 거래의 본질에 대해 명심해야 할 사항들을 소개한다.

• **숙련 노동자의 부족**

건축 분야는 보통 숙련된 노동자들이 부족하다. 따라서 성수기에는 공사기간이 지연이 되는 경우가 불가피할 수도 있다.

• **언어 장벽**

많은 건축 노동자들은 외국계 출신이거나 혹은 언어소통이 제대로 안되는 경우가 있다.

• **하청업체**

하청업체들은 전체가 아닌 부분 단위로 일을 맡는 경우가 많고 영세하기 때문에 좀더 많은 벌이를 위해 동시다발적으로 다양한 일을 맡기도 하며, 하루 중 연장근무와 주말 심지어는 휴일 근무까지도 할 수 있다.

- **공사 현장의 시간관리**

현장에서의 시간 관리가 최선책인 것만은 아니다. 공사를 시간내에 끝내지 못하더라도 크게 문제 삼지 않도록 한다. 전문성 측면에서 시간 약속을 지키지 못하는 것은 문제거리가 될 수 있지만, 충분히 있을 수 있는 일이라는 것을 인정하고, 그들에게 일정 이내에 공사를 완료하고 그 약속이 존중되어야 한다는 점을 강조한다.

- **재주 많은 기술자와 노련한 사업자는 별개의 문제임**

재주가 많은 마무리 목수가 되는 것이 바로 노련한 사업가임을 의미하는 것은 아니다. 거래 당사자들은 흔히 자영업자들이며 때때로 현금흐름 때문에 고생하고, 사업경험이 적을 수 있으므로 그들이 대행해 주는 활동들을 꼼꼼하게 점검해야 한다.

- **계약자, 설치업자 그리고 공급업자로부터 최선의 결과를 얻어내는 실용적인 방법들**

■ 사업 허가번호 알아두기 : 그들의 사업 허가번호를 받아둔다. 계약자를 고용하기 전에, 허가번호가 유효하며 거래에 적합한지를 확인해야 한다. 또한 허가 번호에 따라 작성되어진 불만 신고기록들을 점검해 본다.

■ 요구사항 설정 : 계약자와 노동자에게 당신이 원하는 것과 기대하는 것을 분명하게 알린다. 프로젝트에서 이해되지 않는 부분이 있다면 물어본다.

■ 인내 : 업무시간 동안에 리모델링 작업을 해야 한다면 근무자들과 업무활동을 보호할 수 있도록 사전에 대비한다.

■ 인센티브 제도 마련 : 당신의 일에 우선순위를 두게끔 인센티브 제도를 만든다. 물론 돈이 최고이지만 정성 담긴 식사나 가족과 같이 대해주는 것이 돈을 대신할 수도 있다. 이렇게 하는 것이 소유주로부터 청소부에 이르기까지

모두에게 훌륭한 효과를 발휘할 수 있다.

- 의사소통 촉진 : 정규 회의를 통해 의사소통을 촉진함으로써 프로젝트의 중요한 상황에 유용하게 활용한다.
- 최고의 직원 채용 : 최고의 직원을 고용하고 그들에게 일을 맡긴다. 직원들을 너무 세세하게 간섭하면 오히려 역풍을 맞을 수 있고, 적대적인 업무 환경을 만들 수도 있다.

▣ 면허증, 담보 그리고 보험

면허증, 담보 그리고 보험을 검토하는 것은 컨설턴트, 설계 회사 그리고 건축업자를 선정하는 과정의 일부이다. 모든 건축 프로젝트는 어느 정도 리스크를 안고 있지만, 이러한 중요 부분들을 검토함으로써 잠재적인 책임으로부터 소유주를 보호해 줄 것이다. 따라서 다음과 같은 사항들에 주의를 기울인다.

- **면허증**

면허증은 모든 비즈니스에 필수적이다. 게다가, 어떤 거래와 전문서비스는 면허증이나 허가증을 보유하고 있는 주체와만 거래가 가능하다(예를 들어, 계약자, 건축가, 인테리어 디자인, 조경 설계, 부동산 브로커, 측량기사 그리고 엔지니어 등). 현재 보유하고 있는 면허증이 유효한지를 확인한다.

- **건축 담보에 의한 보호**

건축 담보는 비규격 작업이나 법규 위반사례 발생시 소유주를 보호해 주는 수단이 된다. 그러나 담보가 재무 안정성이나 능력을 보장해 주는 것은 아니므로, 다음과 같은 담보가 프로젝트를 보장하는지에 대해서는 변호사와 상의해야 한다.

- 프로젝트의 만족스러운 이행을 보장하는 계약 이행 보증보험
- 지급되지 않은 자재나 임금을 위한 담보권에 대해 보장을 해주는 지불 이행 담보 채권

- **보험 커버 범위**

이것은 작업자의 보상, 자산 손실 그리고 배상되는 책임 범위를 포함하여야 한다. 프로젝트 주인으로서 소유주는 업무 현장에서의 상해, 자산 손실 그리고 계약자가 충분히 커버하지 못하는 다른 책임들에 대해 보험으로 대응을 할 수 있다.

- **검증**

서비스 제공자가 허가증을 소유하고 있고, 충분히 안전하며 넉넉한 담보 커버액을 가지고 있는지를 확인해야 한다.

- **전문 건설협회 접촉**

전문계약자의 허가번호, 전문건설협회에 출자한 금액을 확인하기 위해 전문건설협회와 접촉한다.

- **다른 전문가에게 문의**

비즈니스 자격이나 면허 사본에 대해 다른 전문가(건축설계, 디자이너, 컨설턴트)들에게 문의한다.

- **보험가입증명서 사본 요구**

보험가입증명서 사본을 제출할 것을 요구한다. 그렇지 않으면 계약자의 보험책임자나 프로젝트를 위해 충분한 보험을 들고 있다는 것을 입증할 대리인의 이름이라도 요구한다.

The Food Service Professional

레스토랑 창업 노하우

3 건축과 개축

▣ 최적의 장소 선정

고객 맞춤형의 건축, 건축하기 적합한 위치와 임차 하기에 적합한 토지를 선정하는 것은 복잡한 의사결정이며, 기술적인 문제들(예 : 홍수 가능성), 시장 조사(예 : 많은 경쟁자), 재정적 요건(예 : 비싼 초기비용) 그리고 정부의 규제(예 : 주류 면허)와 같은 요소들에 영향을 받는다. 또한 레스토랑 토지 선정에 있어 다음의 요소들도 추가적으로 고려해야 한다.

- **사업 타당성 조사**

  사업 타당성 조사(500만 원 이상)를 수행하기에 충분한 예산을 가지고 있다면, 노련한 분석가를 고용하여 사업 타당성 조사를 통해 정확한 정보를 얻을 수 있다. 그러나 대부분의 소규모 레스토랑 소유주는 이 정도의 비용을 감당하기 어려우므로 컨설턴트나 건축 전문가에게 위치에 관한 전문적인 조언을 구해 본다.

- **건축하기에 적합한 나대지 또는 임차공간의 선정시 주의할 사항과 전략들**

  ■ 노련한 상업 부동산 중개사와 제휴한다.

  ■ 위치 선정 관련 정보를 무료로 제공하는 웹사이트(www.locationstrategies.com)와 '월간 B&F' 잡지책(Bizplace.co.kr)을 통해 정보를 얻는다.

- **적절한 지대를 물색한다.** 경쟁을 즐기지 않는다면, 변화를 요구하는 위치의 선정은 피해야 할 것이다.
- **대지 연혁을 조사한다.** 대지가 쓰레기 매립장이었는지, 모기나 파리가 많았던 지역인지, 혹은 지대가 낮아 홍수피해가 많았던 지역인지 등의 과거 이력을 조사한다.
- **고도제한에 문제가 없는지를 알아본다.** 지대가 높으면 전망이 좋을 수 있으나 악천후시 통행이 불편할 수 있고, 지대가 낮으면 배수나 쓰레기 문제가 있을 수 있다. 그리고 노인이나 지체 장애인들이 이용하는 데 불편한 문제가 없는지를 파악한다.
- **레스토랑을 운영하기에 적합한 장소를 선택한다.** 주차 공간이 충분한가? 건물 뒷쪽으로 부식 트럭이 드나들 수 있는가? 잠재고객들이 지나다니다가 정문을 잘 볼 수 있는가?
- **단기간 임대를 주의한다.** 단기간 임차시 장점도 있겠지만, 이사 비용지출이나 임대료 상승을 초래할 수도 있다.
- **교통량을 파악한다.** 고객들이 혼잡한 교통 차도를 가로질러 와야 하는지, 직접 접근이 가능한지, 신호등이 없는 전용도로인지, 아니면 시속 100km의 고속도로를 통해 올 수 있는 곳인지를 확인한다.
- **투자하기 전에 상/하수도나 전기 같은 공공설비들이 충분히 공급되는지와 영업이 잘되는 곳인지를 먼저 확인한다.** 상업 부동산 중개사와 지방 공공 설비 회사를 통해 알아볼 수 있다.
- **좀더 많은 정보를 위해 '레스토랑의 입지' 섹션을 읽어본다.**

건물 허가와 법 규정

대부분의 건축과 리모델링 프로젝트는 몇 가지 사전 허가들을 필요로 한다. 이 허가들과 수반되는 검사는 레스토랑이 개인과 환경 측면의 건강과 안전을 지키기 위해 지역 사회가 제시하는 법적 기준을 준수하고 있다는 것을 공개적으로 확인시켜 주는 것이다. 건축설계, 레스토랑 컨설턴트 그리고 계약자들은 관련법 규정을 준수해야 한다. 만약 관련 법규를 무시한다면 시간과 돈의 낭비로 이어지게 된다. 일반 레스토랑에 적용되는 허가와 법적 문제들에 관한 사항을 아래에 제시하였다.

- **지대**

  부지를 매입하거나 건물을 임차하더라도 그 위치는 가능한 주류 면허, 음악 활동, 소매 판매 그리고 시간 외 영업이 가능하며 음식과 음료 제공이 가능한 상업 구역이어야 한다. 건축법, 소방법, 오수·분뇨 및 축산폐수의 처리에 관한 법률, 옥외광고물법, 수질환경보전법, 소음·진동규제법, 청소년보호법 등 레스토랑의 영업신고시 적용받는 법령이 저촉되지 않도록 검토해야 한다.

- **가맹계약자 혹은 허가증 조건**

  가맹사업자와 가맹점본부는 건축과 설계에 직접적으로 영향을 미치는 요구조건들을 서로 명확하게 확인한다.

- **건축법**

  건축법들은 대중시민을 보호하기 위하여 적용된다. 건축법을 준수하는 것은 의무사항이고, 때로는 검사관의 경험에 따라 달리 해석 적용될 수도 있다. 건축법은 레스토랑의 설계, 건축방법 그리고 사용 재료들을 통제한다. 배기시스템, 공조설비, 조명 그리고 위생기기 같은 기기와 부착물들에 관한 모든 분야에 걸쳐 관련법의 승인을 받아야 한다.

- **배관, 기계와 전기 관련 법 규정**

  특정 건축 분야는 일반적으로 별도의 허가 요건들과 검사 절차들에 의해 감독된다.

• **식품위생 관리행정**

레스토랑 사업에 직접적으로 영향을 미치는 관공서는 시·도·군 및 구청의 위생과이다. 그러므로 식품위생 관련 규정과 규칙들에 대해 지속적인 관심을 가져야 한다. 이러한 이유에서 건축가, 컨설턴트 그리고 계약자들이 해당 지역에서 레스토랑 개발에 관한 광범위한 경험을 가지고 있어야 한다.

▣ 레스토랑으로 형질 변경

과거 수십 년 동안 레스토랑 경영자들은 창고, 전통가옥과 교회, 오래된 기차역, 은행, 버려진 주유소 그리고 낡은 극장들을 쉴 새 없이 식당 건축물로 변경시켜 왔다. 경제 침체, 기업 합병 그리고 이웃들의 이주로 인해 빈 건물들이 대량으로 공급되었고, 상상력과 자원을 동원하여 레스토랑으로 변경시킬 수 있었다. 다른 용도의 장소를 레스토랑으로 사용 용도를 변경하는 것은 많은 개축 비용과 함께 음식을 준비하고 서비스를 하는 기능상의 요건들을 충족하기 위해 나름대로의 도전이 필요하다. 그러나 이러한 활동에 대한 보상은 노력과 비용 그 이상의 것이 될 수 있다. 식당 용도가 아닌 건물을 개축하지 않고 식당으로 사용하려 한다면, 다음의 몇 가지 제안 사항들을 고려해 본다.

• **은행 건물을 주목**

기업 합병과 인수로 인해 좋은 위치와 충분한 주차 공간을 가진 빈 은행이나 저축 대부조합 지점들이 많이 생겨났으므로 이 건물들을 활용해 본다.

• **드라이브 쓰루(Drive thru) 서비스 창구**

주유소는 차를 탄 채로 서비스를 받을 수 있는 드라이브 쓰루 창구와 주차 공간을 충분히 확보하고 있으므로 레스토랑 용도로 아주 유용하다.

- **방치된 건물을 개축**

이 방법은 시간과 비용이 많이 소요될 수 있다. 그런데 이 방법을 택하는 이유는 무엇일까?

- 지역 사회에 대한 사랑
- 건축과 장인 정신에 대한 존경
- 고풍스러운 건물, 스테인드 글라스, 튼튼한 나무 바닥, 수제 가구 그리고 양질의 건물 재료들을 그대로 이용 가능
- 과도하게 개발된 지역, 특히 개발이 완료된 지역에서 방치된 건물 이외에는 빈 공간을 찾기 어려움

- **정부지원 개발사업 검토**

시내 중심가의 재개발 프로그램들은 개축 비용 일부를 지원해 주거나, 저리 융자를 제공할 수 있으며, 훌륭한 마케팅 재원을 제공해 줄 수 있다. 또한 경제촉진 단지에서 레스토랑을 개점할 경우에는 정부 보조를 받을 수도 있다.

- **역사협회, 시민단체 및 환경보존단체 접촉**

정부 혹은 개인의 역사협회, 시민단체 그리고 환경보존단체를 접촉하여 재개발 구역과 환경보존에 적합한 자산에 관해 알아본다.

- **유대관계 형성**

사업주들과의 유대관계를 형성한다. 건물이나 도시의 구역을 활성화하는데 협력자원이 될 수 있다.

- **재정지원 문의**

활용되지 않는 건물을 레스토랑으로 전환하는 경우 라이센스와 허가 면제, 세금 감면 그리고 재정 보조금 등의 혜택이 있을 수 있으므로 이를 문의해 본다.

신규 건축 공정 일정

개인 소유의 레스토랑을 개점하는 것을 일생동안 꿈꾸어 왔을 것이다. 물론 레스토랑을 한 번 개점해 본 경험이 있다면 지금 당장 개점하고 싶을 것이다. 컨셉 설정에서 건축을 거쳐 개업을 하기까지 얼마나 걸릴까? 새로운 건축시 공정 일정은 보이지 않는 함정과 장애물로 가득 차 있고, 때로는 일정이 지연되기도 한다. 일반적으로 새로운 레스토랑의 건축은 2년 이상 걸릴 것이다. 컨셉 개발, 시장 조사 그리고 재정 확보에 1년 정도 소요된다. 부지 확보, 허가 취득, 설계 계획 그리고 청사진 취득에 추가적으로 8~10개월 정도, 계약자 입찰과정이 2~4개월, 레스토랑 장비신청 및 배달에 6~8주가 걸릴 것이다. 또한 자재와 노동력 부족으로 발생할 공기 지연에 대해 대비할 필요도 있을 것이다. 여기에서는 프로젝트가 정해진 일정대로 진행되는 데 필요한 몇 가지 사항들을 소개한다.

- **서류 작업 완료시 철저히 검토**

  대출 서류들, 구역 변동, 허가와 라이센스들은 확실하게 완결해야 한다. 의심스러울 경우 제출 전에 문의를 한다. 정부기관은 전형적으로 다시 제출한 서류를 우선적으로 처리할 만큼 신속하지 않다.

- **이웃에게 자신을 소개**

  용도지역(zoning)에 관한 문제가 발생할 때, 이웃이 될 사람들에게 자신을 소개한다. 지원세력을 만들기 위해 중요한 사업, 거주민들 그리고 영향력을 행사할 수 있는 집단들과 만난다. 그리고 지역의 구역확정 회의에 지지자들을 참여시킨다.

- **일정관리**

  일정관리를 위하여 평판이 좋은 계약자와 공급자를 이용한다. 계약서에 공정 완료시 보너스를 지급하는 조항을 첨부한다. 그리고 프로젝트팀 리더를 선발해 정기적으로 만난다.

- **프로젝트 관리시스템 만들기**

중요한 서류들, 노트 그리고 추진 일정표들을 보관할 수 있는 큰 서류 가방 스타일의 폴더를 구입한다. 질문에 답하고 정보를 재빠르게 찾을 수 있도록 항상 곁에 지니고 다닌다.

- **사전 계획**

건축을 시작하기 위해 서두르지 않는다. 계획이 잘못되면 일정을 지연시키는 계획상의 변경이 필연적으로 동반된다. 이러한 변경에 의해 입찰과정에서 경쟁력을 상실하고 순식간에 프로젝트 비용이 상승될 수도 있다.

- **결정 권한 부여**

팀 멤버들이 결정할 수 있는 사안의 범위를 설정한다. 책임감을 부여하고 문제해결을 위해 누구를 찾아가야 하는지를 알려준다.

▣ 개축기간 중 영업

리모델링을 하기 위해 문을 닫아야 하는가, 아니면 고객이 수프에 먼지나 톱밥이 들어가는 것을 눈치채지 못하기를 바라는가? 개축 기간 동안에 영업을 할 것인지 말지를 결정하는 것은 복잡한 문제일 수도 있다. 레스토랑 경영자는 손님 감소로 인한 재정적 타격과 휴업에 의한 장기적 효과를 평가해야 한다. 경쟁이 심한 시장에서 수 주간 영업을 중단하는 것은 회복될 수 없는 치명적인 결과나 사업의 하락으로 이어질 수도 있다. 다음은 개축시 영업 여부를 결정하는 데 도움이 될 제안 사항들이다.

• 관심 사항에 관해 계약업자와 논의

가능한 한 작업 일정을 검토하고 손님이 적은 기간으로 변경한다. '특근' 혹은 빡빡한 작업 일정은 비용이 더 들어갈 수도 있지만 매출감소 비용과 비교해 본다.

• 건축방법을 상세히 기술

계약자가 레스토랑 건축방법을 상세히 기술하게 한다. 공사과정에서 얼마나 먼지가 많고 지저분하며, 냄새가 나고 시끄러울지를 이해할 수 있도록 한다. 덜 파괴적인 공사방법이 유용할 것이다. 비용 대비 편리성을 비교해 본다.

• 계약서에 마감일자 명시

불편함을 감수하거나 식당 휴업기간을 단축시킬 수 있도록 공사 종료일자를 정하고 이를 넘길 경우 적용될 엄격한 벌칙을 계약서에 포함시킨다.

• 휴업 기간 동안의 비용 계산

휴업일수 동안의 비용을 산정하고 프로젝트 요구사항, 감소된 급여 비용, 최소화된 불편사항, 그리고 잠재고객 이탈 등의 비용을 계산해 본다.

• 청소 조항

모든 하청업체들과 작업자들이 매일의 정리정돈, 쓰레기 운반과 처리, 폐기자재와 장비의 처리 등을 책임진다는 조항을 계약서에 포함시킨다.

• 전문가를 신뢰

계약업자, 디자이너, 설계자와 컨설턴트의 조언과 지원을 구한다. 그들은 직접적인 경험을 기초로 창조적인 해결 방안을 제시할 수 있는 사람들이다.

- **상황 이해 및 대처**

일부 개축공사는 공정이 복잡하고 장기간 소요되어 사업가가 소유하고 있는 시설과 재력의 전부를 요구하기도 한다. 이 경우에 '새 단장을 위한 임시 휴업' 계획을 세우고 휴업과 재개점을 고객에게 알리도록 한다. 즉 고정적인 고객들과 지역사회가 잊지 않도록 능동적인 조치를 한다.

- **임시 휴업**

위험한 공사를 하거나 인체에 유해한 자재를 사용하는 동안에는 레스토랑의 영업을 일시적으로 중지한다. 섬유유리 절연 처리, 중금속 함유 페인트를 이용한 도료 혹은 석면 제거와 해충 박멸과 같은 공사가 진행될 때 레스토랑을 운영할 경우 오히려 예상하지 못한 일로 손해를 볼 수 있다.

▣ 공사구역에서의 업무 활동

많은 개장 작업과 개축 프로젝트들은 레스토랑의 임시 휴업 없이 진행될 수 있다. 원활한 의사소통과 면밀한 계획으로 고객들의 불편을 최소화하고 앞으로 전개될 작업 내용을 예견할 수 있게 한다. 여기에서는 이를 위한 몇 가지 힌트를 제공한다.

- **전개될 사업 내용을 고객과 종사원에게 알려준다.**

▪ **종사원에게 사업 진척 정도 알려주기**. 뒤에서 진행되고 있는 공사에 관하여 종사원들이 고객과 이야기할 수 있도록 종사원들에게 정기적으로 진행사항을 알려준다.

▪ **감사메시지 전달**. 건축을 하는 동안 고객들이 불편을 감수하는 것에 대해 감사드린다는 메시지를 메뉴판에 첨부해 넣는다.

▪ **'공사중' 표시를 재미있게 게시**. '작업 중'을 알리는 사인이나 사진들을 재미있게 표현하여 문 앞에 붙이거나 설계 도면을 게시한다.

- **'재개점' 쿠폰 발행.** 쿠폰을 나눠주고, 재개점 축하 행사에 초대한다.
- **간단한 음료나 애피타이저 제공.** 기다리는 시간이 길어지면 대기구역에서 있는 고객에게 와인 샘플이나 간단한 전채요리 혹은 갓 구운 쿠키를 제공한다. 이때 재오픈 행사를 알리는 문구가 인쇄된 냅킨을 활용하는 것도 좋은 방법이다.

• 냄새나는 작업 피하기

식사시간 동안에 냄새가 많이 나는 작업은 금지해야 한다. 페인트 칠이나 하수구 보수와 같은 작업은 고객들이 없는 시간 동안에 진행을 해야 한다.

• 임시 휴업

단기간, 예를 들어 한끼 식사 서비스를 제공하지 않는 것을 고려해 본다. 영업이익이 가장 적은 시간을 파악하여 이 때 작업이 이루어지도록 일정을 잡는다. 이 경우 고객에게 '새로운' 영업을 미리 공지하는 것을 잊어서는 안 된다.

• 구역별로 프로젝트를 세분화

점심시간에 식당 전역에 걸쳐 공사하는 대신 일부구간만 패널로 막아 소구역씩 나누어 작업하는 것을 개축 팀과 논의해 본다. 이렇게 하면 총사업 비용이 증가될 수는 있지만 식사하는 고객들이 겪는 불편함을 최소화하는 효과를 얻을 수 있다.

• 공사 구간에서 떨어진 곳에 고객 통로 만들기

스탠드형의 게시판, 이젤 위의 인쇄물 혹은 장식형의 로프 등을 이용하여 통행로를 변경해 본다. 이런 것들은 파티용품 업체나 케이터링 공급업체에서 빌릴 수 있을 것이다.

- **공사구간 경비**

  발생 가능한 안전 문제들을 위해 공사구간을 경비함으로써 고객과 종사원을 위험으로부터 보호해야 한다.

- **무거운 플라스틱 시트로 공사구간을 막기**

  이러한 조치를 통해 먼지와 개축 작업에서 발생되는 파편을 없애고, 작업공간을 덜 어수선하게 만든다.

- **대형 선풍기 대여**

  룸 전체를 커버할 수 있는 대형 선풍기를 사용하여 식사공간으로부터 먼지를 몰아내고 정리정돈하도록 한다.

▣ 종사자에 편리한 환경 만들기

인간공학은 사람이 작업을 수행하는 동안에 공간이나 물체와 상호작용하는 것을 의미한다. 어설프게 설계된 인간공학의 예를 찾아보면, 키가 큰 작업자들만이 브로일러를 안전하게 사용할 수 있는 경우나 재료를 꺼내기 위해 반복적으로 손을 뻗어야 하는 작업공간의 경우가 해당된다. 레스토랑 설계에 인간공학을 활용하면 종사원의 건강과 생산성 그리고 태도에 긍정적으로 영향을 미칠 수 있으며, 인간공학적으로 설계된 좌석 역시 식사하는 고객에게 즐거운 경험을 배가시켜 줄 수 있다. 다음은 종사원에게 일하기 좋은 레스토랑 환경을 설계하는 비법들이다. 좀더 상세한 정보는 조명, 기구, 업무 흐름 그리고 동선 부분을 참고한다.

- **임시작업 공간**

  작업에 필요한 음식, 조리기구 그리고 준비 공간이 있는 근처에 소규모 작업 공간을 별도로 만든다.

• **흐름**

조리와 저장 업무시 작업흐름이 원활하게 진행되게 하는 한편, 반복적으로 몸을 구부리거나 짐을 들고 나르는 등의 과도한 활동을 없애도록 한다.

• **좌석**

서 있는 작업이 필요한 경우가 아니면, 스툴(stool)이나 의자를 제공하여 등과 발이 편안하게 해준다.

• **도구나 장비를 남성 전용 용도로만 설계하지 않기**

일하는 여성들이 점차 증가하고 있으므로, 작업도구와 장비들을 여성의 작은 체구나 작은 손 혹은 신체적인 특징들까지 수용할 수 있게끔 설계되어야 한다.

• **사다리**

높은 선반이나 속이 깊은 저장고에 쉽게 접근할 수 있도록 안정적이고 무거운 사다리를 비치한다.

• **왼손잡이 종사원**

왼손잡이 종사원을 위한 왼손잡이용에 도구와 용품을 공급한다.

• **혼잡함 피하기**

교차되는 동선을 피하고 동선을 최소화 할 수 있도록 좌석을 배열한다.

• **고객에게 안락감 주기**

현란한 불빛, 물건을 끌어당기는 소리 등 소음에 고객이 노출되는 것을 최소화하여 고객에게 안락감을 준다.

• **접근성**

고객이 쉽게 들어오고 나갈 수 있도록 한다.

• **상호작용**

종사원, 고객, 공급자들이 레스토랑 시설을 이용하는 데 불편함이 있는지를 살펴보고, 물리적인 환경, 설치물이나 기기들은 종사원의 직무 수행이나 고객이 식사를 즐기는 데 편리하게 설치 또는 작동되는지를 점검해본다.

• **이동형의 설비**

필요할 때 쉽게 옮겨 사용할 수 있는 설비와 기기를 선택한다.

■ 충분한 식사공간 보유

공공의 장소에서 제일 중요한 것은 공간이다. 그렇다면 현재 레스토랑은 식사, 서비스 그리고 기타 활동들을 위해 얼마나 충분한 공간을 제공하는가? 혼잡한 커피숍에 대한 고객의 기대치는 격조 높은 레스토랑에 바라는 고객의 기대치와는 큰 차이가 있을 것이다. 고객의 기대 수준과 욕구를 이해하는 것은 귀중한 자산인 공간을 할당하는 데 도움이 될 것이다. 다음은 식당 배치와 면적을 결정하는 데 사용될 수 있는 아이디어들이다.

• **고객의 욕구**

젊은 사람들에게 비좁은 공간은 별로 문제가 되지 않는다. 반면에 활동성이 적고 나이든 고객들은 보행 보조기구나 지팡이를 가지고 다닐 수 있으므로 넓은 공간이 필요하다.

• **테이블 크기와 좌석 유형을 혼합**

테이블 크기와 좌석의 형태를 몇 가지 유형으로 섞어 배치하면 식당

홀의 동선흐름을 원활하게 유지할 수 있다.

- **원형 테이블의 사용**

둥근 테이블은 많은 사람들을 수용할 수 있고 서비스하기가 용이하다. 그러나 룸에서 배치하기가 어려울 수 있고, 벽을 활용하지 못하는 단점이 있다.

- **테이블에서의 식당광경 점검하기**

테이블에 앉은 상태에서 작업 공간, 화장실, 기타 어수선하고 지저분한 공간이 고객의 눈에 잘 띄지 않도록 설계한다.

- **유연성 확보**

혼잡을 제거하거나 작은 연회를 다룰 수 있도록 공간적 유연성을 갖춘다.

- **식당 안에 별도의 작업 공간 마련**

이 부분에 관해서는 6장의 '식당홀의 지원 공간'을 참조한다.

- **휠체어 접근**

복도 통로는 적어도 81.3cm 이상 필요하고, 테이블은 높이 68.6cm, 폭 48.3cm, 너비 76.2cm 크기가 적당하다.

- **공간 할당에 관한 기준**

■ 의자끼리 부딪치는 것을 피하고, 서비스 직원과 고객이 지나갈 수 있도록 의자 간의 간격은 적어도 45.7cm 이상으로 설계 필요
■ 서비스 작업을 위해 복도 통로는 적어도 61cm가 필요하고 91.4cm가 가장 적합
■ 중앙 통로는 적어도 121.9cm가 적합

- 의자 등받이에서 테이블까지 간격은 적어도 45.7cm가 되어야 함
- 다리 뻗는 공간을 위해 의자 쿠션에서 테이블 다리 안쪽까지의 길이는 약 30.5cm가 적절함

- **좌석당 식당홀 공간 추천치**

서비스 타입	좌석당(square feet)	좌석당 m^2	(평)
연회(최소)	10~11	0.93-1.02	(0.28-0.31)
뷔페	12~18	1.14-1.67	(0.34-0.51)
패밀리 레스토랑	13~16	1.21-1.49	(0.37-0.45)
패스트 푸드	10~14	0.93-1.30	(0.28-0.39)

▣ 동선과 작업 흐름

레스토랑의 작업 흐름과 동선이 적절하게 설계된다면, 음식을 신속하고 쉽게 서비스할 수 있게 된다. 부적절하게 설계된 동선 패턴은 작업흐름에 방해되며, 종사원의 불필요한 움직임을 유발할 수 있다. 사용자의 관점에서 배치와 기기 요구도를 분석하면 생산성 증진, 종사원의 스트레스와 상해 감소, 고객서비스 개선의 효과를 거둘 수 있다. 아래에 레스토랑 내 일부 공간에서 생산성을 높이면서 과도한 움직임이나 작업지연을 줄일 수 있는 방법을 제시하였다.

- **화장실**

주방 주변의 통행량을 줄이기 위하여 레스토랑의 전방 부분에 화장실을 배치한다.

- **동선/작업흐름 전문가 고용**

동선과 작업흐름을 전문적으로 분석하는 식음서비스 컨설턴트는 종사원의 생산성을 높이면서 레스토랑 공간을 극대화하는 데 도움을 줄 것이다.

• **종사원의 의견 경청**

실질적인 경험을 지닌 서비스 종사원, 조리사들은 그들이 신속하게 반응하고 사기를 진작하면서 쉽게 지치지 않도록 하는 주방 배치방법을 알려줄 것이다.

• **카운터 서비스**

고객이 기다리는 과정과 서비스 과정에 그들이 느끼는 감정을 조사하여 비교한다. 서비스라인이 하나인 경우 카운터에 있는 사람들은 주문 접수, 배식 또는 현금 계산 등의 특정 업무를 수행한다. 그러나 서비스라인이 여러 개인 경우 직원이 더 많이 필요할 것이며, 각 라인의 서비스 직원들은 여러 가지 활동을 맡아 수행해야 한다. 단일 라인의 경우 좀더 오래 기다릴 것으로 생각되나 실제로는 서비스 받는 고객들의 수는 거의 동일하며, 두 개의 형태 모두 유사한 크기의 공간을 필요로 한다.

• **셀프서비스/카페테리아 배치**

샐러드/디저트 바는 중앙에 배치하고, 걷는 공간이 많이 필요한 카페테리아 라인은 가능한 한 벽면으로 배치한다.

• **기동성**

카운터를 설치할 때 그 폭이 4.3m가 되는지를 재본다. 이 수치는 고객이 이동하는 통로 1.2m, 트레이(음식 쟁반) 통로 0.3m, 카운터 폭이 0.6m, 카운터 작업자의 작업공간 1.4m, 그리고 음식 지원을 위한 여유 공간 0.8m가 포함된 것이다. 통로와 카운터 사이에서 트레이, 박스, 서비스 카트를 둘 수 있는 공간을 확보한다.

- **단순한 고객 동선 흐름을 위한 단일 카운터 사용**

  분리벽을 설치하면 한 방향으로 흐름을 만들어내고 라인의 혼선을 방지할 수 있다. 동선이 교차되는 것을 최소화하기 위해 다음과 같이 음식 스테이션을 배치한다.

  ▪ 디저트를 별도 가격으로 판매한다면 셀프서비스 카운터의 맨 앞쪽에 배치한다.
  ▪ 더운 음식과 즉석 주문 요리는 음료 앞쪽에 위치하게 한다.
  ▪ 음료는 엎지르는 것을 방지하기 위해 계산대 직전의 음식 진열대 끝에 배치한다.

▣ 작업 동선을 위한 조언

테이블과 작업 구역이 조리 공간과 주방에 어떤 연관성을 가지고 배치되는지를 관찰하는 것은 종사원의 불필요한 이동, 교차되는 동선 그리고 되돌아가서 작업하는 것을 없애는데 도움이 될 것이다. 다음 사항을 고려한다.

- **테이블 서비스**

  먼저 레스토랑 홀을 도안해 본다. 어떤 설계 엔지니어들은 테이블들과 작업공간 사이에 발걸음의 숫자까지 상세하게 표기한 3D 일러스트레이션을 만들어 분석하기도 한다.

- **파티 공간들**

  서비스와 음식배달 시간을 개선하기 위해 주방과 가장 근접한 위치에 연회 공간과 대형 파티 공간을 배치한다.

- **외부에서 식사 공간으로의 접근성과 편리성을 검토**

  ▪ 출입구를 통해 걸어내려가는 것을 없애도록 한다.
  ▪ 내부에서 과다한 이동을 피하기 위해 소형 설계한다.

- **발걸음수를 줄이고 서비스 속도를 올리기 위해 의사소통을 촉진**

■ 중앙에 위치하거나 여러 개의 단말기가 있는 매출 관리시스템을 갖춘다. 효율성을 더 높이기 위해 손에 들고 다닐 수 있는 오더 엔트리 시스템(order-entry systems)을 활용할 수 있는데, 이 시스템은 직원이 다음 대기 고객에게 직접 찾아가 서비스할 수 있도록 해 준다.

■ 테이블이 정리되었거나 식사 준비가 완료되었음을 알려주는 진동호출기와 양방향 무선 송수신기를 갖춘다.

▣ 레스토랑의 주방

"사람은 많고, 공간은 부족하고, 짧은 시간에 해야 할 일은 많다"고 직원들이 말하는 레스토랑은 왠지 원활히 운영되는 바쁜 레스토랑처럼 들린다. 그러나 손님은 많지 않은데 동선관리가 잘못되어 주방이 혼란스러운 곳일 수도 있다. 효율적인 동선 유형과 작업 흐름은 조리사와 보조 종사원이 생산성을 높이는데 크게 도움이 된다. 이를 위해서는 다음과 같은 사항들을 주목해야 한다.

- **지나가는 통로를 추가**

  작업 활동에 방해되지 않으면서 종사원의 원활한 이동을 위해 필요한 최소 공간은 0.76m이다. 이 정도면 카트가 지나다니기에 충분할 크기이지만, 복도 양방향으로 이동하거나 유동이 많은 공간의 경우 통로는 1.22m 이상이 필요하다.

- **접근성**

  바에 직접 접근할 수 있도록 여분의 문을 설치한다.

- **작업 흐름 순서**

  샌드위치와 같은 제품들을 만드는 데 일자형의 작업 흐름을 이용한다.

- **작업 공간을 극대화**

단일용도의 기기들은 활동이 일어나는 작업 공간에 배치하고 공유하는 기기는 두 작업 영역 사이에 배치한다.

- **주방을 드나들 수 있는 별도의 문을 설치**

■ 분리형 문은 각각 0.6m 간격을 확보해야 한다.
■ 문에 커다랗고 깨끗하며, 깨지지 않는 창문을 달고, 문은 한쪽 방향으로만 회전하게 만든다.
■ 문에 '입구' 또는 '출구'를 표시한다.
■ 문의 너비는 적어도 1.07m는 되어야 한다.
■ 분리된 문의 설치가 가능하지 않다면 양방향 회전문을 설치한다. 회전문은 적어도 2.14m의 공간이 확보되어야 한다.

The FOOD Service Professional

레스토랑 창업 노하우

4 환경과 안전 문제

▣ 일반적인 문제들

적절한 배수 시스템에서부터 폐기물에 이르기까지 환경과 안전에 대한 관심은 좋은 레스토랑 설계를 위해서 필수적이며 세심한 계획을 통하여 깨끗함과 안전을 추구하는 건물을 만들 수 있다. 이러한 문제들을 적절하게 다루지 못할 경우 고객, 종사원 그리고 레스토랑 사업은 위험에 직면하게 될 수 있다.

• 검토

레스토랑의 계획 단계에서 다음의 사항을 확보하기 위해 모든 설계와 구매결정 과정들을 주의 깊게 검토한다.

- 해당 지역의 건축법과 위생 관련법을 준수한다.
- 고객의 상해와 식중독으로 야기되는 법적인 문제를 최소화한다.
- 생산성 저하와 보상 비용의 상승을 초래할 각종 재해로부터 종사원을 보호한다.
- 고객을 끌어들일 수 있도록 깨끗한 환경을 조성한다.

• 건축과 디자인 선택을 할 때 반드시 명심할 사항들

- 교차 오염방지를 위한 적절한 작업 공간
- 식품 취급을 적절하게 하고 주방바닥이 지저분해지는 것을 방지하기 위하여 충분한 저장 공간을 확보

- 걸레질, 수증기/뜨거운 물 그리고 화학약품에 잘 견디고 세척이 용이한 자재 사용
- 사고를 최소화하기 위해 일반 공간, 작업장 그리고 '위험 지역'에 충분한 조명 설치
- 미끄러져서 넘어지는 재해를 방지할 수 있도록 물기가 많은 공간(전처리 공간, 화장실)에 적절한 배수시설 확보
- 통행량이 많고 바닥에 물이 있는 공간에 미끄러짐 방지 바닥재 사용

실제적 / 인지적 위생 문제

눈에 보이고 인지되는 위생 문제들은 모든 레스토랑 운영자에게 중요한 관심 사항 중의 하나이다. 식중독 사고에 관한 고객과 미디어의 관심은 음식 안전에 대한 관심을 배가시켜 준다. 고객이 이용하는 일반 공유 공간의 청결은 눈에 보이지 않는 주방의 위생 상태를 직접적으로 반영한다.

- **주방 및 작업 공간의 청결 유의**

  식사 공간에서 잘 보이는 주방이나 작업 공간에 더 많은 주의를 기울여 청결하게 유지한다. 손님이 많은 레스토랑에서의 혼잡은 고객에게 음식이 위생적으로 준비되지 않는다는 인상을 줄 수도 있다.

- **고객에게 청결에 대한 확신 심어주기**

  고객 눈에 보이지 않는 세균이 결코 존재하고 있지 않다는 확신을 준다. 레스토랑이 깨끗하고 잘 정돈된 느낌이라는 것만으로는 부족하다. 이외에도 불쾌한 냄새, 불안정한 의자 그리고 지저분한 공조장치들이 고객에게 불결한 인상을 주므로 이런 부분들도 세심하게 신경쓴다.

- **화장실 설비 구비**

화장실 설비에 인색하지 말아야 한다. 예산이 얼마이든 간에 화장실에 특별한 관심을 두어야 한다. 고객들의 몸이 닿지 않을 정도로 충분한 공간을 마련하고, 손세척 시설 설치, 쓰레기통 설치, 아기들의 기저귀를 갈거나 수유를 할 수 있는 공간을 고려하여 화장실을 설계한다.

▣ 고객이 마시는 공기

레스토랑에서 안팎으로 깨끗한 공기를 제공하는 것은 법적으로나 재정적으로 영향을 미치는 일이며 주요 관심사이다. 공기의 질이 나쁘면 종사원의 결근과 고객의 불만족을 유발할 수 있다. 그러므로 레스토랑 실내 공기의 질을 관리하는데 있어 다음과 같은 사항들을 꼭 명심한다.

- **실내 공기**

나무를 태우는 오븐, 차브로일러, 튀김기, 밀폐된 건물들은 모두 건강에 해롭고 기분 좋지 않은 공기 상태를 만들어 낼 수 있다. 실내 공기의 품질을 좋은 상태로 유지하려면 외부 공기를 실내로 충분하게 유입하고, 재순환된 공기를 적절하게 여과하고 적절한 공기 흐름을 유도해야 한다.

- **흡연**

담배와 담배 연기 문제는 환대산업에서 뜨거운 논쟁거리이다. 식사 공간을 흡연 구역과 금연 구역으로 분리하고 공기의 흐름은 금연 구역에서 흡연 구역으로 흘러가게끔 만든다. 주방, 식당 홀 그리고 바에서 종사원의 흡연을 절대 금지한다.

- **실내 공기의 질을 개선하는 방법**

- 공기 중에 떠다니는 입자들과 먼지를 감소시킬 정도로 전체 건물을 커버하는 공기 청정기와 여과시스템을 설치한다.
- 낡거나 오랫동안 비워둔 건물을 개조할 때 라돈, 곰팡이 포자와 생물학적 위해 요소가 있는지를 점검하고 제거한다.
- 자연적으로 공기를 정화하는 데 도움이 되는 산세베리아, 행운목, 관음죽, 개운죽 그리고 아라우카리아 같은 식물들을 키운다. 월버튼(Wolverton)의 「실내공기 정화식물 50가지」를 번역한 책(김광진, 중앙생활사)을 읽어 보거나 실내공기 정화식물을 인터넷으로 검색해 본다.
- 카페트, 페인트 칠 그리고 청소 제품들로부터 나오는 건강에 해로운 화학물질에 대해 알아본다. 빌딩 증후군에 관한 내용을 국내에 에코후레시(www.eco-fresh.co.kr)나 미국의 국립안전위원회(www.nsc.org/ehc/indoor/sbs.htm)에서 살펴본다.
- 미국 필립 모리스(www.pmoptions.com) 웹사이트에 접속하면 실내 공기의 품질 문제, 한국공조위생설비(www.kshvac.com) 웹사이트에 접속하면 HVAC, 즉 냉·난방환기(heating, ventilation, air conditioning)에 관한 정보제공은 물론 무료진단 서비스도 제공받을 수 있다. HVAC(난방(heating), 공조(ventilation) 그리고 냉방(air-conditioning))을 소개하는 서비스와 무료진단도구에 관한 정보를 볼 수 있다.

- **레스토랑 분야에 경험을 가진 HVAC 계약자나 엔지니어를 고용**

엔지니어는 HVAC을 설계하고 구체화 하는 반면, HVAC 계약자들은 새로운 시스템을 설치하거나 현존하는 시스템을 교체 보수하는데 유용한 정보를 제공한다.

▣ 외부 공기의 질 문제

장작에 구운 피자, 입 안에서 녹는 듯한 도넛, 숯불 버거에서 나오는 향기를 상상해 본다. 화로, 나무를 태우는 오븐, 프라이 팬, 숯불구이판 등 모두가 가스, 기름 그리고 냄새 입자를 방출한다. 우리나라의 경우 2003년 「다중이용시설 등의 실내 공기질관리법」이 개정되어 불특정 다수 등이 이용하는 시설, 상가에 공기질 유지기준과 공기질 권고기준을 마련하고 있다. 이를 이행하지 않은 경우 1년 이하의 징역 또는 1,000만 원 이하의 벌금을 부과하고 있으므로 관심을 갖고 살펴본다. 여기에서는 공기방출 규정을 준수하는데 도움이 될 만한 방안들을 소개한다.

- **공기 정화기**

  기름, 연기, 이산화탄소와 악취를 줄일 수 있는 방출 제어 시스템을 설치하기 위해 산업용 공기정화 회사를 고용한다.

- **공조/배기구**

  외부 공기 배출구, 후드 그리고 흡입구를 검사하여 낡은 것은 교체한다. 이럴 경우 공기의 흐름이 좋아질 뿐만 아니라 에너지 비용도 절감된다. 더럽고 부적절하거나 낡은 시스템은 전기를 낭비하는 주요 원인이 된다.

- **습기**

  나무를 태우는 장식용 화로 또는 나무를 태우는 오븐을 사용할 경우 나무의 수분이 20% 이하인 것을 구매한다. 즉 나무의 건조기간이 6~8개월 정도 지난 것을 사용하는 것이 좋다. 건조를 촉진하기 위해 깨끗한 폴리에틸렌 포장재를 사용해 나무를 보관하고 공기순환을 위해 양 끝은 밀봉하지 않은 상태로 열어두어 공기가 순환되게 보관한다.

▣ 어디에나 있는 물이지만 마시기에 부적합한 물

마시기에 부적합한 물은 물 속에 다량의 금속물질 함유, 불쾌한 향, 나쁜 맛을 주는 것은 물론이고 심지어는 세균에 오염되어 위생상의 문제를 일으킨다. 더구나 낮은 품질의 물은 주방 장비나 테이블 집기류에 손상을 입히고 건강에 민감한 고객들의 신경을 자극한다. 그러므로 물에 레몬 조각을 넣어 서빙하지 않는다면, 정수 시스템에 투자하는 것이 최선책이다.

여과 시스템은 매우 촘촘한 체와 같다. 여과기는 또한 작은 미립자와 분해된 미분자들을 잡아낸다. 여과기는 걸러내는 미립자의 크기에 따라 등급이 매겨진다. 눈에 보이는 먼지 중 가장 작은 것이 40미크론인데 반해, 가장 작은 박테리아는 0.5미크론 크기에 불과하나 활성 탄소는 일반적인 여과 매개체이다. 가능하다면 최고의 여과 시스템에 투자하여 고객에게 깨끗하고, 신선하며 맛있는 물을 제공하는 것이 바람직하다. 이와 관련된 방안들을 소개하면 다음과 같다.

- **식수 성분 분석**

  수자원 부서나 수질검사 회사에 의뢰하여 고객에게 제공하는 물의 성분(결정, 경도, 염소 농도)을 분석해 본다. 물의 나쁜 요소들을 알려주는 장비를 선택한다. 물의 성분에 따라서 물의 안전과 맛이 달라짐은 물론이고 식기세척 절차, 식기세척기가 필요로 하는 세척제나 기기 타입에 영향을 미친다.

- **소형 정수 시스템**

  레스토랑 전체를 통합하는 정수 시스템이 비용면에서 효율적이지 않다면, 조리용 싱크대, 음료 제조기/분배기와 조리용 수도꼭지 등의 개별 제품에 장착되는 정수 시스템을 설치한다.

• **손쉬운 세척**

쉽게 세척할 수 있거나 필터가 비싸지 않은 여과 시스템을 찾아본다. 필터의 교체 주기는 6개월 정도가 적당하다.

• **제빙기**

제빙기에 깨끗하고 여과된 물을 공급하는 것을 간과해서는 안 된다.

• **염소농도 감소**

가장 맛있는 커피와 차를 만들기 위해 염소 수준을 0.5ppm 감소시킬 수 있는 시스템을 선택한다.

• **일인용 생수 판매**

일인용 생수의 제공은 레스토랑의 입장에서 수익성을 높이는 한 가지 방법이다. 실제 일부 고객들은 종사원이 테이블에서 직접 마개를 개봉하여 서빙해 주는 물을 안전하다고 믿고 이를 선호한다.

▒ 에너지 보존

레스토랑 환경 시스템과 장비는 거대한 양의 에너지를 필요로 한다. 미국 레스토랑 협회는 에너지 소비를 25% 줄이는 것만으로도 전체 수입의 4~4.5%의 잠재적인 수익을 올릴 수 있다고 보고한다.

효율적인 에너지 장비와 환경 시스템과 더불어, 에너지 절약이 가능한 건축 방법에 투자하는 것이 장기적 측면에서 현명하다. 초기 비용이 많이 들어간다고 하더라도, 투자 회수율은 실제적으로 전체 수명을 고려한 장비의 총비용을 상쇄할 수 있다. 에너지 절약형 레스토랑을 만드는 데 도움이 될 만한 몇 가지 비법을 제시하면 다음과 같다.

• **무료 에너지 효율 평가**

지역 설비회사에 현재 운영하는 레스토랑의 에너지 효율성을 무료로 평가해 줄 것을 요청하면, 그들은 대형 냉장고, 냉방기, 튀김기 등의 에너지 효율성을 평가해 주고 기기별 월 에너지 예상 비용을 계산해 준다. 좀더 효율적인 모델로 기기를 대체했다면 에너지 절약 비용이 얼마나 되는지를 계산해 본다.

• **주요 에너지 사용원에 집중**

주요한 에너지 사용원에 먼저 집중한다. HVAC 시스템은 연간 전기 소모비의 30~50%를 차지한다. 전기료가 저렴한 미국의 경우 테이블 서비스형의 레스토랑에서 난방, 냉방 그리고 환기시설의 연간 에너지 소요 비용이 1평당 390원 정도이다. 운영 레스토랑의 냉·난방 비용이 얼마인지를 계산해 보고 에너지 비용 절감대책을 세워본다.

• **에너지 절약법 실천**

에너지를 절약하는 사소한 방법들을 간과해서는 안 된다. 예를 들어, 열효율성이 높은 전등, 자동 온도조절 장치 그리고 대형 냉장고 냉기 유출방지를 위한 고무 패킹의 설치를 통해 에너지를 절약한다.

• **에너지 절약 마크제품 확인**

미국의 경우 전등에서부터 업소형 냉장고에 이르기까지 제품에 에너지 효율이 높은지를 알려주는 '에너지 스타' 표시가 있는지를 살펴본다. 국내에서는 '에너지 절약' 마크를 통해 에너지 절약제품인지를 확인할 수 있다. 제조업체에서 제시하는 월 평균 에너지 소비자료와 기기의 평균 수명을 검토한다.

- **개선사업**

에너지 관련 개선사업에 저렴한 이자율로 자금을 빌려주는 제도를 알아본다. 에너지관리공단(www.kemco.co.kr)을 접속해 정보를 수집한다.

- **재정적 인센티브**

에너지 효율이 높은 장비로 기기를 교체할 경우, 정부 주도의 재정보조금, 보상 그리고 재정적인 인센티브를 주는 프로그램이 있으므로 이에 관해 알아본다. 에너지관리공단은 에너지 절약시설 투자에 대해 세액을 공제해 주고 있다.

- **에너지 컨설턴트 고용**

에너지 컨설턴트를 고용하여 에너지를 절감해 주는 시설 설계와 장비 선택에 관해 조언을 요구한다.

- **장기적인 안목을 가지고 레스토랑과 환경을 위해 투자**

에너지 비용이 계속적으로 증가되고 있는 만큼, 에너지 비용 절감요소는 사업운영에 중요한 요소로 작용된다. 그러므로 장기적인 안목을 가지고 사업을 추진한다.

▣ 쓰레기 관리

음식, 기름 그리고 고형의 쓰레기 처리에는 시간, 노력, 돈이 소비된다. 쓰레기 감량화는 비용 효율성뿐만 아니라 환경이나 사업의 보호 측면에서도 큰 의미가 있으며, 실제로 레스토랑의 마케팅에도 도움이 된다. 고객들은 자신들이 즐겨찾는 레스토랑에서 쓰레기 감량화, 재활용을 위해 적극 노력한다는 것을 알면 더욱 만족할 것이다. 여기에서는 레스토랑의 쓰레기와 처리비용을 줄이는 데 도움이 되는 몇 가지 아이디어를 소개한다.

• **음식물 처리 관련 규정**

지역에 따라 적용되는 기준이 서로 다르기 때문에 프로젝트 초기에 해당 지역에 적용되는 요건을 점검해야 한다. 몇몇 관할구역에서는 소유권 변경시 잔존하는 건물의 설비들을 교체할 것을 요구할 수도 있다.

• **적정 크기의 업소용 그리스 트랩 설치**

그리스 트랩은 주방에서 발생한 오수를 음식물 찌꺼기와 기름기로 걸러주는 장치로, 하수관이 막히는 것을 방지하고 미생물의 증식을 예방해 주는 역할을 한다. 자세한 정보는 태신개발(www.taeshin304.co.kr), 에이스엔지니어링(www.aceeng.net)을 접속하여 살펴본다.

• **생물학적 첨가물**

지방과 기름을 분해하는 생물학적 첨가제 처리로 쓰레기의 양을 줄일 수 있다. 폐수 생물 첨가제 자원(Wastewater Bioaugmentation Resource)의 웹사이트(www.bioaugmentation.com)를 접속하면 많은 정보를 구할 수 있다.

• **지역 쓰레기 처리업체 조사**

쓰레기 처리는 과학적인 방법으로 진행되어야 하나 일부 업체에서는 비합법적인 방법으로 쓰레기를 처리하는 경우도 있다. 그러므로 다른 레스토랑에서 거래하는 업체를 물색해 보고 업체들을 주의깊게 조사한다.

• **판지 압축기**

대용량의 종이, 판지, 플라스틱, 유리, 금속 캔 그리고 음식물 쓰레기의 부피를 줄이는데 판지 압축기가 준비되어 있으면 유용하다. 판지 압축기의 구매 비용은 쓰레기 부피의 감소로 줄어든 견인비용으로 보상이 될 것이다.

- **업소형의 쓰레기 압축기에 투자**

  재활용 프로그램을 갖고 있다고 할지라도 여전히 쓰레기는 생길 것이다. 압축기를 사용하면 쓰레기 부피 감소로 견인 비용이 절감되므로 단기간 내에 투자비용을 회수할 수 있다.

▣ 환경보호

녹색화는 환경 친화적인 건축자재 사용과 건축 방법을 의미한다. 건축 거래에서 성장하고 있는 이 분야는 건강, 안전, 에너지 보존, 쓰레기 관리와 재활용을 증진시키는 제품과 기술에 중점을 두고 있다. 서울시는 '친환경 건축기준'을 2007년에 마련하여 공공·민간, 신축·기존 건축건물별로 친환경, 에너지 절약형 설계, 유지·관리에 관한 지침을 발표하였다.

사업주들은 '녹색화'를 통해 재정적, 개인적 그리고 지역적인 이익을 얻을 수 있다. 여기에서는 낭비를 줄이고 친환경적인 캐터링 사업을 창출하는데 유용한 자료 몇 가지를 제시한다.

- **녹색 건축 운동에 관한 학습**

  아래의 웹 사이트들에서 레스토랑의 친환경 건축 운동을 살펴볼 수 있다.

  - 미국 친환경(www.archtect.com/GREEN/GREEN.ASP.)
  - 미국 에너지 부서(www.eren.doe.gov/buildings/commercial_roadmap.)
  - 국내 에너지관리공단(www.kemco.or.kr)
  - 이화여대 친환경 건축 연구실(http://greenbuilding.ewha.ac.kr)

- **지원금, 저리 융자 및 재정지원 물색**

  친환경 건축물을 지으면 최대 5%까지 지방세를 감면해주는 제도가 있다. 다음의 웹주소를 접속하여 정보를 얻는다.

- 'Funding Green Building'(www.fundinggreenbuildings.com)은 녹색 건물을 위해 전문적으로 자금 지원을 컨설팅해 준다.
- 'Fat Earth'(www.fatearth.com)는 재정 지원 명부를 제공하고 에너지 절약과 녹색 건축 및 기기에 대해 보상하는 정보들을 제공한다.

• 녹색 빌딩 전문가 고용

서비스 명부는 미국의 경우 그린빌더닷컴(www.greenbuilder.com)에서 제공하고 있으며, 국내의 경우 네이버, 야후에서 '친환경건축'의 검색어로 찾아볼 수 있다.

The FOOD Service Professional

레스토랑 창업 노하우

5 빌딩 시스템

■ 겨울에는 따뜻하고 여름에는 시원하게

고온을 내뿜는 주방 설비가 가동되는 주방 환경에서 안락하고 편안함을 느끼도록 실내 온도를 유지하는 것은 어려운 일이다. 효율적인 운영 예산으로 바쁘게 움직이는 종사원들이 더위에 지치지 않고, 손님이 추위에 떨지 않고 편안하게 식사하는 환경을 만들어내는 것이 바로 도전이다. 냉·난방, 공조시스템(HVAC)을 숙지하는데 유용한 정보는 다음과 같다.

- **구매한도 범위 내에서 가장 에너지 효율이 높은 설비에 투자**

  전체 에너지 사용의 50% 이상은 냉·난방 및 공조시스템 사용으로 발생되는 비용이므로 적은 절약이라 할지라도 상당한 운영비 절감효과를 가져온다.

- **곰팡이/포자 증식억제와 습도 낮추기**

  적절한 공조 시스템을 갖추어 곰팡이/포자의 증식을 억제하고 주방 내 습기를 줄인다. 레스토랑 주방은 지나치게 습기가 높아서 빠른 부패와 잠재적인 건강 문제들을 야기한다. 미국의 '식음서비스 연합 사이트(www.hciaq.org/index.htm)'나 국내의 한국과학기술원(www.kisti.re.kr)에 접속하여 실내 공기품질을 관리하는데 유익한 정보를 얻는다.

- **공기 정화기**

공중에 떠다니는 미립자를 적어도 65%까지 감소시키는 먼지 포집률(dust spot efficiency)을 가진 공기 정화기를 갖춘다.

- **열차단 창 설치**

식당 홀의 온도를 내리기 위해 열차단 창문 유리를 설치하는 것을 고려한다. '열차단 유리(Low-e coating)'라고 불리는 이 하이텍 솔루션은 들어오는 빛을 감소시키지 않고 열을 만들어내는 광선을 차단한다. 좀더 알기 위해서 미국의 www.efficientwindows.org 혹은 국내 넥스필(www.nextil.com)을 방문한다.

- **열흡수 재료 설치**

건축과 설계과정에서 열흡수 재료를 사용한다. 재료들은 더운 시간 동안 열을 흡수해 저녁에 흡수한 더운 공기를 조금씩 내보낸다.

- **열교환 장비에 대해 HVAC 컨설턴트에게 문의**

이 장비는 정상적으로 밖으로 배출되는 '낭비' 열에너지를 배출시키지 않고 방향을 바꿔주어 식기세척기의 온수로 재활용하거나 다른 공간의 난방에너지원으로 재사용한다. 열교환 장비 설치를 통해 예상되는 절감 비용을 결정하기 위해 비용분석 보고서를 전문가에게 요청한다.

- **새로운 냉·난방 공조시스템에 주목**

10년 이상된 시스템을 교체함으로써 에너지 비용을 50%까지 줄일 수 있다. 에너지 효율이 높은 설비를 사용하면 설비 회사의 재정 지원과 지원금을 보조받을 수 있다.

• **공기흐름 방해를 최소화**

서빙 직전에 잠시 동안 대기 진열되는 음식의 온도가 지나치게 내려가지 않도록 하기 위하여 냉방 배기구와 식당 공기 배기구를 통합한다.

화재 진압

산업 전문가들은 매일 천 곳 이상의 레스토랑 주방에서 화재가 발생한다고 말한다. 화재로부터 재산을 보호하는 것은 화재 진압장치의 설치, 방화 마감재 사용, 감지기 설치와 화재 진압 시스템을 적절하게 유지하는 것을 의미한다. 스프링쿨러 시스템은 실질적으로 인명 구조 장치가 될 수 있다. 업소용 화재 진압 시스템들은 불길을 잡기 위해 물이나 화학제를 뿌리는 배관의 네트워크이다. 휴대용 소화기는 불 속에서 초기 방어를 하는 1차 저지선이다. 몇 가지 실용적인 화재 예방책은 아래와 같다.

• **소방 방화시설 완비증명 신청**

소방법 제8조의 2항에 근거하여 지하층 66m^2 이상의 일반음식점은 소방·방화시설 규정에 따라 설비를 설치하여야 한다. 만약 시정보완 명령을 위반한 업소는 3년 이하 징역 또는 1천만 원 이하의 벌금에 처한다. 국내 소방시설 설치유지 및 안전관리에 관한 법률에서 정하는 시설에 방화관리자를 두어야 한다.

• **1994년 이전에 설치된 화재진압 시스템은 갱신(update)이 필요함**

미국 보험업 산하 연구소(The Underwriters Laboratory)는 UL-300 기준을 1994년 10월에 개정했다. 설비 변화와 화재 발생 위험이 높은 재료 사용(예 : 돼지기름에서 식물성 유지로 변화)이 많아짐에 따라 낡은 장비를 가지고 오늘날의 주방 화재를 진압하는 데는 한계가 있다. 국내의 경우 소방시설 공사를 할 경우 소방법 제6조에 의해 반드시 시공변경신고를 하도록 규정하고 있다(www.nonsan.cn.119.go.kr).

- **업소용 소화기 구매**

레스토랑 주방을 위해 특별히 설계된 업소용 소화기들을 구입한다. 소화기들은 업소용 주방 화재 진압에 적합한 소화 매개체를 사용한다. 특정 작업 공간의 화재 발생 가능성에 대비해 적당한 용량의 소화기를 선택하고, 모든 직원에게 기구 사용법을 훈련시킨다.

- **자동 가스 차단 시스템 설치**

화재발생시 확대 요건과 폭발 가능성을 감소시키기 위해 자동 가스 차단 시스템을 설치한다. 가스 사용중에 누전이나 화재가 발생할 경우를 대비하여 가스레인지 사용을 마쳤거나 불이 꺼지면 자동으로 가스 중간밸브가 차단되는 인공지능 가스밸브가 개발되어 사용되고 있다(www.hesta.kr). 또한 미국 레스토랑 협회의 소책자 '레스토랑 화재 안전 요령'을 읽어보면, 화재안전에 관한 광범위한 정보를 얻을 수 있다.

- **빌딩 건축과 장식에 사용되는 재료는 화재 및 빌딩법 규정을 충족하거나 능가하는 것으로 선택**

■ 방화 지붕과 기타 화재등급 빌딩제품을 선택한다.
■ 보험업체에 이들 건축재질을 사용할 때 보험료 혜택이 있는지를 문의해 본다.
■ 모든 종류의 휘장과 직물은 방화저지용 재질로 해야 할 것이다.
■ 오븐용 장갑, 타월, 유니폼, 조리사 가운, 모자, 앞치마 등은 화염에 저항성이 있어야 한다. 나일론, 폴리에스테르, 레이온, 아세테이트 원단의 직물은 사용을 금한다.

▣ 냉수와 온수

충분한 양의 온수와 냉수는 음식 준비와 서비스에서 중요한 자원이다. 아래에 가열, 냉각, 연화 그리고 물을 사용할 때 고려해야 할 몇 가지 요소를 제시하였다.

- **연화제 설치**

  경수를 처리하기 위해 연화제를 설치하고 적당한 화학 제품을 사용한다. 경수는 파이프를 막히게 하거나 기기를 고장나게 하고 유리잔, 접시류, 식기류를 얼룩지게 하므로 연수기를 이용하여 문제를 해결한다.

- **수질 문제 읽어보기**

  4장의 '환경과 안전 문제'에서 수질 문제에 관하여 읽어본다.

- **물의 유용성 및 수압 확인**

  토지를 구입하거나 임대하기 전에 물의 유용성과 수압을 살펴본다. 시골이나 사막 지역만이 마실 수 있는 물이 부족하게 공급되는 유일한 지역이 아니다. 수압이 불충분할 경우 식기세척기, 화장실 탱크와 자동얼음제조기의 작동에 나쁜 영향을 미치므로 반드시 수압을 확인한다.

- **1인 필요량 계산**

  1인당 필요로 하는 물이 얼마나 되는지 계산해 본다.

  - 조리와 음용수 용도 : 18.9 l 이상
  - 기계나 수작업에 의한 식기세척기 : 6.8 l 이하

- **배관 비용 절약**

  온수기가 필요한 기기나 싱크대 근처에 온수기를 설치하여 가열에 드는 에너지 비용을 절약한다. 이렇게 하면 54.4℃ 온수를 얻기 위해 71.1℃로

과열할 필요가 없어진다. 최소한 열손실을 위해 탱크나 선을 절연하거나 비슷한 기기끼리 묶어 설치하여 배관 비용을 절약할 수 있다.

- **순간온수기**

온도를 유지하기 위한 효율적 방법으로 순간온수기를 고려해 본다. 부스터가 설치된 식기세척기를 선택하는 것도 좋은 방법이다.

- **충분한 용량의 온수기 선택**

주방에서 가장 바쁜 피크타임에 필요한 온수량을 충분히 공급할 수 있는 용량의 온수기를 선택한다. 컨설턴트를 활용하면 필요한 용량을 결정하는 데 도움을 줄 것이다.

- **미리 계획**

예를 들면, 수조, 실내 식물들, 운반차, 세척 공간 등을 위해 특별한 배관 설비가 필요할 수 있다.

듣기 좋은 소리들

금전 출납기에서 울려퍼져 나오는 소리는 아름답다. 그러나 유리잔의 쨍그랑 소리, 웅성거리는 대화 소리, 흔들거리는 문소리와 울리는 냄비 소리가 서로 섞이면 소음으로 가득 찬 레스토랑이 된다. 먹는 소리, 대화하는 소리는 어쩔 수 없지만 불필요한 소음은 저녁식사 시간을 망치게 할 수 있다. 과도한 소음은 종사원에게도 불쾌감을 줄 수 있고 피로감을 가중시킬 수 있다. 목표는 소리가 전혀 나지 않게 만드는 것이 아니라 일반적 목소리 크기로 대화가 이루어지게 하면서 방해되는 소리를 최소화하는 것이다. 심지어 배경 음악이나 소리가 반사하는 재료로 소리를 높일 필요가 있다. 긍정적인 소리의 환경을 만드는 데 도움이 되는 방법 몇 가지를 아래에 제시하였다.

• **소음 감소**

고객이 있는 장소나 근처에 놓아지는 기기는 가능한 조용하게 작동시키며 소음의 분산을 최소화하도록 정기적으로 유지 보수한다.

• **음악**

레스토랑에 어떻게 음악을 제공해야 하는지를 알기 위해서는 다음 장의 '자극하고, 달래며 호소하는 음악' 섹션을 읽어본다.

• **제빙기와 컴프레서가 달린 기기들을 주방에 설치**

소음을 많이 발생시키는 기기들은 가능한 주방에 설치하고, 식당홀에는 아이스박스나 다른 서비스 용기들을 구비하여 소음을 줄인다.

• **방음처리**

에너지 비용 절감과 기기 작동이나 주방에 나는 소음을 차단하기 위해 창문, 배관, 냉·난방공조시스템에 방음처리한다.

• **문, 스크린, 유리 칸막이 설치**

식사장소로부터 떨어진 곳에 소리의 방향을 바꾸기 위해 문, 장식 스크린, 유리 칸막이를 설치한다. 유리는 실제로 소음을 증폭시킬 수 있기 때문에 유리를 사용할 때는 주의한다.

• **주방 전체에 고무매트 사용**

고무매트는 직접적이거나 반사되는 소리를 줄여주고 걸을 때 더 편안한 느낌을 준다.

• **소리 흡수 카페, 천, 가구를 고려**

일반적으로 두꺼운 재료일수록 방음효과가 더 크다.

- **레스토랑 용도로 승인된 방음 재료만 사용**

  방음 재료는 소독/세척 기준에 적합해야 하고 보습성을 가져야 하며 적절한 연소성을 지녀야 한다.

- **소리 전문가 고용**

  레스토랑의 소음 수준을 평가하고, 듣기 좋은 소리를 가진 물건을 배치하거나 방음방법을 추천해 줄 수 있는 소리 전문가(청각 상담가, 소리 엔지니어)를 고용한다.

- **안락한 소리**

  바람직하지 않은 소음을 가리기 위하여 전략적으로 분수를 배치하거나 배경음악이나 자연 소리를 이용하여 레스토랑 안에 좋은 소리가 흘러나오도록 한다.

▣ 전문 시스템의 계획과 사전 배선

전화, 사운드 시스템, TV와 케이블, 알람, 컴퓨터 전산망과 포스 장비를 미리 계획하는 것은 레스토랑 건축과 개축에서 중요한 단계이다. 위의 전문 시스템을 적절하게 계획하면 경비를 절감해 주고, 전문 계약자나 서비스 제공자들이 설치 일정을 잡는데 도움을 주며, 레스토랑의 건축이나 개축공사가 마무리 단계에 있다는 것을 입증해 준다. 현재와 미래에 사용되는 전문 시스템을 계획하고 설치하는 데 도움이 되는 사항을 아래에 제시하였다.

- **현재와 가까운 미래의 요구사항을 검토**

■ 배선 교체 : 장비를 업그레이드하고 시스템을 확장할 때 전선을 교체할 필요가 있는가?

■ 벽체 공사 여부 : 변화를 주기 위하여 벽을 허물어야 하는가? 공사단계에서 소액의 추가 경비를 지불하고 변경하는 것이 공사 완료 후에 변경하는 것보다 비용을 크게 절약할 수 있다.

■ 작업 일정 : 기기 구매를 완료하고 나서 바로 배선 일정을 잡고 공사를 실행한다. 기기 배달 후 설치공사까지 기간이 길어질수록 기기 파손의 우려가 높아지고 마감작업이 지연될 수 있다.

■ 전화선 : 전기코드 연결과 사용이 편리하도록 전화선, 전기회로를 미리 계획한다. 정기적으로 배치도가 변경되고 테이블 교체와 장식의 재배열이 일어나는 곳에서 특히 전화, 전기선의 배치에 유의한다.

■ 전선 노출 금지 : 전선의 노출은 보기 흉할 뿐 아니라 안전을 위협하는 요소가 될 수 있으므로 전선을 숨긴다.

■ 유능한 전문가 고용 : 레스토랑에 관련 정보 시스템의 전문가를 고용한다. 개인업체의 전문가는 기술적인 문제를 해결하는데 도움을 줄 수 있고, 판매자의 매출 실적을 분석할 수 있으며 제조자의 데이터를 해독할 수 있다.

■ 시스템 설치 및 검토 책임자 : 시스템 설치 작업을 계획하고 검토하는 데 누가 책임을 질 것인지를 명확하게 한다. 레스토랑 설계팀의 리더는 전문 시스템의 변경 내용, 설치 개정, 계획 일정 등을 전문 시스템 공급업체에게 알려주는 것을 포함하여 이들의 감독을 담당할 수 있다.

The Food Service Professional

레스토랑 창업 노하우

6 레스토랑 홀

■ 테마 레스토랑의 세계－테마 개발

테마 레스토랑이란 무엇인가? 레스토랑 컨셉은 음식과 서비스보다 브랜드의 특성을 잘 표현하고 있는가? 레스토랑은 감각적 요소들을 자극하는가? 훌륭한 식사에 재미가 가미되어 제공되는가? 수천 개의 서로 다른 테마 컨셉들이 오랜 기간에 걸쳐 시도되었다. 그 중 몇 가지는 쉽사리 쓸모없게 되었고 일부는 변화하는 환경 속에도 불구하고 번성해 왔다. 우리나라 전역에 만연하는 레스토랑 추세는 엔터테인먼트와 식사가 결합된 흥미로운 아이디어들로 가득 차 있다. 테마 레스토랑이 개인이나 대기업의 노력의 산물이든 간에 기본적인 원리는 같다. 즉 테마 레스토랑의 성공적 운영은 충분한 자본력, 훌륭한 마케팅, 완벽한 타이밍, 폭 넓은 연구조사 그리고 시장과 목표 고객에 대한 깊이 있는 이해를 필요로 한다. 테마를 개발할 때 다음과 같은 사항들에 주목한다.

- **테마 컨셉 찾기**

  예를 들어, 인기 있는 문화(예 : 비디오 게임, 패션, 음악 그리고 유명인), '원하는 추억거리들'(예 : 파리에서의 신혼여행, 할머니댁·어머니댁 방문), 알려지지 않거나 친숙하지 않은 것들(예 : 서부 야생지대, 빅토리아 시대의 영국 혹은 아틀란티스) 혹은 취미(예 : 해저 낚시, 골프 혹은 알파인 스키) 등의 테마 컨셉이 활용될 수 있는지 조사해 본다.

• **외관보다는 감성을 강조**

인간의 기본적인 9가지 정서, 즉 안전, 모험, 자유, 변화, 힘, 확장, 허용, 커뮤니티와 표현을 자극한다.

• **특정 고객 타깃팅**

고객의 정서적인 욕구와 소비 습관을 이해하기 위하여 이상적인 고객의 프로필을 주의깊게 검토한다.

• **조사와 분석 실행**

폭 넓은 마케팅 조사와 분석을 수행하여 투자자와 협력자에게 이윤발생 가능성이 있다는 확신을 주고 이들의 투자를 이끌어 낸다. 테마 개발을 전문적으로 하는 컨설턴트를 고용하여 마케팅조사와 분석을 수행한다.

• **적정 시기 탐색**

트렌드의 결정적 순간을 포착하는 것이 중요하다. 너무 이르거나 늦어도 실패할 것이다.

• **모든 감각들을 즐겁게 한다.**

- **귀를 자극**. 천둥과 비, 힙합 뮤직, 야생조류들의 소리를 이용하여 귀를 자극한다.
- **눈을 환하게 함**. 판타지를 만들고, 역사를 재창출하며, 다른 국가로 여행한다.
- **코를 유혹**. 야생화의 향, 신선한 팝콘 냄새, 강렬하고 자극적 냄새를 통해 코를 자극한다.
- **손가락을 자극**. 우아한 가죽, 모피 마스코트, 만져볼 수 있는 장신구들을 통해 손가락을 자극한다.
- **혀를 자극**. 민족 음식, 편안한 음식, 어린이가 좋아하는 음식을 이용하여 사람의 혀를 자극한다.
- **이성을 자극**. 이성을 자극하여 유혹하고 기쁘게 하며, 신비롭게 만든다.

• **테마 형성**

레스토랑 고객이 경험하는 물질적, 정서적인 개별 요소들이 모두 테마에 반영되어야 한다. 어떤 테마로 레스토랑을 디자인하느냐에 따라서 느낌이 달라지게 된다. 일상 물품들이 테마에 의해 예술적 표현이 가미된 물품으로 돋보이게 된다. 레스토랑의 테마는 브랜드 형성을 위한 기초가 된다.

• **창조적 테마용품 개발**

다양한 규칙을 적용하여 창조적인 테마용품을 개발한다. 많은 테마 레스토랑에서 테마를 느낄 수 있는 장식물품을 필요로 한다. 냅킨과 같은 일상적인 품목들에 예술적 의미부여가 필요하기도 한다.

• **테마 대신에 디자인 중점 요소(design focal point) 고려**

음식에 더 중점을 두는 접근 방식을 활용해 본다. 구체적인 내용은 아래 부분을 읽어본다.

▣ 디자인 중점 요소 만들기

모든 레스토랑이 '테마' 레스토랑이 아닐지라도 레스토랑마다 테마를 지니고 있다. 우리가 언급하고자 하는 것은 테마 레스토랑과는 달리 유희보다는 음식에 중점을 두는 디자인 컨셉이면서 브랜드 개발 활동의 출발인 '디자인 중점요소'를 활용하여 레스토랑을 개발하는 것이다. 모든 것을 갖춘 '테마' 레스토랑과 혼돈을 피하기 위해 이 개념을 '디자인 중점 요소'로 언급하도록 한다. 다음의 사항들을 고려한다.

• **디자인 중점 요소 선택**

레스토랑의 비전을 반영하는 디자인 중점 요소를 선택하고 이것을 형성한다. 예를 들어, 디자인 중점 요소가 사과라면, 사과를 아래 요소에 통합한다.

- **레스토랑 명칭**. 애플 애니 카페
- **로고, 사인**. 녹색 잎과 함께 밝고 붉은 사과
- **유니폼**. 붉은 에이프런, 사과 모양의 명찰표
- **장식 액센트**. 사과색과 하얀색의 타일, 사과 모양의 쿠키 그릇
- **메뉴**. 사과 모양, 사과 사진 혹은 사과와 연관된 색상들
- **특별 품목**. 애플파이, 애플머핀
- **음악**. 사과와 관련되는 아이디어를 찾기

• 고객 유인기법 유지

테마 레스토랑들은 흔히 음식에 엔터테인먼트 가미를 강조하여 고객을 감동시킨다. 디자인 중점 요소를 활용할 경우에는 고객들에게 판매 촉진 음식(수익성이 높은 음료, 애피타이저, 디저트)의 주문을 유도하여 반복적으로 레스토랑을 찾아오게 하고 레스토랑의 브랜드를 발전시킨다.

• 진부한 모습에서 탈피하여 독창적인 모습을 창출

테마 레스토랑은 진부한 모습들을 품으면서 그 요소들을 강조하여 분위기를 만든다. 그러나 디자인 중점 요소에서는 진부한 특성 없이 친숙한 색상과 섬세한 요소들을 통해 장식하고 분위기를 낸다. 다양한 향미와 스타일을 혼합한 퓨전 조리처럼 독특하고 비범한 것들을 가미한다.

• 초점을 가지지 않는 디자인 중점 요소 선택

우아함, 아늑함, 따뜻함, 안전함, 부유함, 휴식, 젊음 그리고 관대함을 생각하게 만드는 다양한 요소들을 사용하여 감성을 설계한다.

• 미래 설계

레스토랑 장식은 5~7년 정도의 수명을 갖는다. 재장식을 할 때 다시 고려할 필요가 없는 다채롭고 중립적인 기본 요소(바닥, 조명, 천장 그리고

장착물)에 집중한다.

- **품질 기본에 투자 확대 및 장식적인 터치에 소비 절약**

모든 것이 토탈 룩의 일부분인 테마 레스토랑과는 달리, 디자인 중점 요소를 활용하면 예산을 초과하지 않고 단순한 장식물로도 변화를 줄 수 있다.

- **'과도한 디자인' 피하기**

눈을 편안하게 하기 위해 빈 공간(아무 것도 장식되지 않은 벽, 평범한 바닥)을 사용하여 식사하는 고객에게 중압감을 주는 자극을 피한다.

▣ 가족과 함께

가족 중심의 레스토랑을 만든다는 것은 색칠하는 책을 나눠주고 높은 의자를 제공하는 것 이상의 무엇이 필요하다. 아이에게 친숙한 환경은 바로 부모가 편안하게 식사할 수 있는 환경을 제공하는 것이다. 개구쟁이들에게 어필하는 것은 1차적인 목표이고, 2차적인 목표는 어른들의 외식 경험을 높이는 것이다. 부모와 아이들 모두를 만족시킨다면 이들이 레스토랑을 다시 찾아오게 될 것이다. 전통적인 가족 단위는 이제 많이 다르다는 것을 명심한다. 주말 아빠와 엄마, 베이비붐 시대의 조부모들 그리고 성인과 입학 전 아동들이 함께 사는 2세대 가족이 요즘의 가족 형태이다. 오늘날의 부모와 조부모들이 젊음지향적이고, 활동적이며 아이들을 즐겁게 하는 데 기꺼이 돈을 쓰려 한다고 통계 자료에서 볼 수 있듯이 외식은 그들의 일상생활에서 중요한 일부이며, 레스토랑에서 먹든 테이크아웃을 하든 간에 엔터테인먼트는 구매와 직결되는 중요한 요소이다.

- **즐거운 분위기 양성**

홍겨운 음악(불쾌감을 줄 수 있는 '톱 40' 유행가 가사들에 대해서는 주의한다), 대담한 색상 그리고 만져볼 수 있는 표면 장식을 통해 홍미로운 분위기를 만든다.

- **유아 좌석 공간 만들기**

어른들이 식사하는 데 불편하지 않도록 유아용 착석 공간을 만든다. 걸음마를 하는 유아와 유치원생들의 손이 닿을 수 있는 높이에 있는 표면 장식들은 정기적으로 손자국들을 없애고 깨끗하게 유지해야 한다.

- **가족용 화장실 만들기**

공간이 허용된다면 부모가 아이들의 기저귀를 갈아주고 안전하고 조용하게 돌봐줄 수 있는 '가족' 화장실을 만든다.

- **칸막이 좌석 마련**

넉넉한 칸막이 의자와 공간을 마련하여 어린이와 어린이를 돌보는 어른을 수용할 수 있도록 한다.

- **화장실에 기저귀를 갈아줄 수 있는 공간을 마련**

간단한 테이블이나 벽에 붙여 놓는 테이블을 설치하면 젖은 카운터나 바닥에 아기를 두는 것보다 낫다. 또한, 각종 표면을 소독하기 위하여 물티슈를 준비하는 것을 잊지 않는다. 작은 아이들의 손이 닿을 수 있는 정도의 세면기, 타월 디스펜서, 드라이기 그리고 쓰레기통을 비치한다. 또한 아기를 보살피는 어머니를 위해 여성 파우더 룸에 의자 또는 특수 목적의 공간을 마련한다.

• **'보이지 않는 공간' 제거**

시야를 가리지 않는 공간 설계를 통해 아이들이 화장실을 출입하고 떨어져 있는 놀이공간을 부모들이 한눈에 지켜볼 수 있도록 한다.

• **고급 레스토랑에 '어린이 환영' 공간 마련**

어린이를 위한 공간을 마련하면 부모들은 좀 더 편안함을 느낄 것이고 다른 식사 고객들도 방해받지 않을 것이다. 실내·외에 유모차를 두는 공간과 아울러 자전거 거치대를 마련한다.

• **방음 재료 사용**

주위의 소음을 최소화하기 위하여 소리를 흡수하는 방음 재료를 사용하여 방음 능력을 높인다. 부모들이 좀더 편안함을 느낄 수 있도록 귀에 거슬리는 소리를 줄인다.

▣ 야간 운영

늦은 밤에 운영되는 레스토랑, 바, 라운지, 나이트클럽 그리고 만남의 장소에 공통적으로 적용되는 몇몇 특별한 요구사항이 있다. 심야 영업과 관련된 문제를 다룰 때에는 고객이나 종사원의 안전 확보에서 어두운 환경의 장식에 이르기까지 다음과 같은 사항들을 염두에 두어야 한다.

• **안전을 고려한 실외장식**

레스토랑 외관을 설계할 때 어둠 속에서 고객의 안전과 접근성을 염두에 둔다. 어두운 밤에 건물 주변과 주차장 안쪽 전부를 걸어다녀 본다. 고객을 보호하는 것은 매우 중요한 일이며 법적으로 요구되는 사항이다. 센서 등을 설치하고, '가려진 공간'들을 없애기 위해 관목들을 잘라낸다. 또한 핸드레일을 설치하거나 사람들을 인도할 수 있는 울타리벽을 설치한다.

문과 주차장을 알려주는 방향 표지판도 설치한다.

- **안전을 고려하여 레스토랑의 실내를 디자인**

▪ 작업공간, 귀중품 서랍 그리고 현금등록기는 문쪽으로 향하도록 배치한다.
▪ 도망가는 범죄자의 키 높이를 판단할 수 있도록 모든 출구를 따라서 세련되고 매력적인 장식물을 설치한다.
▪ 실내 장식품에 보안 카메라를 통합한다. 화재감지기는 보안 카메라의 두 배를 설치한다. 안전 전문가는 어떤 카메라가 범죄방지 장치로 활용되며 실내의 전체 공간을 들여다볼 수 있도록 설치해야 하는지를 알려줄 것이다.
▪ 바닥 안쪽에 비밀 금고를 설치한다.
▪ 모든 외부 출입문 위에 파손방지 등을 설치하고 뒷문에는 깨지지 않는 창문을 설치한다.

- **밝은 등 설치**

출입구에 후미진 공간을 없애고 밝은 등을 단다. 이는 누가 들어오고 나가는지를 쉽게 알려주고, 시력 적응시간을 단축시키며 미끄러져 넘어지는 상해사고를 줄여준다.

- **단열재 및 방음재의 성능 강화**

저녁에는 보통의 소음 수준이나 조용한 음악일지라도 이웃들에게 방해가 될 수 있다.

- **간접 조명**

레스토랑이 분위기를 효과적으로 더 높이기 위해 간접조명을 설치하고 사람이 아니라 공간을 비추게 한다.

• **야간에 실외 식사공간**

야외 식사공간에 휴대용 조명기구와 가스히터를 설치하여 야간에 고객이 편안함을 느끼면서 야외공간을 즐길 수 있도록 만든다. 조명이 어두운 보행 장소와 출입구에 세심한 주의를 기울인다.

• **다채로운 조명색상 사용**

밝기가 낮아진다고 해서 색상이 보이지 않는 것은 아니다. 검정색으로 벽을 장식하는 시대는 지나갔다. 조명을 잡기 위해 금속감을 주는 짙은 로열 블루나 짙은 암홍색을 고려해 본다.

• **흡연자를 위해 배려**

흡연자들을 위하여 공기정화 시스템을 갖춘다. 흡연을 허용하는 지역에서는 고객과 종사원의 안전을 위하여 최상의 공기정화 시스템을 갖추는 데 투자해야 한다. 흡연율은 밤시간일수록 특히 음주 위주의 장소에서 더욱 높아진다.

• **시가(cigar) 흡연 라운지 만들기**

상류층의 시가 애호가에게 식음서비스를 하는 경우 빠뜨려서는 안될 두 가지 예는 하이테크 장식물과 고급가죽 의자와 유행하는 와인(예 : 25년산 포르투갈 와인)이다.

▣ 쇼 타임 : 오픈형 주방

엔터테인먼트로서의 식사는 과거에 비해 새로운 전환점을 맞이하고 있다. 음식 애호가들은 볼거리를 즐긴다. 그러나 주방을 식당 홀 밖으로 가져오는 것은 요리사나 직원에게 상당히 다른 직무 환경을 만든다. 오픈형 주방을 설계할 때는 연출법이 매우 중요하다. 음식을 상품화하고 식당 홀에서 오픈형 주방을 중점 요소로 활용한다. 오픈형 주방을 디자인할 때는 일반적으로 사용되는 주물형의 낡은 기기를 사용할 수 없으며, 고가의 기기를 설치해야 한다. '기능을 초월한 디자인'이 필수요건이므로 상당한 예산이 소요된다. 다음의 사항을 고려한다.

- **비용절감 방법**

▪ 식당 홀 인테리어 비용을 최소화하여 비용을 절감한다.
▪ 눈길을 끄는 계산대를 만든다. 또는 장식 효과가 나는 페인팅 기법이나 비싸지 않은 모자이크, 혹은 큰 타일을 활용하여 장식한다.
▪ 기존의 스테인리스 스틸 기기에 타일, 구리, 청동, 열저항성이 있는 에나멜 페인트 등으로 기기 표면을 입힘으로써 장식적인 요소를 가미한다.

- **세척하기 쉬운 재질, 작업대 및 기기 배치**

이를 통해 흠집과 지저분한 것을 숨긴다. 오픈형 주방은 특별히 깨끗하고 신선감을 주며, 좋아보여야 한다. '덜 매혹적인' 전처리 업무는 주방의 보이지 않는 공간에서 수행하게 한다.

- **조명 활용**

조명을 활용하면 직원의 부가적인 노력없이도 식사를 하는 사람에게 극적인 효과를 줄 수 있다.

- **계속적인 활동 강조**

흥미가 가미되지 않은 개방형의 주방은 낭비에 불과하다. 불꽃쇼를 보이고, 정교한 조각품을 진열하며 지글거리는 팬과 그릴을 조화롭게 통합한다. 기기는 요리사가 '고객'을 마주볼 수 있도록 배치한다.

- **출입금지(privacy) 공간**

지하에 기기를 놓거나 '출입금지(privacy)' 공간을 만들어 낡은 도구, 음식쓰레기, 쓸모없는 물건 등을 숨긴다.

- **요리활동을 정면에서 수행**

갓 구워 나오는 또띠아(tortillas), 미식가를 위한 손반죽한 빵, 정교한 디저트와 같은 음식의 조리과정을 고객 앞에서 선보인다.

- **품질**

음식 품질의 우수성과 신선함의 메시지를 고객에게 전달할 수 있도록 안이 보이는 유리문형의 냉장고를 진열하고 신선한 얼음과 매혹적인 원재료를 채워둔 케이스를 진열한다.

- **훈연식(가스, 나무)의 오븐에 우아한 돌로 화로바닥을 장식하고 벽돌로 내벽을 장식**

구리, 타일, 돌, 벽돌로 장식된 오븐은 예술적인 것으로 바뀐다.

- **로티셔리 활용으로 식욕 자극**

76cm 크기의 카운터형이나 1.8m 크기의 바닥 설치형 로티셔리를 이용하면 닭요리, 향료를 넣은 로우스트, 다채로운 캐세롤을 만들어 제공할 수 있다.

- **환기 시스템에 아낌없이 투자**

음식 냄새와 연기 때문에 식사하는 사람들이 쉽게 불쾌감을 느낄 수 있고 다시는 오고 싶지 않게 될 수 있으므로 적정용량의 환기시스템을 구비한다.

▣ 레스토랑에서 가장 좋은 좌석

레스토랑에서 가장 좋은 좌석이란 모든 활동을 한 눈에 볼 수 있는 곳을 의미한다. '요리사 테이블 혹은 주방 테이블(Chef tables)'는 최근 선보이는 고급 레스토랑의 추세이다. 뉴올리언스에 있는 커맨더 팰리스(Commander Pallace)나 발티모어 호텔의 예를 들어보면, 맛을 추구하는 음식 애호가들이 이 자리에 앉기 위해 몇 개월이든 상관치 않고 기다린다. 부카 디베포(Buca Di Beppo, 미네폴리스 거점)와 같은 캐주얼형의 레스토랑 체인점들은 요리사 테이블을 50개나 마련하여 운영한다. 2000년도 미국 레스토랑 협회 조사에서 성인 10명 중에 4명은 음식 준비과정을 하나의 엔터테인먼트로 간주하고 조리과정의 공개에 관심을 가지고 있는 것으로 나타났다. 조리사의 수행업무 중 몇 가지 활동을 고객 앞에서 보여줌으로써 고객을 사로잡을 수 있다. 그 방법은 다음과 같다.

- **안전**

  손님의 좌석은 잠재적 위험이 있는 곳으로부터 떨어진 곳에 마련되어야 한다. 미국의 경우 일부지역에서는 작업 공간과 식탁 테이블 사이에 낮은 벽을 설치할 것을 요구한다.

- **흥미, 관음증을 유발하는 환경 조성**

  요리사 작업대에서 나오는 열기, 소음, 혼란은 생동적인 레스토랑을 표현하는 다소 매혹적인 것의 일부분이 될 수 있다. 조리공간 설계시 표적 고객의 기대를 반영하고, 고객들이 직접 볼 수 있도록 테이블을 배치하되 식기세척실과는 멀리 떨어진 곳에 배치한다. 좌석을 조금 높게 하여 고객들이 내려다볼 수 있도록 한다. 6인용 내지 8인용 식탁을 설치하고 커플들이 서로 교제할 수 있도록 그룹을 만들어준다.

- **요리사 작업대의 고급화**

음향 시스템과 냉방시설을 갖추고 전면을 유리로 처리한 발코니를 만들어 요리사 작업대를 아주 고급스럽게 만든다.

- **요리사 테이블이 부족할 경우**

주방을 둘러보는 프로그램을 계획할 수 있다. 커맨더 팰리스(Commander Pallace)는 저녁식사 고객 전원에게 주방에서 일어나는 활동을 구경하길 원하는지 그 여부를 물어본다. 대부분의 고객들은 대기하더라도 주방을 둘러보는 것을 선호한다.

▣ 첫인상

매혹적인 '정문'은 환영과 초대의 강력한 표시이다. 외관 디자인이 훌륭하면 통행자의 발길을 멈추게 하고 현란한 조명이 비치는 입구로 고객의 발걸음을 재촉하며, 오고 싶은 좋은 곳으로 느끼게 만든다. 아래 사항은 문제를 해결하고 분위기를 조성하며 마케팅하는 데 필요한 몇 가지 아이디어들이다.

- **주차**

■ **접근성, 교통흐름, 주차 가능성 검토** : 장소 선택시에 접근의 용이성, 교통 흐름, 주차의 편리성을 검토한다.

■ **편의 제공** : 눈에 띄는 위치에 자건거 거치대, 편리한 대리 주차, 무료 주차, 혹은 바쁜 저녁시간 동안은 골프 카트 등을 이용하여 멀리 떨어진 곳에서 손님을 모셔다드리는 서비스를 제공한다.

■ **눈에 띄는 신호물 제공** : 눈에 띄는 도로 표시물을 제공하여 고객이 입구까지 편리하게 도착할 수 있도록 한다. 고객들이 레스토랑으로 쉽게 운전해서 들어오고, 주차하고, 나갈 수 있도록 그 방법을 설명하고 알려주는 신호물을 반드시 설치한다.

• **대기공간**

■ **옥외용 좌석의 제공 여부 결정** : 고객들은 사람이 많이 대기하고 있는 것을 인기있는 레스토랑의 징표로 생각하거나 혹은 간단한 식사를 위해서 다른 레스토랑으로 가야겠다를 결정하는 단서로 활용한다. 따라서 레스토랑 운영자는 이와 같은 사실을 인지하고 옥외용 좌석의 제공 여부를 결정한다.

■ **옥외용 좌석은 세척하기 쉬운 재질로 선택** : 쉽게 청소할 수 있고, 만지면 좋은 촉감을 주고 옷이 걸려 찢어지거나 더렵혀지지 않는 재질로 선택한다.

■ **안정감을 주는 의자, 벤치, 낮은 벽 선택** : 외부 좌석 선정시, 레스토랑의 인테리어 스타일을 반영하고 안정감을 주는 의자, 벤치나 낮은 벽으로 꾸민다.

• **분위기 연출**

■ **고객에게 테마 소개** : 놀이터 기구, 과장된 장식 조각물, 화려한 색채 배합의 설계 및 환상적인 환경과 함께 굵은 글씨체로 레스토랑의 테마를 고객에게 알린다.

■ **레스토랑 차별화** : 쇼핑몰, 스트립센터, 사무실 등과 같이 단조로운 외관과 다르게 차별화하여 다채로운 차양, 신선감을 주는 화분, 창문 장식, 매력적인 벽 장식물들과 그 밖의 신호물로 레스토랑의 출입구에 변화를 준다.

■ **음악 곁들이기** : 외부에 스피커를 설치하고 음악을 제공하여 분위기를 내고 식욕을 자극시킨다.

■ **메뉴 게시** : '오늘의 특선요리'와 메뉴를 게시한다. 이러한 메뉴들은 지나가는 잠재 고객을 끌어들이고, 대기 고객에게 빠르게 의사결정을 할 수 있도록 도와주는 마케팅 도구이다.

■ **좋은 향기로 고객 반기기** : 다채롭고 향기나는 꽃으로 레스토랑 정원에서 좋은 냄새가 나게 하고 가까이에 방금 구운 빵과 과자류를 진열하며, 좋은 향기가 나는 청소용품을 사용하여 레스토랑의 입구를 청소한다.

▣ 고객 편의제공

레스토랑 입구는 호텔 로비처럼 클 수도 있고 통로처럼 좁을 수도 있다. 정문 안쪽에 고객이 이용할 수 있는 공간이 얼마가 되든 간에 그 공간을 현명하게 활용해야 한다. 입구에 기능적이고 장식적인 볼거리를 제공하여 손님이 기다리는 동안에 스트레스를 줄여주고 대기 시간이 짧게 느껴지도록 한다. 대기 공간에 다음 요소를 포함할 수 있다.

- **아늑한 실내와 편안한 좌석**

  문이 열릴 때마다 고객이 추워하거나 더워하지 않게끔 노력한다.

- **어린이 활동 공간**

  실내 놀이공간, 아케이드 게임기와 다른 활동들로 아이들을 즐겁게 만든다. 그리고 자그마한 기념품을 제공한다.

- **좌석과 서비스를 안내하는 사인**

  예를 들어, '앉으세요', '저희 직원이 좌석을 안내해 드리겠습니다', 그리고 '화려한 뷔페음식이 여기서부터 시작됩니다'와 같은 표시물을 부착한다. 남녀 종사원과 계산원이 위치하는 구역을 확실하게 규정한다.

- **통로 움직임을 고려한 시설들**

  적정한 장소에 설치한 벽, 이동용 칸막이, 사인보드들과 난간들을 설치한다. 또한 공중전화, 지역 간행물 그리고 자동판매기 등은 편리한 위치에 놓여져야 한다.

- **메뉴**

  '오늘의 특선 요리'를 게시판에 소개하고 판매할 제품을 진열한다. 메뉴판을 벽에 걸거나 테이블별로 나눠준다. 원재료를 장식 목적으로 전시하는 것도 좋다(예 : 연어 한 마리, 신선한 빵 혹은 수입 치즈들). 식당에 디저트를 진열하고 포장판매도 한다.

• **소매용품 판매**

예를 들어, 가게의 전문용품, 동물 인형 마스코트 혹은 식사 후 사탕 같은 것을 준비한다.

• **엔터테인먼트로서의 실내 장식**

수족관, 주크 박스(동전 주입식 자동전축) 혹은 지역 기념물과 같이 고객에게 즐거움을 줄 수 있는 장식물을 도입한다.

• **의류 보관실**

직원들이 고객의 외투를 받아주는 서비스를 제공하게 한다. 의류 보관실이 걸어들어갈 수 있는 옷장 형태이든 고객이 보는 앞에서 코트를 받아넣는 형태이든 간에 안전하다는 느낌을 주고, 외투를 걸어 넣고 내주는 데 체계화된 방법을 갖추도록 최선을 다한다. 가능한 접근을 제한하고 외투 접수시 꼬리표를 붙이고 고객에게 칩이나 영수증을 내준다. 습기가 없고 담배나 다른 냄새가 흡수되지 않도록 의류 보관실은 통풍이 적당하게 되는 곳이어야 한다. 훼손되기 쉬운 스웨터, 비싼 모피 그리고 무거운 코트를 보호할 수 있는 고급 옷걸이를 사용한다.

▣ 야외 식사

야외 식사를 도입하면 고객이 식사할 수 있는 좌석수가 늘어나고 고객의 식욕을 자극하며, 자연 경관을 즐기고 다른 사람들을 부추겨 흥겨운 시간을 보낼 수 있는 이점이 있다. 야외 식사공간을 고려할 때에는 다음과 같은 사항들을 확인한다.

- **아침, 점심, 저녁의 주변 환경 확인**

가로등 및 주변 건물에서 나오는 불빛이 너무 밝지 않은지를 확인한다. 공기의 질은 좋은가? 소음 수준은 대화에 지장을 주는가? 센 바람이나 불쾌한 냄새와 같이 통제할 수 없는 바람직하지 않은 환경이 있는가?

- **점심시간 동안의 햇빛량**

양지와 음지 영역을 결정하기 위해 낮시간 동안 햇빛을 관찰한다. 점심시간에 지나치게 뜨겁지 않은가? 테이블 상단, 복도 바닥과 창문들 위로 쏟아지는 빛이나 반사되는 빛에 의해 고객들이 눈부셔 하지는 않는가?

- **쉽고 신속한 서비스**

야외 세팅에서 음식들이 신속하게 서비스될 수 있는지를 고려한다. 주방에서부터 거리를 재어본다. 직원이 접시를 운반하는데 동선상에 문제가 있는지를 결정하기 위해 흐름도를 그려본다.

- **환경 조건을 능가하고 야외 식사 시즌을 확대**

■ **식물, 나무, 장식물 배치** : 매력적이지 못한 경관을 감추고, 바람으로부터 고객을 보호하고 소음 수준을 완화하기 위하여 식물, 나무 그리고 장식적인 것을 배치한다.

■ **감미로운 음악** : 교통 소음을 줄이고 좀더 친근한 환경을 만들어내기 위해 부드러운 음악을 들려 준다.

■ **조명** : 바람직한 환경에 저해되지 않는 범위에서 고객이 메뉴를 읽을 수 있고, 미끄러져 다치는 사고가 일어나지 않도록 적절한 위치에 조명을 설치하고 충분한 조도를 제공한다.

■ **따뜻한 환경** : 휴대용 가스히터, 벽난로 그리고 온열기 등을 설치하여 쌀쌀한 저녁의 야외환경을 따뜻하게 만들어준다.

- **음식 대기구역 마련** : 조리실까지 멀리 다니지 않고, 따뜻한 음료는 따뜻하게 혹은 찬 음료는 차게 유지하고, 고객의 요청에 신속하게 대응할 수 있도록 잘 꾸며진 서비스 대기구역을 갖춘다.
- **고객 보호** : 파라솔, 테라스 커버, 정자와 천막으로 뜨거운 햇빛이나 갑작스러운 소나기로부터 고객을 보호한다.
- **주변 환경 통제** : 사람들이 반드시 출입구를 거쳐 돌아나갈 수 있도록 울타리, 낮은 담장, 관목 혹은 매력적인 형태의 방벽을 설치한다. 이런 물리적인 장애물 설치는 실외에서 알코올을 판매할 때 안전을 위해 갖추어야 할 요건일수도 있으며, 손님이 식당에서 음식값을 내지 않고 달아나는 것을 방지할 수 있다.

찬사의 색상

우리는 저녁식사가 훌륭했다고 말할 때, 맛있는 식사가 제공되었고 레스토랑 분위기가 좋았다는 것을 의미한다. 분위기는 종종 우리가 찾는 음식의 유형과 그것을 먹는 장소에 영향을 미친다. 적절한 분위기를 만들어낸다는 것은 디자인 요소와 인간 심리에 영향을 미치는 정교한 요소들을 사용하는 것을 의미한다.

• 색상과 분위기

- **과학자 입증** : 사람들은 그들을 에워싸고 있는 색상에 의해 영향을 받는다는 것을 과학자들이 증명해 보였다. 레스토랑에 적절한 분위기를 창출하기 위해 한두 가지의 요소들을 적절히 배합하는 것은 필수적이다.
- **노란색** : 태양빛, 흥겨움, 역동성을 의미한다. 많은 디자이너들은 모든 방이 노란빛을 띠어야 한다고 믿는다. 연녹색과는 거리를 둔다.
- **적색** : 강렬함, 열정, 식욕을 자극한다. 대담하게 또는 액센트를 주어 사용한다.
- **청색** : 시원함, 깨끗함 그리고 신선함을 느끼게 하지만, 청색은 상호보완적이지 않기 때문에 레스토랑의 내부 색상으로는 부적절하다.

- **녹색** : 웰빙, 자연, 신선함과 가벼움을 의미하지만, 사람과 음식을 연결시키지 못하고 눈을 떼게 할 수 있다는 것을 주의한다.
- **금색** : 부와 권력을 상징하며 다른 색상들을 따뜻하게 하고 어두운 색깔의 나무를 밝게 해준다.
- **중간색들** : 다크 브라운 계열은 남성적 색상이며 옅은 적갈색 계통은 여성적인 느낌을 준다. 장밋빛 색조는 음식과 사람을 매력적으로 보이게 하며 대담한 강조 색채의 배경색으로 이용된다.
- **흰색** : 깨끗하고 신선하며 새로운 느낌이 들게 한다. 좋은 바탕색이 될 수 있으나, 획일적이고 개성이 없으며, 지루하고 규범적인 신호가 될 수 있다. 현란함과 눈의 피로를 줄 수 있으며, 깨끗하게 유지하기 어려울 수 있다.
- **검정색** : 죽음과 애도를 의미한다. 그러나 검정색을 적절하게 사용하면, 우아함과 스타일을 더해 줄 수 있다. 흑백은 고전적인 느낌을 준다. 나이트클럽을 만들거나 독특한 컬러 조명을 사용하지 않는 한 검정색을 배경 색상으로 사용하는 것은 피한다. 검정색은 손자국을 남길 수 있고 깨끗하게 유지하기 어렵다는 점을 명심한다.

풍수지리

풍수지리는 건물의 배치 방법과 구성 요소들이 인간 행동과 행운에 긍정적 혹은 부정적으로 영향을 미치는지를 다루는 중국 예술 형태이다. 풍수지리를 열렬하게 신봉하는 사람이든 혹은 호기심만 가진 사람이든 간에, 풍수지리는 몇 가지 디자인 원칙을 제공한다. 아래에 풍수지리를 강조하는 몇 가지 영역들을 소개하였다.

• 좌석

풍수지리에서는 사람의 등이 출입구로 향하도록 하는 것이 좋지 않다고 간주한다. 이유는 적들이 사람을 놀라게 할 수 있기 때문이다. 디자인 측면으로 해석하자면 등을 문쪽으로 향하게 앉으면 사람이 불편함을 느끼게 된다는 의미이다.

• **거울**

거울에 통로나 창고가 힐끔 비춰지는 것이 아니라 아름다운 전경이 보여지도록 해야 한다.

• **색상**

색상은 긍정적인 영향, 활동 그리고 행운을 만들 수 있도록 건물의 특정 공간에서 사용되어야 한다.

• **활동**

모든 건물들은 개별 활동이 일어나는 공간들로 나눠진다. 예를 들어, 사무실은 건물에서 돈을 다루는 지역에 위치하여야 한다.

• **풍수지리 상담가 고용**

고객의 방문을 촉진하고 행운과 돈을 불러들이기 위해 풍수지리 상담가를 고용한다. 미국의 www.wsfs.com/statesdirectory.htm의 풍수지리 명부를 검색해 보거나 국내 검색엔진에서 '풍수지리 인테리어'를 검색해본다.

• **서적 참조**

몇 권의 책을 읽어보고 가정과 사업에 적용되는 원리를 검토한다. 이것은 인기작가인 릴리안 투(Lillian Too)는 50권 이상의 풍수지리 책을 집필하였고, 아마존 닷컴에 보면 이 주제에 관하여 400권 이상의 책들이 있다.

• **온라인 잡지 참조**

사단법인 풍수지리학회(www.fengshui.or.kr), 풍수와 인테리어(www.

pungsu4u.com), 한국 풍수지리연구원(www.poongsoo.net)의 웹사이트를 살펴본다.

- **인기 있는 디자인 주제**

  건축가와 디자인 컨설턴트에게 '인기있는 디자인' 주제에 관해 물어본다. 전통에 기초하여 창의력을 발휘하는 많은 전문가들이 그들의 기술에 풍수지리 원리를 적용하고 있다.

▣ 녹색 터치 더하기

레스토랑 안팎에 있는 녹색 식물과 꽃을 피우는 식물들은 주변 환경에 생동감과 활기를 더해 주는 훌륭한 장식적인 터치이다. 실내 식물들은 공기를 정화해 주고 산소도 공급해 준다. 매력적인 배경은 무딘 환경을 밝게 해주고, 매력적이지 못한 외부 요소들(쓰레기 공간, 인접한 건물들이나 고속도로 등)을 가려줄 수 있으며, 진입로를 알려주는 포인트를 만들거나 혹은 기다리기에 좋은 장소를 제공할 수도 있다. 레스토랑 디자인과 실내 장식에 식물들을 활용하려고 할 때, 식물은 충분한 빛, 습기 그리고 접근성을 필요로 한다는 점을 기억해야 한다. 다음 사항들은 몇 가지의 식물을 이용한 실내 장식과 전망 조성을 위한 비법들이다.

- **조경회사 고용**

  모든 식물이 생생하게 보이도록 하기 위해 식물관리회사나 조경회사를 고용한다. 죽거나 허약해 보이는 식물들과 노란색으로 변한 잎사귀들은 손님들의 식욕을 감퇴시키는 신호가 된다. 인테리어 식물들을 정기적으로 순환시킨다. 식물들이 일년 내내 좋은 모습을 유지할 수 있도록 관리하고 싼값에 폐기하고 계절에 맞는 식물로 교체한다.

• **식물이 아닌 요소 첨가**

매력적인 타일들, 물고기 연못, 깃발, 조각물, 분수, 충분한 조명 등의 요소를 이용하여 주차장, 출입구 그리고 대기 공간을 꾸밀 수 있을 것이다.

• **조화**

천으로 만든 인공적인 식물들을 선택하는 것이 일부 환경에서는 더 나을 수 있다. 자연 색상의 꽃과 잎을 지닌 최상급의 조화를 활용한다. 밝은 청색 꽃봉오리들은 실내장식들과 어울릴 수는 있으나 자연에서는 흔히 볼 수 없는 색상이다.

• **이동식 화원 조성**

다채로운 색의 병, 장식용 화분, 벽에 달 수 있는 바구니, 혹은 오래된 주방용품을 사용하여 화원을 조성한다. 이런 것들이 인공적인 조경을 한층 더 부드럽게 만들어주는 좋은 방법이 될 수 있다.

• **매력적이지 못한 식물들**

불쾌한 냄새, 가시가 많은 잎 또는 독성을 지닌 잎이나 꽃, 열매를 가진 식물들은 피한다.

• **공간에 맞는 식물 선택**

조명과 급수 그리고 식물이 완전히 성장했을 때의 크기를 고려한다. 포도 덩굴이 손님의 얼굴에 닿을 정도로 늘어지거나 매력적인 식당 공간의 풍경을 저해할 정도로 식물이 자라게 해서는 안 된다. 건물 내부 식물의 건강한 생장을 위해 차단이 없는 조명기기를 사용한다. 식물을 놔두는 선반이 배수가 되도록 설치를 하고 돌돌 말리거나 수축하는 덩굴 식물들을 조화시켜야 한다.

• **식물 배치 공간에 수도시설 마련**

많은 물을 필요로 하는 나무나 커다란 식물들을 배치하는 공간 근처에 수도시설을 마련한다. 실내 공기를 '신선한 공기'로 만들어주는 식물들을 포함시킨다. 건강한 공기를 만드는 식물에 대해 좀더 배우고 싶다면, 이 책에서 실내 공기의 품질에 관한 섹션, 즉 '고객이 마시는 공기'를 읽어본다.

▣ 예술가 위촉

레스토랑에 적절한 예술작업을 찾는다는 것은 완벽한 작품을 만들어내기 위해 예술가를 위탁해야 한다는 것을 의미할 수 있다. 예술가를 고용하는 것은 다른 어떤 전문가들을 고용하는 것과 다르다. '예술'을 구성하는 것은 보는 사람의 눈에 들어가 있는 것이고 흔히 정의하기 어려울 수도 있다. 컨셉을 개념화하는 과정 동안에 예술가와 밀접하게 작업을 하는 것이 중요하다. 인테리어 설치 작업자가 벽화, 유화, 움직임을 도입한 조각, 분수, 스테인드 글라스 창, 사진작품들, 금속 예술품, 나무조각, 세라믹 혹은 글라스웨어 작품들과 같은 시각 예술을 감리하기 위해 예술가를 선택할 수도 있다. 음악 예술가들 또한 입맛에 맞는 배경 음악을 만들거나 혹은 원곡 작곡을 하기 위해 위촉될 수 있다. 이 때 다음 사항들을 염두에 둔다.

• **토의**

레스토랑의 컨셉을 규모, 설치 요건, 예산 그리고 생산 스케줄을 포함해 상세하게 의논한다. 예술가가 창의적인 정신을 유지할 수 있도록 해줘야 한다. 프로젝트를 위임할 때, 지나치게 조정된 대량 생산 예술품은 목표가 아니라는 점을 명심한다.

- **포트폴리오 검토**

예술가의 기존 작품들을 검토하다보면, 아이디어가 생기고 레스토랑 컨셉에 맞지 않는 것을 피할 수 있다. 프로젝트에 적합한 예술가를 선택한다. 개인적인 공감과 더불어 예술적인 스타일과 경험이 중요하다.

- **사전 검토**

초기 스케치, 모델 또는 그 밖의 디자인 작업들은 비싼 재료들을 구입하거나 작업이 지나치게 진행되기 전에 사전에 검토하고 합의가 가능하도록 요구한다.

- **청중**

레스토랑의 테마, 디자인 특징, 표적 고객의 특성 그리고 다른 정보에 대해 예술가와 의견을 교환함으로써 좀더 많은 배경 정보를 주고 자극을 준다.

- **적절한 프레임, 조명시설 그리고 전시 공간에 투자**

예술가의 노력들이 최대한의 효과가 나도록 적절한 프레임, 조명시설, 전시공간을 지원한다.

- **지역 예술가와의 관계 개발**

특정 예술작업이 공공장소에서 새로운 모습을 주기 위해 정기적으로 순회 공연하는 곳에서 지역 예술가들과 관계를 발전시킨다. 이것이 예술가는 물론이고 사업주에게도 가장 경제적인 방법일 수 있다. 예술가와 주제에 대한 상세한 사항과 함께 독특한 컨셉이 제시되어야 한다.

▣ 자극하고, 달래며 호소하는 음악

주방의 소음을 차단하고 낭만적인 분위기를 만들거나 식욕을 자극시키기를 원한다면, 음악을 적절히 사용해야 한다. 잘 선택된 배경 음악은 레스토랑의 테마와 브랜드를 형성해 주고 개별 고객을 끌어들이는 데 도움을 준다. 레스토랑의 많은 특징들처럼, 초기의 예산 수립과 디자인 단계에서 음악 시스템의 욕구를 통합하는 것이 제일 좋다. 다음은 레스토랑의 음악적 효과를 높이기 위한 유용한 아이디어들이다.

- **상업적인 음악 시스템 전문가 고용**

  건물의 음향을 평가하고, 적절히 균형잡힌 시스템을 개발하며, 신경쓰이는 소음을 배제하도록 전문가에게 요구한다.

- **예산에 맞는 음향기기 선택**

  고객이 기대하는 품질 수준과 예산에 맞는 사운드 시스템을 선택한다. 상업용 음향기기의 비용은 165m^2(50평) 기준 보통 100만 원 내외이다(가격정보는 www.globalsoundo.co.kr 참조). 성인들을 위한 시스템은 십대 어린 아이들을 위한 것보다 기준 비용이 더 높을 것이다.

- **업그레이드 가능성과 볼륨 능력을 문의**

  옵션을 찾아본다. 예를 들어, '기성품' 혹은 '주문 제품' 중 어떤 것이 좀더 적당한지를 살펴본다.

- **호출하기**

  음악의 질을 떨어뜨리지 않으면서 종사원과 손님들이 호출과 안내 방송을 명확하게 들을 수 있도록 통합적인 호출 시스템을 설치할 필요가 있다.

- **케이블, 위성방송 공급자 검토**

상업적인 음악 옵션들에 대해 케이블이나 위성텔레비전 프로그램 공급자들을 체크해 본다. 이들을 활용하면 분리된 사운드시스템을 설치할 필요가 없을지도 모른다. 미국의 디지털 뮤직 익스프레스, 즉 DMS(www.dmxmusic.com)는 800개 이상의 케이블 TV 공급자와 직접 위성 시스템을 통해 100개 이상의 음악 채널 제공한다. 국내의 음악전문을 채널로는 엠넷(www.mnet.com)이 있다.

- **피아노나 하프 연주자를 위한 음악 공간**

레스토랑의 주요 통로와 떨어진 위치에 피아노나 하프 연주자가 음악을 연주하는 공간을 마련한다. 조절할 수 있는 분위기와 스포트라이트를 제공하고 사용하기 편리한 위치의 전기 콘센트와 음악 시스템 플러그를 설치한다. 바닥과 하부 구조는 무거운 장비(그랜드 피아노와 같은 것은 453kg 이상의 무게)는 견딜 수 있어야 한다. 스피커의 '검은 상자' 모습이 드러나지 않도록 디자이너에게 인테리어에 스피커를 포함시킬 것을 요청한다.

- **조리실과 직원 전용공간**

조리실과 종사원이 머무는 공간의 음악도 간과해서는 안 된다. 음악은 생산성을 향상시키고 스트레스를 줄여준다는 것이 증명되었다. 단지 정상적인 대화 수준의 음량을 넘어서거나 식당의 분위기에 방해가 될 정도의 음량이 되지 않도록 한다.

▣ 조명

조명은 샹들리에를 다는 것이나 램프를 설치하는 것 이상의 효과가 있다. 잘 설계된 조명은 분위기를 만들어내고, 실내 장식의 미적인 측면을 더해 주고, 쉽고 안전하게 일하고, 식사를 하는 손님과 음식의 외관이 더 좋아보이게 만들어준다. 레스토랑 홀의 조명을 고려할 때 마음에 담아두어야 할 내용들은 아래와 같다.

- **장기적인 안목을 가지고 아래의 요소들을 고려하면서 식당시설을 점검**

■ **자연 조명**의 수준과 이에 영향을 주는 계절별 변화
■ **실내 활동들** : 작업 영역, 걷는 통로, 테이블, 대기 영역
■ **조성하려는 환경** : 밝고 자극적이거나 혹은 부드럽고 낭만적인 환경
■ **예술적이고 창의적인 용도** : 매력적인 모습을 강조하거나 보여주기에 부적절한 공간을 가리기 위해 조명을 사용

- **조명 효과**

벽에 설치하는 촛대, 광섬유, 샹들리에, 동선등, 테이블 램프, 방향지시등 그리고 촛불과 같은 것들을 통해 조명 효과를 얻을 수 있다.

- **조광기 설치**

낮시간에 조명 수준을 조절하기 위해 조광기를 설치한다. 점심시간의 조명은 저녁 때의 조도보다 밝아야 한다. 우아하고 낭만적인 분위기를 위해 방을 어둡게 만드는 실수를 범하지 않도록 한다. 식사는 사회적인 경험이고 훌륭한 조명은 이를 더욱 좋게 만들어준다.

- **테이블 조명의 사용**

음식의 맛을 향상시키기 위하여 색상의 조화를 이루는 테이블 조명을 사용한다. 맛은 눈에 보는 것으로부터 영향을 받는다. 테이블 조명은 음식과 식기 그리고 식사하는 사람을 은은하게 강조할 수 있어야 한다.

• **색채 배합을 높이는 조명**

색채의 배합을 높일 수 있는 조명을 사용한다. 백열 조명은 덥고 노란색의 오렌지 빛이다. 형광등은 청녹빛을 내는데 식욕을 감퇴시키는 색상이다. 할로겐 등은 자연의 흰색 빛 색깔에 가장 가깝다.

• **광범위한 조명 탐색**

작업 공간과 식물 진열을 위해(보도에 의하면 사람들이 건강하다고 느끼게 만드는) 광범위한 조명을 찾아본다. 다양한 효과를 내는 조명(즉 사람을 건강해 보이게 만들거나, 작업공간에 적합한 조도를 제공하거나, 식물을 생기있어 보이게 하는 등)들을 찾아본다. '대부라이트'(www.daiboo.com)와 같은 회사는 건물외벽 컬러조명, 인테리어 룸조명, 무드 등 다양한 조명을 제조하고 있다.

• **균형**

레스토랑 공간 안에서 조명세기의 균형을 맞춘다. 어두운 룸 공간 옆에 지나치게 밝은 조명을 설치하면 주의를 산만하게 하고 눈이 적응하는 데 문제가 생긴다.

• **조명 시스템의 자동화**

집중형 조명 시스템의 자동화에 투자한다. 대부라이프(www.daiboo.com) 같은 회사들은 다양한 채널의 조명 콘트롤 시스템을 제공한다.

• **조명 디자이너 고용**

조명 전문가는 현재 조명 시스템을 업그레이드시켜 레스토랑의 외관을 향상시키고 에너지 절감에 도움을 주거나 완전히 다른 새로운 모습으로 탈바꿈시켜 줄 수 있다. 사단법인 한국조명디자이너협회(www.kald.org)는 조명디자인에 관한 최신정보를 제공하고 인력데이터베이스를 제공한다.

▣ 천장 마감

천장 마감은 식당을 설계하고 내부장식 작업을 할 때 종종 간과하는 부분이다. 식사를 하는 사람들은 먼지, 거미줄, 얼룩 그리고 보기 흉한 천장 재료들과 더불어 매력적인 색상, 예술적인 진열 그리고 멋진 조명 등을 주의깊게 본다. 매력적이고 깨끗한 천장 마감은 식당 전체가 청결을 중시한다는 메시지를 고객들에게 전달해준다. 여기에서는 천장 재료를 선택하고, 독특한 천장 마감 방법을 설계하고 유지하는 데 꼭 알아야 할 것을 제시한다.

- **방음재 선택**

  청소하기 쉽고 기둥, 석고판 혹은 지지대와 밀착해 안전하고 세척하기 쉬운 재료를 선택한다.

- **방습, 항균 마감재 사용**

  방습, 항균제를 사용한다. 습도가 높은 장소(음식 조리, 식기세척 그리고 화장실)의 천장 재료는 해당지역의 위생기준에 적합해야 한다.

- **벽지, 나무 판넬, 직물 혹은 다른 방법들로 천장 교체**

  천장 재료는 모두 불에 잘 견디고 법적 기준에 적합한 것으로 선택한다.

- **노출된 구조물, 파이프 그리고 환기구**

  이 요소들은 세련되고 화려한 색상으로 장식하고 예술적인 품목으로 활용한다. 열 파이프나 스팀 파이프에 사용되는 페인트나 기타 처리는 불과 열에 저항성이 있어야 하며, 배수관은 방수처리가 되어야 한다.

- **천장을 밝은 색으로 마감**

  밝은 색상의 천장 마감으로 방을 넓게 보이도록 하고 조명을 밝게 한다. 밝은 색상의 천장 마감은 배기관에 있는 얼룩을 잘 보이게 한다는 점을 명심한다. 일부 지역의 보건 당국은 검열 활동을 원활하게 하기 위해 주방 천장을 밝은색으로 마감할 것을 요구하기도 한다.

- **환기 시스템 유지관리**

  천장에 얼룩이 생기지 않도록 환기시설이 제대로 작동하고 잘 유지되는지를 확인한다. 유지가 부적절하면 외관상 좋지 않을 뿐 아니라 전기의 낭비를 초래한다.

- **자연 채광**

  자연스러운 조명을 위해서는 자연 채광, 조명 튜브 그리고 창문을 적절히 통합한다. 이 부분은 쉽게 더러움을 제거하기 위해 적어도 3개월에 1회 정도 청소한다.

- **천장의 장식**

  천장을 장식되는 벽으로 간주한다. 양철재 마감, 다양한 페인팅 기법(Faux painting technique), 거울, 포스터, 재미있는 구조물, 장식적인 몰딩 그리고 직조물로 천장을 장식하는 것은 드라마를 만들고, 테마를 부여하거나 혹은 평온한 환경을 조성하는 방법들이다. 건축 자재 시장에서 독특한 천장 마감재료를 찾아본다.

▣ 바닥깔기

사람들이 레스토랑의 바닥에 대해 왈가왈부하지 않을지라도, 바닥은 레스토랑의 분위기에 확실히 영향을 미친다. 특히 사람의 통행이 많은 환경에서, 바닥 재료의 선택은 매우 중요하며, 건축과 개축 예산에 큰 영향을 줄 수 있다. 여기에는 바닥 마감재를 선택할 때 고려해야 할 몇 가지 요소들을 소개한다.

• 쉽게 닳지 않는 재료

가능한 사용 용도와 제품 수명을 고려해 상업용 수준의 바닥재를 선택한다. 스와니 메트롱(http://swanym.e-bizs.net)에서 다양한 용도의 상업용 바닥재를 조사한다.

• 공공장소를 위한 바닥재의 선택

- 닳은 자국이 쉽게 보이지 않는 것
- 끌거나 바퀴를 장착한 의자 또는 기기를 쉽게 다룰 수 있는 것
- 하이힐에 의해 쉽게 훼손되지 않는 것
- 청소를 하지 못할 때 반점, 부스러기, 먼지 등을 쉽게 숨길 수 있도록 중간 색상의 패턴을 가진 것

• 품질 보증

상업용 용도로 사용할 때 보장해주는 품질보증 내용을 생산업체별로 점검한다.

• 재질 비교

견고한 나무 재질 바닥재를 최신의 비닐제나 아크릴 성형 유사제와 비교해 본다. 나무는 쉽게 마모가 되고 다시 손질할 수 있는 반면에 유사제품은 마모되면 바로 교체해야 함을 유념한다. 그리고 다른 비닐 제품들보다 오래 사용하려면 좀더 비싸고 벗겨내기 쉬운 비닐 바닥재를 선택한다. 손상된 공간을 쉽게 대체할 수 있는 제품이 좋다.

• 콘크리트 바닥

상업용 건물의 콘크리트 바닥에 사용되는 여러 가지 방법들을 건축가에게 문의한다. 새로운 제조공법과 색상 기술을 활용하면 콘크리트 바닥을

매력적으로 보이게 하면서 동시에 내구성을 갖출 수 있다.

- **특이한 바닥재**

코르크와 대나무 같이 흔치 않은 바닥재를 찾아본다. 이와 같은 환경친화적 자재들은 독특한 외관을 지니고, 사람들의 왕래가 많은 곳의 바닥재로 적당하다.

- **어둡고/반짝거리는 바닥재의 사용 자재**

어둡거나 너무 반짝이는 바닥재는 피한다. 불안정하게 보일 수 있고, 하부 구조의 불완전함을 과장할 수 있다.

- **바닥재가 갖추어야 할 요건**

■ 유지/보수가 용이
■ 내구성과 얼룩에 강함
■ 바닥이 젖은 상태 또는 마른 상태에서 쉽게 미끄러지지 않는 것
■ 법적으로 조리공간에서 허용되는 제품

몇 가지 고려할 만한 바닥 마감재와 이들의 장단점을 아래 표에 제시하였다. 가격은 다양하지만 평균 소매가격에 기초하였고, 품질 수준은 각 카테고리 안에서 다양하지만, 주요 관건은 상업용 등급으로 이용 가능한지에 대한 여부이다. 설치비용은 평가 내용에서 제외시켰다.

재질	m^2당 비용(원)	수명(년)
콘크리트	10,000~60,000	10 이상
장단점 : 비싼 페인트와 밀봉제를 사용해야 함. 단단한 표면/둔중한 걸음 소리가 나는 표면. 너무 딱딱하고 금갈 수 있음.		
비닐, 사각 타일	13,000~65,000	8~10
장단점 : 편안하게 걸을 수 있는 표면. 다양한 색상과 디자인. 패턴 작업 가능. 타일 연결부위일 때, 쉽게 닳을 수 있음. 기름에 약함. 상업용으로 선택의 폭이 좁음. 빈번한 유지보수		
비닐, 시트	21,000~65,000	10~15
장단점 : 다양한 색상과 디자인. 다양한 폭. 평범한 외관. 기름에 약함. 빈번한 사용시 쉽게 헤짐. 이음새 부분의 청소가 어려움		
코르크	35,000~100,000	15 이상
장단점 : 습기가 많은 공간에서 좋음. 방음과 탄력성. 타일, 시트와 두꺼운 판자에 용이함. 10년까지 품질 보증 가능. 미국에서 상업적으로 이용한 역사가 짧음		
대나무	43,000~86,000	5~15
장단점 : 다양한 얼룩과 밀봉 마감에 강점. 내구성(단풍나무보다 단단함)과 탄력성. 일부 생산자는 구조적인 측면의 품질보증 서비스 제공. 목재처럼 표면 재가공 가능. 생산자의 품질보증 참조. 헤지는 것에 대한 보증은 통상 5년. 미국에서 상업적으로 이용한 역사가 짧음		
세라믹 타일	43,000~161,000	20 이상
장단점 : 타일 사이즈, 배치와 디자인에 따라 색상이나 세련미 추가 가능. 모자이크 디자인 선호도 증가. 쉽게 닳지 않음. 미끄러움. 단단한 표면/둔중한 걸음 소리가 나는 표면. 이가 빠지거나 쉽게 파손될 수 있음. 변색 가능성 있음		
슬레이트(석판)	54,000~130,000	10 이상
장단점 : 자연스럽고 우아한 외관. 절대 닳아 없어지지 않음. 다공성. 제한적인 색상. 단단한 표면/둔중한 걸음 소리가 나는 표면		
카펫, 올레핀	10,000~21,000	2
장단점 : 비용이 매우 저렴. 걷기에 부드러운 표면. 쉽게 더러워짐. 기름 흡수		
카펫, 나일론	17,000~49,000	3~7
장단점 : 색상, 질감과 두께가 다양. 내구성. 세탁이 쉬움. 우수한 방음성. 품질 수준이 다양함		
카펫, 울	40,000~130,000	7~10
장단점 : 수명이 김. 복잡한 디자인, 다양한 색상. 우아함. 유지관리가 어려움. 젖으면 쉽게 수축됨		
대리석	86,000~270,000	20 이상
장단점 : 우아한 외관. 매우 미끄러움. 다공성. 얼룩지기가 쉬움. 단단한 표면/둔중한 걸음 소리가 나는 표면. 광내기와 재가공이 필요함		
화강암	130,000~322,000	20 이상
장단점 : 우아한 외관. 대리석보다는 덜 다공성임. 색상이 제한적		
목재	54,000~322,000	다양함
장단점 : 수명은 종에 따라 다양(예산이 허락하면 단단한 나무를 선택한다). 따뜻하고 고급스러운 외관. 오물을 가려줌. 걷기에 좋은 표면. 소음이 적음. 주기적인 재가공이 필요. 마감부분의 박피와 헤짐이 심함. 하이힐이나 테이블 다리에 쉽게 손상됨		
목재, 유사물(비닐 라미네이트)	40,000~430,000	5~25년 품질 보증
장단점 : 고급스러운 외관. 유지/보수 용이. 다양한 외관. 바닥면의 수평이 요구됨. 품질은 생산자에 따라 다양함		

▣ 좌 석

좌석수가 충분하지 않거나 좌석회전이 빠르지 않으면 결코 이익을 내기가 어렵다. 이것은 고객이 원할 때 자리를 쉽게 찾을 수 있는 환경, 좌석 회전율을 높여야 할 때 고객이 빠르게 레스토랑을 이탈할 수 있도록 좌석을 설계해야 함을 의미한다. 식당 홀의 좌석을 선택할 때 아름다움, 기능성 그리고 심리적인 요소들을 충분히 고려해야 한다. 어떤 좌석을 선택하는지에 따라서 실내에 장식적인 요소가 다르게 가미되고, 고객 동선과 작업 동선이 달라지므로 고객들이 갖게 되는 기대치가 달라지게 된다. 적절한 좌석은 서비스 직원이 좀더 빠르고 효율적으로 고객들에게 서비스할 수 있게 해준다.

• 의자를 선택하는 요령

- 이동하고, 쌓아놓고, 보관하기 쉬워야 한다.
- 팔걸이 공간이 충분해야 하고, 왼손잡이 손님이 있다는 것을 잊지 말아야 한다.
- 혼자 식사하는 손님을 간과하지 않는다. 좋은 위치에 커플 테이블(2인용 테이블)을 충분히 갖추고, 동행자가 많은 고객을 위하여 공동 테이블을 구비한다.
- 식탁과의 조화를 고려해 적절한 높이의 의자들을 선택한다. 고객들이 다리를 뻗을 공간이 충분치 않아 아이처럼 다리를 구부리고 있지는 않은가? 체격이 큰 고객들이나 체격이 작은 고객들이 식사하는 데 불편함이 없도록 칸막이 좌석과 튼튼한 의자들을 제공한다.

• 내구성

사람들의 왕래가 잦은 식당에서 마모나 헤짐을 걱정하지 않을 튼튼하고 안정적인 의자를 구입한다.

• 고객들을 고려

고객이 앉기 쉬운 의자—회전의자, 바퀴의자, 흔들의자 등—를 선택한다.

혹은 의자 깔개를 갖춘 나무의자를 주문 제작한다. 노인 고객이나 장애가 있는 고객들을 위해 넓은 의자도 마련한다.

- **높은 의자 제공**

  테이블로 가깝게 접근할 수 있도록 높은 의자를 제공한다. 의자나 벤치의 높이를 맞춰주는 보조의자도 제공한다.

- **야외 식사용 의자 선택**

  햇빛에 노출이 되어도 변색되지 않는 자재로 선택한다.

- **좌석 디자인과 배치에 경험 있는 컨설턴트 고용**

  컨설턴트는 좌석으로 인해 얻을 수 있는 이익을 계산해 줄 것이다. 좌석을 추가로 배치할 경우 소요되는 투자비용과 좌석의 추가로 인해 발생되는 이익을 비교하여 투자수익률이 더 높을 때 좌석수를 늘인다.

▣ 테이블 선택하기

자동차 전용 식당을 운영하지 않는 한, 손님들이 함께 모여 앉을 테이블이 필요할 것이다. 다음 사항들은 테이블 선택시 활용가능한 실용적인 방법들이다.

- **테이블보 사용 여부 결정**

  테이블 표면이 보이게 할 것인지 아니면 테이블보를 사용할 것인지를 결정한다. 테이블보로 가린다면 덜 예쁘지만 실용적인 테이블을 선택해도 되므로 비용을 많이 절약할 수 있다.

- **밝은 색상의 테이블 선택**

  백색이나 엷은 색의 테이블보를 사용한다면 테이블 표면의 색상은 밝은 것으로 선택한다.

- **표면에 방수처리한 테이블 선택**

내구성이 적은 테이블의 표면에 방수처리하거나 유리를 깔을 수 있다.

- **높이 조절 가능한 테이블**

고르지 못한 바닥에 대응할 수 있도록 높이 조절이 가능한 다리/바닥을 가진 테이블을 물색해 본다.

- **장식 효과**

테이블을 레스토랑 장식 도구로 간주하여 특이한 모습의 테이블 다리, 눈에 띄는 색상 그리고 독특한 모자이크 무늬를 이용하여 장식한다. 종이로 된 아이템들(철 지난 달력, 칵테일 냅킨)과 같은 것들을 유리 밑에 놓아 디스플레이를 할 수 있다.

- **테이블 크기**

고객에 맞춰 테이블을 혼합하거나 짜맞추는 것을 검토한다. 책, 신문 그리고 서류가방을 든 손님들과 큰 테이블을 선호하는 1인 식사 손님을 감안하여 테이블 구색을 맞춘다.

인원	크기
1~2인(2인용)	60.9cm×76.2cm 정방형
3~4인(4인용)	91.4cm×91.4cm 정방형 76.2cm×121.9cm 직사각형
5~6인	2인용과 4인용 결합 121.9cm×137.2cm 라운드형
7~8인	4인용 2개 결합 182.9cm 라운드형

• **동일 높이와 폭의 테이블**

테이블을 부쳐 사용한다든지 의자 호환성을 위해 동일한 높이와 폭을 가진 테이블을 구입한다. 테이블 상판과 하부가 분리된 것을 구입하여, 상황에 따라 유연하게 대처하고 보관이 편리하도록 한다.

• **고객의 풍채**

고객의 신체 사이즈를 고려한다. 덩치가 큰 고객들은 상대적으로 작은 테이블에서 비좁게 느낄 수도 있다. 이와 마찬가지로 큰 테이블은 체구가 작은 고객들이 음료, 양념도구를 가져가는데 어려움을 느낄 수도 있다.

▣ 장애 고객을 위한 배려

• **테이블**

가로 68.6cm, 세로 76.2cm, 높이 48.3cm의 테이블을 구입한다.

- **칸막이형 소파**. 칸막이형 소파의 테이블 다리로 인해 휠체어가 다니기에 불편하지 않도록 소파의 양끝을 살펴본다.
- **일반 테이블 설치**. 테이블 크기를 정확하게 계산하기 위해 식당의 일반적인 테이블을 설치한다. 일반적인 테이블의 크기는 너비가 약 61cm이다. 셀프서비스 상황에서 식판의 크기를 감안하는 것을 잊지 않는다.
- **독립적인 테이블의 부스 선택**. 벽이나 다른 구조와 연결되지 않은 독립적인 테이블을 갖춘 부스를 선택한다. 다양한 인원수의 고객 그룹을 수용하기 위해 이것들을 옮길 수 있을 것이다.
- **원형 테이블**. 음식이나 테이블 위에 있는 조미료를 쉽게 가져다 사용할 수 있도록 원형 테이블 위에 회전식 원형판을 추가한다.

실내 장식으로서의 좌석

50년대 재생 비닐 의자에서 벽에 붙어 있는 의자에 이르기까지 고객에게 제공하는 좌석은 식당홀의 디자인이나 테마를 반영해야 한다. 음식서비스 유형은 레스토랑에서 제공하는 음식의 유형과 의자의 외양에 직접적인 영향을 미친다. 여기에서는 서비스 유형에 맞춰 인기있는 좌석들의 선택 방법들을 소개한다. 실내 장식을 부각시키는 좌석의 유형을 선택하고, 어떤 유형이 레스토랑에 가장 적합한지를 알아본다.

- **패스트푸드**

야외용을 위해 벤치와 파라솔을 갖춘 피크닉 테이블 스타일을 선택한다. 실내용으로는 등받이가 없는 의자(스툴), 테이블과 연결된 의자, 칸막이형 소파 그리고 긴 테이블에 원형 의자를 갖추면 된다. 테이크아웃 음식점은 대기용 의자만 있으면 된다. 많은 사람이 이용해도 견딜 수 있고, 세척이 용이하며, 좌석 회전율을 높일 수 있는 바닥이 단단한 의자(콘크리트, 성형 플라스틱, 비닐)를 주로 선택한다.

- **카페테리아/뷔페**

좌석에 쉽게 접근할 수 있고, 드나들기에 충분한 공간을 할애하여 의자와 테이블을 배치한다. 많은 사람들이 사용해도 무리가 적고 쉽게 청소할 수 있도록 고안된 테이블과 카펫을 사용한다.

- **모임용 식사**

칸막이 의자와 같은 프라이버시를 존중하거나 또는 레스토랑 중앙에 쉽게 보일 수 있는 테이블을 선호하는 고객들을 모두 포용하기 위하여 몇 가지 유형의 좌석을 혼합하여 제공한다. 레스토랑의 표적 고객을 이해한다면 표적 고객이 전형적으로 좋아하는 좌석을 선택하는 데 도움이 될 것이다.

- **패밀리 레스토랑**

패밀리 레스토랑을 방문하는 이유는 매우 다양하다. 분주한 아이들에게 알맞은 크기의 의자와 재질을 선택한다.

- **격식을 갖춘 식당(formal dining)**

격식을 갖춘 레스토랑은 일반적으로 부드러운 표면을 지닌 의자를 사용하여 고급스러운 느낌을 주게 한다. 색상은 좀더 부드럽고 우아한 것으로 선택한다.

▣ 이익 중심점

고객이 좌석을 채우고 좌석이 빠르게 순환되는 것은 레스토랑의 일차적인 이익 중심점이다. 좌석수가 많으면 더 많은 수익을 올릴 가능성을 의미한다. 좌석(테이블/의자의 선택)은 초기 구매에서부터 식당 배치에 이르기까지 사업주의 경제력에 직접적으로 영향을 미칠 수 있다. 시간별, 주별, 월별 기초에 근거해 식재료비와 일반 경비를 지불하고 이익을 얻기 위해서는 많은 고객을 수용할 수 있는 능력을 갖추어야 한다. 좌석 순환을 빠르게 하는 것은 특히 박리다매형의 시설에서 중요하다. 여기에서는 염두에 두어야 할 이익 창출 방법을 제시하였다.

- **평균 매출액 계산**

이익을 창출하기 위해 얼마나 많은 좌석이 필요한지를 계산해 본다. 예를 들어, 부피가 큰 통모양의 의자들은 레스토랑의 실내 장식에 어울릴 수 있겠지만 많은 공간을 차지한다. 크기가 작은 좌석을 설치하면 점심때 10명 이상의 고객을 더 받을 수 있다. 평균 식사 가격이 12,000원이라면 점심 영업 시간에 120,000원을 더 벌 수 있고, 한 달이면 2,400,000원 이상의 매출을 더 올릴 수 있다.

- **피크 시간에 수용 가능한 최대 고객수 계산**

대기 시간을 최소화하고 충분한 좌석을 설치하여 더 많은 손님들에게 판매할 수 있도록 한다.

- **고객이 지나치게 편안함을 느끼지 않도록**

좌석 회전율을 높이는 것이 목표라면, 오래 머물고 싶은 생각을 감퇴시킬 수 있도록 딱딱한 의자를 사용한다.

- **서빙 직원 돕기**

테이블 배치는 고객에게 제공하는 서비스 속도에 영향을 줄 수 있다. 더 빠른 서비스를 목표로 한다면, 서빙을 담당하는 직원이 테이블을 치우고 세팅하는 업무에 치중하지 않게 만든다. 다시 말해서, 속도가 주요 요소라면 손이 많이 가는 테이블보와 냅킨은 사용하지 말고, 빠르고 효율적으로 식탁을 정리할 수 있는 것을 사용한다.

작업/놀이 공간으로서의 좌석

좌석과 식사 공간 배치에 인체공학적 요소들을 고려해야 한다. 고객들과 종사원들이 물리적인 대상과 어떻게 상호작용을 하는지에 관하여 더 많은 정보를 얻으려면 인체공학에 관한 섹션을 읽어본다. 여기에서는 식사 경험을 더 높이고 서버들의 수행력을 개선하는 데 고려해야 하는 유용한 아이디어를 제시한다.

- **고객과 종사원이 테이블에서 하는 활동들을 결정**

▪ 샐러드나 디저트를 준비하고 서비스할 공간이 필요한가?
▪ 고객이 식사하면서 휴대용 컴퓨터를 사용하기를 원하는가, 혹은 조간신문을 읽거나 유아에게 밥을 먹이기를 원하는가?

- 식사하는 고객이 음식을 직접 조리하거나 준비하는가? 폰듀 그릇 속으로 빵을 집어넣거나 또는 타코(고기와 양상치를 넣어 튀긴 옥수수빵)를 직접 만들어 먹는가?
- 고객들이 무대를 바라보기를 원하는가 혹은 다른 중요 활동을 원하는가?

- **서빙의 용이성**

서버들이 손님에게 얼마나 빠르고 쉽게 접근할 수 있는지를 검토한다. 서버들이 무거운 그릇이나 음료수 쟁반들을 고객의 머리 위로 들어 날라야 하는가? 좁은 통로의 미로가 있는가 혹은 음식이 주방에서 직접 제공될 것인가?

- **테이블 세팅의 용이성**

파티 사이즈에 맞게 직원이 테이블을 쉽고 빠르고 세팅할 수 있는지를 확인한다. 2명 혹은 15명의 고객을 위하여 테이블을 빠르게 세팅할 수 있는가?

- **테이블에 놓을 액세서리**

냅킨, 소금, 후추와 같은 테이블 액세서리와 마케팅 품목(디저트 혹은 특별한 음료 메뉴)을 테이블 위에 두는 것을 잊지 말아야 한다. 테이블 위에 놓는 매트, 접시, 유리집기들의 크기를 감안할 때 테이블의 크기에 적당한가? 코스 요리에 사용되는 은집기류를 테이블에 제대로 세팅할 수 있는가? 테이블 위에 폰듀 그릇, 화이타를 담는 넓은 접시 혹은 보온기를 놓을 수 있을 만큼 테이블의 크기는 적당한가?

▣ 직접 실내 장식하기

전문가의 도움을 구하든 그러지 못하든 간에 많은 기업가들은 실내 장식하는 창의적인 과정을 즐긴다. 프로젝트의 규모가 크지 않아 디자인 컨설턴트의 도움을 받을 수 없는 경우에는 추구하고자 하는 컨셉 아이디어를 가지고 직접 실내 장식을 해 본다. 레스토랑 장식에 관한 국내와 미국의 주요 웹사이트를 아래에 제시하였다.

• **국내 실내장식 관련 웹사이트**

호산나아트(분수, 조상, 실내장식품) www.hosannaart.co.kr	랜드마크(인테리어 소품) www.e-landmark.co.kr
룩스몰(조명 전문) www.luxmall.net	안티크(앤틱가구) www.antiqu.net
그린데코빌(데코타일) www.greendecovil.com	아트라인네온(네온사인) www.artlineneon.com
한국음식모형(음식모형) www.korfoodmooel.com	애드푸드(음식광고) www.qd-food.co.kr

• **실내장식에 관한 유용한 웹사이트(미국)**

회사명 웹 주소/전화
실내 장식품 : 다양한 물품을 구비 eBay(auction site) www.ebay.com
실내 장식 아이템 : 고대 건축 요소 Architectural Antiques www.archantiques.com (Denver & Minneapolis)
실내 장식품 : 앤티크 조명 Antique Lighting www.antique-lighting.com
실내 장식품 : 바닥에 까는 융단에서 벽 장식품까지 모든 것을 구비 Interior Mall www.interiormall.com 800-590-5844

실내 장식품 : 기슬리 유화(Giclee canvas), 액자형 예술작품
Ariel of France www.arieloffrance.com
713-460-4100

실내 장식품 : 로봇
Robot Factory www.robotfactory.com

실내 장식품 : 해양 실내장식
ARE Restaurant Equipment www.amer-rest-equip.com/deco/are_decoindex.html

실내 장식품 : 유리섬유(fiberglass)로 세워진 물고기
King Sailfish Mounts www.kingsailfish.com

실내 장식품 : 복구용/장식용 철제부품
Crown City Hardware www.crowncityhardware.com
800-950-1047

실내 장식품 : 플라스틱 음식 모형/메뉴 중심의 진열품
Fax Food www.faxfoods.com
800-929-1189

실내 장식품 : 앤티크 철제부품
Liz's Antique Hardware www.lahardware.com

실내 장식품 : 스포츠 실내장식
Sports Expressions www.sportsexpressions.com
480-596-1913

실내 장식품 : 포스터, 음식광고
Bare Walls www.barewalls.com/indexes/b2brest.html
800-455-3955

실내 장식품 : 빈티지 네온과 사인
Roadhouse Relics www.roadhouserelics.com
512-442-NEON

실내 장식품 : 재활용 목재
Historic Lumber www.historiclumber.ca/restaurant.htm
519-853-0008

실내 장식품 : 남부 실내장식, 골동품
Anything Southern www.anythingsouthern.com

실내 장식품 : 켈트식 펍 관련 장식품
Celtic Dragon Pub Co. www.celticdragonpubco.com
321-459-2775

실내 장식품 : 하와이안 & 티키 스타일 Tiki Traders www.tikitrader.com
실내 장식품 : 앤티크 현금등록기 National Brass www.nationalbrass.com
실내 장식품 : 다양한 색조의 테이블 상단 The Furniture Lab www.homeontherange.com/restaurants/restaurants_index.html
실내 장식품 : 유명인 기념품 Startifacts www.startifacts.com
실내 장식품 : 네온 Neonetics www.neonetics.com
실내 장식품 : 카우보이와 멕시칸 El Paso Saddle Blanket www.elpasosaddleblanket.com
실내 장식품 : '티파니' 램프 Meyda www.meyda.com
실내 장식품 : 살아있는 듯한 진열품 Characters Unlimited www.charactersunlimitedinc.com 702-294-0563

- **혁신적인 장식품을 발굴할 수 있는 방법들**

■ **건축 구재 시장** : 낡은 문, 담장, 아치, 기둥, 표시판, 창문 등을 구할 수 있다.
■ **벼룩시장과 골동품 가게** : 도자기 그릇을 접목시킨 유리제품류, 오래된 음식 광고, 주방용품 등 버려진 물건들을 재활용할 수 있는 아이디어를 찾아본다.
■ **수족관 가게** : 민물어류와 바다 어류를 잘 활용하면 독특한 색채를 더할 수 있다.
■ **정원 가게** : 분수대, 꽃, 나무, 격자모양의 장식품, 씨와 같은 야외 정원 품목들을 가져 온다.
■ **공예 가게** : 조화, 데코파주(술병 등에 라벨이나 잡지 스크랩을 오려붙인 장식), 유리에 조각한 장식품들을 구매할 수 있다.
■ **페인트 가게** : 인조 페인트 제품과 기술들. 페인트는 비싸지 않으면서 다양하게 활용할 수 있는 장식 도구이다.

■ **주방 가게, 가정용 실내 장식 가게** : 이곳에 있는 평범한 장식품을 레스토랑의 실내 장식품으로 활용할 수 있는 좋은 방법들을 찾아본다.

▣ 화장실

화장실은 레스토랑에서 가장 작은 공간이지만 고객에게는 매우 중요한 공간이다. 넓고 깨끗한 화장실은 레스토랑이 청결을 매우 중요하게 여기고, 고객의 욕구를 상당히 배려한다는 것을 공공연하게 말해 준다. 여기에서는 화장실의 설계와 장식에 관한 실용적이고 창의적인 아이디어들을 설명하고자 한다.

- **쉽게 접근할 수 있는 곳에 설치**

배관 배치에 따라 화장실은 레스토랑의 입구 앞쪽에 둘 수도 있고 잘 보이지 않는 외진 곳에 둘 수도 있다. 어린이의 안전을 위해, 많은 부모들은 화장실 입구가 식사하는 공간에서 쉽게 볼 수 있는 곳에 위치하는 것을 선호한다.

- **고객의 요구를 고려**

세면대, 드라이기, 디스펜서를 아이들이나 휠체어를 탄 고객들이 사용하는데 불편함이 없도록 알맞는 높이에 설치한다.

- **넓은 화장실 공간의 계획**

- **최소 공간**

50석 이하의 작은 레스토랑에 화장실 1곳, 세면대 1대를 설치하는데 적어도 3.25 ~ 3.71m^2의 공간이 필요하다.

- **식당 이미지를 반영**

  우아한 식당일수록 화장실을 넓고 우아하게 만든다.

- **화장실 자재**

  견고하여 오래 사용할 수 있고 강력한 세정제 사용이 가능한 재질로 선택한다. 세라믹 타일은 좋은 자재이지만 시멘트 풀이 변색된다는 단점이 있다.

- **자동화**

  화장실 장비는 자동화될수록 더 좋다. 사람들은 화장실 표면을 만지고 싶어하지 않으므로 자동화하는 것이 좋고 이를 통해 물과 전기를 아낄 수 있다.

- **여성 고객들을 행복하게 만들기**

  ■ **넓은 공간과 칸막이들** : 여성들은 사생활 보호를 중요시 여기고, 들고 다니는 물건(지갑, 유모차와 같은 것들)이 많고 어린 아이들을 다뤄야 하기 때문에 넓은 공간을 선호한다.

  ■ **조명과 거울** : 충분하고 환한 조명과 화장이나 헤어스타일을 고칠 수 있도록 거울을 설치한다.

  ■ **수유 공간** : 여성들은 편안한 의자를 갖추고 분리된 청결한 공간에서 수유하기를 원한다. 일반 화장실에서 수유하기를 원하는 사람은 없을 것이다.

- **가능한 한 남녀공용 화장실 공간은 피하기**

  공용 화장실은 실용적인 해결책일 수 있지만 대부분의 사람들은 불편하게 느낀다.

- **종사원 전용시설**

  가능한 한 별도의 직원용 화장실을 만든다.

▣ 식당 홀 지원 구역

음식을 준비하고 서비스하는 업무들을 모두 주방에서만 수행한다는 것은 현실적으로 불가능하다. 이럴 경우 서빙 직원들은 불필요하게 지치게 될 것이고, 서비스가 지연되고, 주방에서는 혼란에 빠지게 될 수도 있다. 따라서 다음과 같은 사항들을 고려하여 서비스를 편리하게 할 수 있도록 지원공간을 제공한다.

• 작업 구역

식당 배치, 서비스 방법 등에 따라서 어떤 작업 구역은 다양한 기능을 가질 수 있지만, 다음은 레스토랑 홀에서 일어날 수 있는 업무를 위해 필요한 작업 구역들이다.

- **리셉션** : 고객을 반기고 인사하며, 예약을 받고, 고객에게 서비스할 직원을 배정한다.
- **컴퓨터 작업** : 포스(POS) 주문센터, 메뉴 품목 이용 가능성과 재고관리
- **계산 업무** : 전화받기와 지불, 신용카드 처리, 소매 품목 판매
- **음식 서비스** : 음료센터, 샐러드 준비 공간, 디저트 서비스
- **식사 집기와 조리용품 보관** : 식사장소 세팅, 여분의 냅킨, 전문 조리용품의 보관

• 지원 구역

다음은 식당 홀의 지원 구역을 디자인하는 데 도움이 될만한 사항을 소개한다.

- **멋있는 외관** : 지원 구역을 멋지게 보일 수 있도록 장식 패널과 화분으로 꾸미거나 '쇼'의 일부분이 되도록 설계한다.
- **청결과 단정함** : 손님들이 환히 볼 수 있는 가운데 서비스 직원들이 음식을 준비하게 되므로 무엇보다도 청결함과 정리정돈된 모습이 요구된다는 것을 기억해야 한다. 모든 여분의 기구나 물품들은 보이지 않는 곳에 숨긴다.

- **바닥의 배수** : 바닥에 배수시설을 하고, 흠집에 잘 견디는 견고한 바닥 재료를 사용하고, 청소할 때 옮겨야 하는 장비들에 이동용 바퀴를 단다.
- **운반** : 이동용 카트와 바퀴달린 쓰레기통을 이용하여 들어올리거나 운반하는 것을 줄인다.
- **적절한 조명** : 직원들이 작업하는 데 충분한 조명을 제공하는 한편, 빛이 반사되는 것을 피할 수 있도록 적절한 조명을 사용한다.
- **미끄러짐 방지 바닥재** : 피로를 줄이는 매트나 미끄럼 방지 바닥재를 사용한다.
- **작업 공간** : 몸을 구부리거나 뻗고 들어올리는 작업을 최소화하는 작업 공간을 설계한다.
- **컴퓨터 네트워크** : 각 작업장 사이에 컴퓨터 네트워크, 전화 그리고 전기적 신호장치 등을 연결한다.
- **영역 분리** : 피해, 식품 오염 그리고 전기 안전사고를 피하기 위해 '물기 있는' 업무와 '건조한' 업무를 분리시킨다.
- **손 세정대** : 동선 움직임을 줄이고 청결함을 증가시키기 위해 가능한 한 곳에 손 세정대나 도구 세정대를 통합하여 설치한다.
- **충분한 카운터 공간** : 음식을 장식하고, 주문을 확인하며 배선하기 위해 주방과 식당 홀 사이에 넉넉한 카운터 공간을 마련한다.
- **유리잔 세척기** : 중요한 도구와 조리 도구들의 철저한 세정을 위해 배식구 밑에 소음이 적은 소규모 유리 세척기를 설치하는 것을 고려한다.

The FOOD Service Professional

레스토랑 창업 노하우

7 주 방

주방 내 활동을 능률적으로 만드는 요소

'쇼'는 무대 앞에서 공연되지만 공연 추진력은 무대 뒤쪽에 달려 있다. 잘 고안되고 짜임새있게 설계된 주방은 3가지 요소－인체공학성, 효율성, 경제성－가 갖추어질 때 가능하다.

- **인체공학성**

종사원을 보호하고 종사원의 태도를 향상시킬 수 있는 작업자 친화적인 환경을 만든다. 인체공학에 관한 자세한 내용은 제4장의 '환경과 안전 문제'를 참조한다. 더불어 기기에 관해 다음의 질문을 해본다.

- 기기에 달린 조절 손잡이, 높이, 스위치, 기타 주요 요소가 손닿기 쉬운 곳에 있는가?
- 키가 작고, 왼손잡이인 종사원이 기기를 안전하게 사용할 수 있는가?
- 기기나 작업대 사이의 간격은 사람이 쉽게 지나다닐 수 있을 정도인가?
- 앉고, 서고, 손닿기에 적합한 높이인가?
- 작업자가 사용할 물건이나 세척할 물건을 쉽게 이용할 수 있는가?
- 주방의 배치, 재질이나 디자인은 작업자가 활동하기 쉽게 만들어졌는가?
- 주방 내 기구나 도구를 통해 작업자는 반복되는 스트레스성 위해를 줄일 수 있는가?

- **효율성**

효율성은 바로 시간으로 해석되고 시간은 곧 돈이라는 것을 기억해야 한다. 도구, 기기, 배치 등을 선정할 때, 초기 비용에 비해 생산능력과 비용 절감능력이 얼마나 향상되는지를 평가해야 한다. 예를 들어, 효율성이 높은 기기일수록 초기 구매비용이 더 높겠지만, 식기세척 처리 용량이 높아 세척을 위해 대기해야 하는 시간을 줄여주고, 직원의 노동력을 절감시킬 뿐 아니라 구입해야 하는 식기의 수를 줄여 준다. 주방 설계나 구매를 결정하기 전에 다음의 질문을 해본다.

- ■ 주방 비품을 구매하여 직무수행이 더욱 용이해지며 노동비가 줄어든다. 예를 들면, 전기 슬라이스와 수작업으로 하는 절단 작업을 비교해 본다.
- ■ 다목적 용도형의 기기인가? 분쇄 기능이 있는 믹스기, 혹은 슬라이스기가 부착된 믹스기는 어떠한가?
- ■ 기기는 사용하기 쉬운가? 사람들은 시간 절감 특성을 무시하는 경향이 있는데, 그 이유는 이 특성들을 이해하지 못하거나 작동시 좌절감을 느끼지 않기 때문이다.
- ■ 주방 설계나 기기 구매를 통하여 식사 제공시간과 서비스의 질을 높일 수 있는가? 예를 들면, 자동화된 주문시스템이라든지, 또는 음식을 조리하는 구역이나 보관하는 구역으로 바로 서비스종사원이 접근할 수 있게 설계된 주방 등이다.

- **경제성**

주방이 현대화 장비로 갖추어졌든 한 단계 높은 수준이든 간에 예산범위 내에서 움직여야 한다. 불필요하게 과도한 지출을 하는 것은 바람직하지 않다. 재무상의 건전한 의사결정은 회사의 잠정적인 이익을 증진시키고 회사의 수명을 연장해 준다. 과도하게 돈을 많이 지출하는 것은 결국 회복 불가능한 상태로 자금을 빼앗아간다. 디자인, 도구, 장식물, 그리고 기기에 대한 재정적인 영향을 고려할 때 명심해야 할 사항은 다음과 같다.

• **수명 비용 비교**

에너지 비용, 유지 비용, 세척 비용 및 소모성 용품 비용(필터, 잉크카트리지, 특이 용지 등)을 계산하여 수명 비용과 비교해 본다. 연장근무 감소 혹은 종사원수 감소를 통한 노동 절감요소도 비교해 본다.

• **성능 상승 능력과 비용 고려**

필요한 기기의 성능－크기, 견고성, 처리속도, 우수성－과 비용을 반드시 검토해야 한다.

• **거래 조건, 리베이트, 장기 저리 대여, 기타 혜택 등을 고려**

설비회사, 제조회사, 대리점에서 제공하는 위 요건들을 비교 검토한다.

• **가능한 단계 줄이기**

경제 활동과 생산성 간에는 직접적인 상관관계가 있다. 서비스 시간을 수초 간이라도 단축하는 것은 레스토랑의 수익을 신장하고 고객을 행복하게 만든다.

▣ 설치물과 기기

주방과 고객이 이용하는 공간을 준비하기 위해서는 원재료와 조리된 음식을 준비, 저장, 진열하는 데 필요한 다양한 설치물 기기 및 기구를 구매해야 한다. 여기서 설치물이란 이사를 하더라도 그 자리에 고정되어 있는 것, 즉 유리 진열장, 비조리 기기(예 : 운반차, 선반)를 말하는데, 대개 설치물은 예산을 빠르게 소진시킨다. 이익을 내는데 꼭 필요한 것이 아니라면, 너무 많은 비용을 지출하지 않도록 한다. 설치물과 기기를 구매하는 데 있어 실질적으로 이용할 수 있는 아이디어와 정보원을 몇 가지 제시하면 아래와 같다.

- **지역 내 주방 전문업체의 온라인 주소를 둘러본다.**

■ 파워소싱(Power Sourcing) : www.powersourcing.com/se/restaurantfixtursequipment.htm
■ 푸드서비스 센트럼(Foodservice Central) : www.foodservicecentral.com
■ 레스토랑 오페레이터(Restaurant Operator) : www.restaurantoperator.com
■ 푸드서비스 서치닷컴(FoodServiceSearch.com) : www.foodservicesearch.com
■ 세파(SEFA)(Supply and Equipment Foodservice Alliance) : www.swfa.com
■ 식음시설기기잡지(FoodService Equipment Reports magazine) : www.fermag.com
■ 비즈니스닷컴(Business.com) : www.business.com/directoryfood_and_beverage/ restaurants_and_foodservcie/equipment_and_suppliers
■ 키친프로(주방기기제작) : www.kitchenpro.co.kr
■ 대교통상(수입주방기기전문) : www.idqekyo.co.kr
■ 대신종합주방기구 : www.totalkitchen.co.kr

▣ 주방 디자인

잘못 설계된 주방이나 기기의 배치는 바쁘게 움직이는 주방 종사원에게 불평을 야기시키는 주요 원인이 된다. 계획이 잘못될 경우 생산성이 감소되며, 대기시간이 길어지고, 조리 종사원의 교체율이 높아지며, 바쁘게 움직이는 직원의 주의를 혼란시킨다. 조리사가 주인이든, 아니면 기술이 좋은 채용된 조리사이든 간에 음식의 품질과 민첩한 서비스의 성공은 제대로 설계되고 갖추어진 주방의 효율성에 달려있다. 훌륭하게 설계된 주방의 디자인은 예술이고 과학이다.

컨설턴트의 능력은 음식의 품질과 생산성, 직원의 정신건강을 저해하지 않으면서도 공간의 제한성과 안전 문제, 식품 전처리 요구도 및 예산에 균형을 맞춘

주방 디자인에서 결정된다.

- **메뉴는 주방 설계에 주요인자**

주방의 디자인을 결정하기 이전에 '제공 메뉴는?' 영역에 제안된 내용을 훑어본다. 레스토랑에서 제공하는 음식(원재료의 음식, 반조리된 음식)과 서빙하는 방법에 따라서 음식을 전처리하고, 배선하고 저장 후 서빙하는 데에 필요로 하는 것들이 달라진다.

- **작업흐름**

저장 공간과 능동적인 작업 공간 사이의 균형을 이루는 데 사용되는 작업흐름의 형태는 몇 가지가 있다. 다음의 용도로 아래 공간이 필요할 것이다.

- **더운 음식과 찬 음식** : 전처리 및 배선
- **음료** : 자동 판매기와 저장 공간
- **저장** : 식품류와 비식품류
- **위생** : 집기류 세척 공간, 식당 홀 세척기기 및 용품
- **검수** : 물건을 내려놓는 공간과 재고시스템

▣ 작업 공간

아래의 제안 내용은 주방장과 종사원을 위해 주방의 공간 배치를 어떻게 할 것인가에 대한 것이다.

- **주방 활동을 완전 독립된 작업 영역으로 세분화**

재료, 도구, 기기, 공급품 및 저장 공간에 쉽게 접근할 수 있는지를 확인해 본다.

- **작업 삼각형을 만들기**

삼각형이나 다이아몬드 형태의 배치는 전처리용 작업대, 싱크대 및 조리 기기에 신속하게 접근할 수 있는 방법이다. 일자형 배치는 한 명보다는 여러 명이 참여하는 배선식 스타일의 전처리 및 조리 작업을 할 때 가장 적합한 형태이다.

- **작업 흐름도 작성**

불필요로 하는 단계와 상호교차 경로를 최소화한다.

- **조리 구역과 후처리 지역은 식당 홀에서 가장 가까운 곳에 배치**

이를 통해 음식 온도를 정확하게 유지할 수 있다.

- **조리 공간은 주방 쪽을 향하도록 하고 식당홀 쪽으로 주문하는 공간을 배치**

생산업무 중에서 중요성이 낮은 활동에 공간을 많이 할당하지 않도록 한다.

- **식기세척 업무 분리**

소음과 화학약품 냄새로 인해 식당 홀의 분위기를 해치지 않도록 한다.

- **오픈 공간 만들기**

사람, 운반차, 선반이 통행하거나 이동될 수 있는 공간을 만든다.

- **환기 시설이 필요한 기기를 한 곳에 배치**

환기 시스템에 드는 비용을 줄일 수 있도록 환기를 필요로 하는 기기를 한 곳으로 묶는다. 열과 습기를 방출하는 기기의 환기설비와 관련된 법적 사항을 점검해 본다.

• **큰 잔반 용기를 준비**

재활용 프로그램을 실천하고 있다면 쓰레기를 종류별로 나누어 버린다. 쓰레기 관리 회사에 문의하여 유리병, 금속, 종이 등의 분리에 관한 지역의 법적 요구사항을 점검한다.

• **주방에 여러 개의 입구와 출구 문을 설치**

예를 들면, 식당홀에서 식기세척실로 바로 연결되는 문, 음료판매코너에서 식기세척실이나 제빙기, 음료저장실로 통하는 문 등을 설치한다.

• **직원에게 문의**

일상 업무에서 얻는 직원의 경험을 활용하여, 주방의 리모델링시에 작업 공간을 향상시킨다.

• **제3장의 '건축과 개축'에 제시한 작업 흐름에 관한 내용을 참조**

▣ 저장 공간

저장 공간이 너무 커서 불평하는 것을 들어보지는 못했을 것이다. 특히 상하기 쉽고 고가의 상품을 저장하거나, 부피가 큰 린넨류와 깨지기 쉬운 접시류를 보관하거나, 대량 구매물품, 계절용 장식품을 보관할 때는 더욱 그렇다. 체계적으로 설계된 저장 공간은 안전한 작업 환경을 조성해 주고, 생산성을 높여 주며, 어수선하게 흩어져 있는 것을 막아주고 돈을 절약해 준다. 유용한 저장 공간을 만드는데 있어 실질적인 아이디어는 다음과 같다.

• **3가지 유형의 저장 공간을 마련하여 생산성을 향상**

▪ **매일 사용물품의 보관고** : 매일 반복적으로 드나드는 곳. 이 유형의 저장고는 작업 공간에 가깝게 배치한다.

- **지원용품 보관고** : 대용량의 리필용 품목이나 주중에 가끔 사용하는 품목을 저장하는 공간을 의미하며, 작업 공간에서 조금 떨어져 있지만 쉽게 접근할 수 있는 곳에 배치한다.
- **장기 보관고** : 상하지 않고 특별 용도의 계절 품목을 보관하는 곳으로 빌딩의 뒤쪽, 계단 아래, 작업장에서 떨어진 곳에 위치하게 한다.

• 종사원을 상해로부터 보호

무거운 품목은 가능한 허리높이 가까이에 놓아둔다. 튼튼한 발판식 의자, 사다리, 바퀴달린 카트를 비치하고, 거의 사용하지 않는 공간을 제외하고 선반을 설치하되 쉽게 접근할 수 있도록 낮은 선반을 설치한다. '작업자와 함께 하는 환경 만들기' 섹션을 참조한다.

• 매력적인 보관용 캐비닛 만들기

공용 공간에 보관용 캐비닛을 두어 장식품으로 활용하면서 용품 보관고로 이용할 수 있도록 한다. 쉽게 세척할 수 있는 재질을 선택한다.

• 여분의 공간 찾기

최근 2년 간 사용한 적이 없었던 장착물, 기구, 도구 등을 처분한다.

• 배달 기간 중의 저장

물품이 급식소로 배달되는 기간 중에 음식을 만드는 데 꼭 필요한 식품 품목 목록을 작성한다. 일반적으로 건조식품은 2~4주 동안, 상하기 쉬운 식품은 적어도 1주간 보관할 수 있는 공간이 필요하다.

• 구매 검토

저장 공간, 이용 가능성(배달 빈도), 포장량, 포장 유형에 근거하여 구매를 재평가한다. 특정 주문물품이나 자주 배달되지는 않지만 사용량이 많은 제품들은 더 많은 저장 공간을 필요로 한다.

- **화학세제를 저장하는 별도의 공간을 마련**

  화학세제와 그 밖의 위험 물질을 저장하는 공간을 마련하고, 이에 관한 법적 규정을 점검한다.

- **교차오염의 발생 가능성을 평가**

  식품 취급 방법뿐 아니라 화학세제, 식품저장 공간에서 일어날 수 있는 교차 오염 문제를 평가해 본다.

- **쉽게 움직일 수 있거나 '영역별' 저장 공간을 통합하여 배치 유연성을 극대화**

▣ 무대 뒤에서의 일과 휴식

성공적으로 레스토랑을 운영하기 위하여 수행해야 하는 활동들이 모두 주방에서 일어나는 것은 아니다. 레스토랑에서 수행되는 활동 중에서 식품과 무관한 업무를 생각해 보자. 회계, 인사, 검수, 저장 및 기타 사업 기능 등이 여기에 속하는데, 이들 업무를 지원하는 데 적합한 공간을 만드는 유용한 몇 가지 아이디어는 아래와 같다.

- **사무실 공간**

  사무실은 현금을 다루고, 종사원과 상담하고, 자료를 작성하는 공간이다. 어떤 업무가 이 공간에서 일어날 것인지를 생각해 보고 공간의 크기, 위치와 필요한 기구를 결정한다.

- **비식품류의 저장 공간**

  식기를 교체하고 얕은 접시나 센터피스를 보관하는 공간을 할당한다.

연단이나 시청각 기기와 같은 것을 포함하여 케이터링/방켓/회의를 유치하는 데 필요한 기기와 계절별 장식물들을 두는 공간이다. 또는 나무를 태우는 벽난로나 오븐은 나무를 저장하는 별도의 공간을 필요로 한다.

- **검수 공간**

'검수' 용도로 공간을 할당한다. 이 공간은 직원이 구매식품이나 제품 이상이 없는지를 검사하고 숫자를 세는 활동이 일어나는 곳이다. 개방된 공간 형태인 경우 빠르고 효과적인 저장을 위해 대량 품목을 소분화하는 것이 더 용이하다. 배달 서비스나 외부 케이터링을 하는 레스토랑은 준비 공간이 필요할 것이다.

- **종사원 휴식 공간**

종사원의 휴식 공간은 휴식 이상의 기능을 하게 된다. 종사원 전용 공간을 만들어주는 것은 구성원들이 사업주나 레스토랑 운영에 있어서 얼마나 중요한지를 알려주는 좋은 방법이다. 직원에게 제공할 수 있는 물리적 혜택은 다음과 같다.

- **지친 다리를 쉬게 할 공간** : 식사를 하거나, 샤워하고 바쁘게 움직이는 시간 이전에 잠깐 휴식을 취할 용도의 공간
- **라커** : 개인 물품을 안전하게 보관하는 용도
- **종사원 전용 탈의실** : 개인 용품을 구비하고 간단한 의약품을 공급하는 공간
- **의사소통 장소** : 전화, 신문, 전화번호부, 게시판 등이 있는 장소
- **휴게실** : 직원 오리엔테이션, 교육 및 내부 회의 용도의 공간

The FOOD Service Professional

레스토랑 창업 노하우

8 기 기

▣ 직무수행에 적합한 기기 선택

직무수행에 꼭 필요한 기기를 구매하고 싶다는 욕망만으로 새로운 기기를 구매하는 것은 레스토랑 소유자에게 예상치 않은 장해 요인이 될 수 있다. 기기를 구매하는 데 과도하게 지출하거나 빚을 지게 되면 사업을 수행하는 데 극복하기 힘든 재정적 장해에 부딪히게 된다. 반대로, 성능이 떨어지는 기기나 부적합한 기기를 구매하게 된다면, 직무수행에 꼭 필요한 기기에 투자하는 것보다 장기적으로 볼 때 훨씬 많은 비용을 지불하게 될 수도 있다. 그러므로 전처리, 저장, 배식, 세척 작업을 수행하는 데 반드시 필요한 기기, 기구, 용품을 올바르게 선정하기 위해 다음의 사항을 고려한다.

- **필요 기기의 인지**

  어떤 기기가 필요한지를 어떻게 인지할 것인지를 파악한다. 식음서비스용 기기 카탈로그를 훑어보고, 기기 용량, 성능, 에너지 효율, 사용 재질 그리고 제조방법을 살펴본다.

- **기기 전문가 고용**

  경험이 많은 컨설턴트를 고용하여 기기를 구매하면 합리적으로 수행할 수 있다. 컨설턴트는 기기 관련 자료의 수집에서부터 기기 수명을 고려한 비용 계산, 기기의 적합성 여부, 가격 협상 등을 감당할 수 있다. 또는 관련분야의 기기 디자이너를 물색한다든지, 기기 판매자나 제조업자를 찾아 활용해 본다. 다만, 이들은 판매자 입장이므로 자사제품에 대한 잠재적인 편견을 가질 수 있다는 점을 유의한다.

- **제공할 메뉴, 서비스 방식 및 예상 고객수 검토**

위 요소를 참조하여 기본적으로 필요한 기기 종류와 용량을 결정한다.

- ■ 다성능 기기를 구매할 것인지 혹은 특정 용도의 기기를 구매할 것인지를 결정한다.
- ■ 필요한 기기의 용량을 계산한다.
- ■ 점심시간에 감자튀김을 충분한 양을 만들어 고객에게 전달할 수 있는가?
- ■ 식기를 더 많이 구매할 것인가, 혹은 세척 속도가 더 빠른 세척기를 구매할 것인가?
- ■ 원재료 식품의 구매 또는 가공/전처리된 식품의 구매 여부를 결정한다. 원재료 식품을 구매하는 경우 필요한 기기, 원재료비, 노동비를 계산해 보고 가공/전처리된 제품의 비용들과 비교하여 결정한다.

- **꼭 필요한 기기만 구매**

필요 이상의 기기로 주방을 갖추게 될 경우 자원이 낭비된다. 사업의 성장은 보증할 수 없는 일이며, 고객의 요구는 계속 변화하므로 과도한 계획은 피하는 것이 좋다. 다시 말해, 과도하게 기기를 구매하여 재판매하거나 거래에서 손실을 보는 것보다는 필요한 기기만 구매하고 이를 충분히 사용하는 것이 더 바람직하다.

- **관련 웹사이트 방문**

식음서비스 기기 관련 기사를 제공하는 웹사이트를 방문한다. www.cjfood.com/design 사이트는 주방기기와 디자인에 관한 정보를 제공한다.

▣ 현명하게 기기를 구매하는 방법

레스토랑마다 필요한 기기는 다르지만 지불한 금액 대비 최상의 가치를 얻으려는 것은 보편적인 관심사이다. 다음의 제안을 활용하면, 필요한 기기의 품질, 서비스, 성능을 확보하는 데 도움이 될 것이다.

- **추천받기**

  안타깝게도 레스토랑 운영자를 위한 기기 관련 소비자 보고서는 없다. 그러나 동료, 중고기기 판매자, 기기협회 회원, 식음서비스 기기 전문가들에게서 조언을 구하면 기기 선택시 바람직한 기기 성능 특성, 기기의 평균 수명뿐 아니라 권장 혹은 피해야 할 회사 제품명에 관한 정보를 얻을 수 있을 것이다.

- **지역 가스회사나 전기회사 방문**

  설비회사는 일반적으로 실험 주방을 갖추고, 그곳에 각종 기기를 구비하고 주요 주방업체의 가스, 전기제품들을 홍보한다. 그러므로 현재 진행 중인 리베이트나 홍보 프로그램이 있는지를 확인하고 활용한다.

- **주문용 기기에 관심갖기**

  레스토랑만의 특별한 품질, 서비스, 성능을 원하는 기기를 원한다면 해결책은 주문용 기기의 구매이다. 기기의 외관이 중요하고, 독특한 사양을 가지고 있다든지, 사용 용도가 제품으로 나와 있는 기기의 용량을 능가하는 경우일 때 좋은 해결책이 될 수 있다.

- **점포 간의 비교**

  컨설턴트나 기기 판매업자에게 '보통', '양호', '우수' 기기 제품을 추천해줄 것을 요청하고 제품의 성능, 운영비용 및 제품 수명을 비교해본다.

- **대체품에 적용할 규칙 정하기**

구매하려는 제품을 구매할 수 없게 되는 경우가 있다. 배달기간이 지나치게 길다든지 제품이 단종되었다든지, 갑작스러운 제품가격 상승 등으로 원하는 제품을 구매할 수 없게 되는 경우 대체품의 적합성을 검증해주는 규칙을 정할 필요가 있다.

- 상업용 수준의 우수한 품질과 재질을 가진 기기를 선택한다.
- 양질의 스테인리스 재질을 선택한다.
- 기기의 문은 가까이 있는 작업대와 부딪침이 없이 열릴 수 있어야 한다. 그래야 기기 안에 있는 뜨겁고 무거운 팬을 쉽게 꺼낼 수 있다.
- 스테인리스 스틸의 두께를 살펴본다. 스테인리스의 두께 번호가 낮을 수록 스테인리스의 두께는 더 두껍다.

- **기기 설치 준비가 완료되기 전까지 기기 배달을 보류**

미리 기기를 납품받게 되면 기기에 흠집이 난다거나 깨질 우려가 있다. 특히 깨어지기 쉬운 기기는 먼지입자에도 손상될 수 있다.

품질 수준

시장에 나와 있는 최고 브랜드 제품을 구매할 것인가 아니면 가장 저렴한 모델을 구매할 것인가? 누구나 레스토랑 운영에 필요한 기기는 최신 모델, 최고의 제품을 원할 것이다. 그러나 현명하게 투자하고 예산 범위 내에서 투자하는 것이 장기적인 운영 성과를 내는 데 더 중요한 포인트이다.

- **의사 결정시에 다음과 같은 질문을 스스로 해본다.**

- 예산 범위 내로 적합한가?
- 소형 모델로 공간을 절감할 수 있는가?
- 음식과 서비스 품질을 향상시킬 수 있는 기기인가?

- 투자 수익률은 얼마인가? 전문 기기를 이용하여 음식을 충분히 판매하고 기기값을 지불할 수 있을 정도로 고객을 끌어들일 수 있는가?
- 기기 구매로 인해 에너지비와 관리비가 절감되고 직원들의 생산성은 향상되는가?
- 직무수행에 있어서 가장 생산적이고 에너지 절감적인 기기인가?
- 매일 작동시키는 데 어렵거나 비싸지는 않은가?
- 기기가 진열되는 장소의 외관은 중요한가?
- 위생, 배관 혹은 건축법 요구 조건에 적합한가?
- 어떤 유형의 유지 관리방법이 필요한가?
- 애프터서비스가 가능하고 제공되는가?
- 경제적인 서비스 혹은 유지 관리 계약이 가능한가?
- 기기의 수명은 임대 조건이나 지불 조건보다 더 긴가?
- 만약 신품으로 바꾸거나 팔아야 하는 경우 기기의 재판매 가격은 어떠한가?
- 일정 비용을 추가하여 신품으로 바꾸어 주는 프로그램이 있는가?

▣ 기기 예산

주로 묻는 질문 중 하나는 '기기 구매에 얼마를 지불할 것인가'이다. 기기의 품질과 가격 수준은 너무나도 다양하여 이 질문에 대답하기는 쉽지 않다. 레스토랑을 성공적으로 운영하는 사람들은 그들이 필요로 하는 것보다 많은 비용을 들이지 않는다.

• 목적에 맞추기

경량용의 기기는 가격이 덜 비싸지만, 오래 쓸 수 있고 브랜드 기기를 선택하는 것이 최선책이다. 대안으로 사용빈도가 높은 기기는 최상의 품질 수준을 보이는 제품을 이용한다.

• **예산 범위 준수**

기기, 장식물, 도구의 희망 목록을 작성하고 세 범주 '꼭 필요한 것', '있으면 편리한 것', '당장 급하지 않은 것'으로 분류한다. 근본적으로 예산은 첫 번째 범주에 주로 배정한다. 첫 번째 범주에 속하는 기기는 돈을 버는 데 꼭 필요한 기기이다. 두 번째 유형의 기기는 시간과 돈을 절약해 주는 것으로 해당 품목들을 검토해 본다. 세 번째 범주에 속하는 기기를 구매할 때에는 매우 객관적이어야 한다. 1,400만 원의 에스프레소 기기를 구매하는 것은 결과적으로 얼마나 큰 차이를 초래하는지를 분석해 본다. 두 번째, 세 번째 유형의 기기를 구매할 경우에는 잠재적인 투자 이익을 충분히 분석한 후에 결정한다.

• **상환**

기기 구매 후에 돈을 지불해야 한다는 사실을 잊어서는 안 된다. 돈을 지불해야 하는 기간을 알아보고, 기기를 구매함으로써 매출액이 늘어나고 상황이 더 나아지는지를 살펴본다. 만약 더 나아지는 여지가 없다면, 구매보다는 리스하는 것이 더 현명한 대안일 것이다.

• **공인회계사 관점에서 모든 결정을 검토**

기기의 구매는 마치 새로운 장난감을 얻는 것과 같은 것이므로 일시적인 흥미나 영업자의 말 한마디에 예산을 낭비해서는 안 된다.

• **식음서비스 컨설턴트와 협력**

식음서비스 컨설턴트와 같이 협력하여 일하거나 스스로 조사하고 분석한다. 새로운 기기를 구매할 때 기기의 특성, 혜택과 유지비를 비교한다. 그리고 연간 비용을 계산해 본다.

• **싼 가격으로 협상**

판매가격의 50%를 할인해 줄 것을 요청한다. 기기와 거래처의 구매력에 따라서 다르지만 거래에서 항상 협상의 여지는 있다.

• **주요 레스토랑 기기 공급업체를 우선 방문**

대형의 공급업자는 소형의 공급업자가 제시할 수 없는 가격 또는 협상 여지를 제공할 수 있다.

• **작년 제품과 비교**

작년 제품이나 재고상품은 저렴한 가격으로 구매할 수 있다.

• **할인 가격을 제공하는 웹 사이트에 접속**

검색어로 '레스토랑 기기'를 입력하면, 웹 주소를 찾을 수 있다. 업무용 기기는 제조업자가 직접 선적하기 때문에 운송비를 지불하지 않아도 된다. 부가가치세를 지불해야 하는지도 알아본다. 온라인 구매시 '암거래' 부분이 있을 수 있으므로 세금을 내야 되는지도 알아본다.

▣ 기기 리스

레스토랑 운영자가 리스를 잘 활용하면 사용 가능한 자본을 늘릴 수 있다. 리스는 백퍼센트 금융이다. 리스를 하면 운영 자본을 보존하면서 기기 성능을 빌리는 한편 세금공제 혜택을 더 많이 받고 매달 지불액을 더 줄일 수 있다. 어떤 금융 방식이 레스토랑 운영에 적합한지를 결정하는데 도움을 주는 몇 가지 유용한 아이디어와 정보를 아래에 제시한다.

• **리스를 쉬운 돈으로 인식하지 않기**

기기 대여비는 실제 기기를 구매하는 가격보다 훨씬 더 높을 수 있고 이자도 지불해야 한다.

• **가능한 개인 보증을 삼가**

만약 개인 보증에 서명한다면, 레스토랑의 폐쇄나 기기가 소실된 경우에도 책임을 지게 된다.

• **리스에 관해 학습하기**

리스 회사를 쇼핑하기 먼저 리스에 관해 제대로 알아야 한다. 리스 회사는 신용 조사서를 작성한다. 너무 많은 질문은 당신의 신용 보고서에 나쁜 영향을 줄 수 있으므로 개방된 마음으로 중고 기기 임대에 관해서 질문한다. 리스는 할인요금으로 최고 품질의 기기를 얻을 수 있는 효과적인 방법이 될 수 있다.

• **서비스 및 유지 관리에 대한 책임여부 확인**

제조업자의 품질 보증은 돈을 내고 빌려쓰는 임차인에도 적용된다. 그러나 대부분의 경우 임차인은 기기의 정상적인 작동과 재판매가 가능한 상태로 유지하는 책임을 전적으로 지게 된다.

• **비용 비교**

연간 리스 비용과 연간 감가상각비, 이익금을 비교해 본다. 레스토랑 기기의 감가상각 연수는 7년이지만 일반적인 리스 계약시 36개월에서 60개월로 간주한다.

• **수명이 짧은 품목의 리스**

수명이 짧은 품목이나 구매 연도에 충분히 공제할 수 있는 품목—은 식기류, 유리제품, 식기류—은 리스하지 않는다.

- **보험**

  임차한 기기에 화재, 도난, 기타 손실이 발생될 경우 가입한 보험으로 보상되는지를 확인한다.

- **공정 시장 가치 정보를 문서로 획득**

  과대한 매점에 의해 기기의 잔존가치가 비현실적으로 책정될 수 있다. 중고 시장에서 가격을 비교 검토해 본다.

- **임차 계약서에 사인**

  임차 계약서에 서명하기 전에 반드시 임차 계약서를 읽는다. 임차 계약은 법적 효력을 지닌 계약서이므로, 경우에 따라서 변호사를 통해 계약서의 세부 조항들을 검토받아야 한다.

▣ 기기 임대

사무실에 필요한 첨단기술 장비, 특별한 경우에만 필요한 것들, 유지비용이 비싼 장비, 일시적인 유행물이나 중고로 재판매될 때 가격을 제대로 받지 못하는 제품들의 경우에는 임대를 고려한다. 임차 계약과 달리 임대는 매달 약정서를 작성하는 것으로 물품에 대한 소유권은 임대회사에 있으며, 임대회사는 일체의 서비스와 유지 관리를 책임지게 된다. 일부 임대회사에서는 소비성의 구매제품, 즉 탄산음료, 커피, 차, 세제, 프린트 잉크와 같은 제품도 임대 서비스를 제공하고 있다. 기기를 임대하기 전에 알아야 하는 사항은 다음과 같다.

- **임대 약정서 서명 전 계약 요건 이해가 필수**

  약정서에 계약 취소 조건, 소유권자(기기에 세금이 붙는 경우), 기기의 유지 및 서비스 책임, 서비스 정도 등의 조항을 분명하게 명시한다.

- **벌금 부분이나 추가 비용에 유의**

임대회사의 공급품만 사용해야 하는가? 지불 비용이 과도하지는 않는가? 최소 구매요건이 있는가? 경쟁제품의 이용을 금지하고 있는가? 등의 계약조항을 따져본다.

- **임대시 레스토랑 주변 시장조사**

그 지역에 있는 파티용품 가게, 레스토랑용품 가게, 케이터링 공급품 전문가게, 주방세제 및 위생용품 가게를 조사한다.

- **업종별 전화번호부를 조사**

사무실용품, 컴퓨터 시스템, 린넨류, 레스토랑 기기, 전화 및 식기세척기기와 같은 업종편을 조사한다.

- **그 밖의 장식품, 기기 및 공급품의 임대**

■ 실내 식물과 수족관
■ 업소용 식기세척기
■ 휴대용 냉장시설
■ 음료 자동판매기
■ 서비스 관련 기구(카트, 보온배식대, 얼음 장식물 설치대)
■ 계절 장식

- **임대가 유리한 경우들**

■ 일시적으로 필요한 것
■ 구매 이전에 '시험용'으로 사용해 보려는 경우
■ 주기적으로 장식에 변화를 주려고 할 때
■ 수족관의 소금물과 같이 정기적으로 전문가의 도움을 받거나 교체해야 하는 것

- 유지 관리가 어려운 것
- 리스 계약이 어려운 것
- 자본 지출을 원치 않을 경우

중고 기기 / 장착물의 구매

레스토랑 운영에서 중고 제품이나 중고 장착물을 사용하는 것이 신제품을 구매하는 것보다 현명할 수도 있다. 중고차와 마찬가지로 기기의 가치 하락률은 구매 첫 해나 2년째에 상당히 크다. 레스토랑 산업은 개점과 폐점, 업종 전환이 많은 산업이므로 중고시장으로 유입되는 신품과 같은 중고품 기기들이 많다. 중고품 구매시 다음 사항들을 점검해 본다.

- **중고품 기기를 탐색하기 이전에 신제품의 정보 수집**

  제조업체의 상품 품질 수준, 가격을 벤치마킹한다. 상품별로 품질수준이 높다고 정평이 나 있는 일류 제조회사의 제품을 알아본다. 중고품의 구매시 이류회사의 제품보다는 일류회사의 제품을 구매하는 것이 더 안전하고 좋다.

- **제품과 모델의 수리 내역서를 요청**

  대량조리용 기기는 일반적으로 기기 평균 수명이 길다. 거래업자는 이들 기기에 관련된 수리 내역에 대한 정보를 가지고 있을 것이다.

- **'개조된 기기', '재제작된' 기기의 의미를 파악**

  '개조된 기기'는 닳고 부서진 부분이 교체되고 깨끗하게 세척된 제품으로 거래업자가 보증하는 품질보증 기간은 짧고, 가격은 신제품의 40~50% 수준이다. '재제작된 기기'는 일부 부품이 완전히 교체되고 다시 제작된 기기로 품질보증 기간은 길다. 제조업체의 제품 사양서에 제시된 동일한 성능을 보이며 신제품의 50~70% 가격대이다.

- **기기의 제작 연도와 내역을 확인**

제품의 일련번호와 서비스 받은 기록을 살펴보면 제작 연도와 기기 관련 정보를 파악할 수 있다.

- **중고 기기 공급업체의 거래 방침 확인**

일부 공급업자는 당신이 지금 사용하고 있는 기기 대신에 다른 제품을 재구매하는 경우, 평균 이상의 보상판매 가격을 적용해 줄 것이다.

- **온라인**

중고 기기 온라인 가게(옥션, 직구매 웹 사이트)나 경매, 신제품 기기 판매업자, 음식 기기 대표 그룹의 온라인 웹사이트를 검색한다.

- **견본품의 구매 가능성 확인**

무역박람회, 전시실, 실험주방용 모델로 얼마 동안 사용했던 제품과 약간의 흠집이 있는 제품은 할인된 가격으로 구매할 수 있다.

- **중고품 구매로 시간 절감**

새로운 기기를 구매하는 경우 주문하고 제조업체로부터 배달받기까지의 소요시간이 오래 걸릴 수 있다.

- **구매하지 말아야 할 것들**

▪ 고객이 직접 보는 위치에 진열되는 기기나 장식물인데 외관상 흠집이 눈에 보이는 제품
▪ 녹슨 제품(단, 복구될 수 있는 주철제품은 구매해도 됨)
▪ 짜깁기한 기기. 예를 들면, 의자 다리 중 하나는 A 모델의 다리이고, 다른 쪽은 B 모델의 다리인 경우
▪ 외국 상표의 기기. 특히 전기 측면에서 문제가 있음

▣ 기기 공급업체

업소용 식음서비스 기기를 구매하려 할 때 그 지역에 있는 레스토랑 기기 및 용품 가게를 찾아가 보는 것이 좋다. 그 외에 고려해 볼 만한 판매 장소, 공급업체, 재원은 다음과 같다.

• **설비 회사**

지역의 가스 혹은 전기 회사는 실험 주방을 구비하고 있다. 이 주방은 주요 제조업체의 상품이 진열되어 있어 '시험 운전'이 가능하며, 상품별로 비교가 가능하고 제조업체의 대표자와 만나 협상도 할 수 있다.

• **웹기반 도매업자**

도매업자들은 웹사이트를 이용하면 정보를 얻을 수 있다.

- 주방기구전문 가원종합 : www.gawonsys.com
- 세원주방산업 : www.sewonjubang.co.kr
- 화신주방산업 : www.hwashin-kitchen.co.kr

• **구매 전문가**

CJ푸드와 같은 회사(www.cjfood.co.kr)에서는 구매에 관한 각종 정보를 제공해 준다. 수많은 식음서비스 컨설턴트들도 이와 관련된 전문지식을 제공한다.

• **경매**

지역 내 경매 상점은 정기적으로 잘 팔리지 않는 업소용 기기를 청산한다. 온라인 경매는 점차적으로 인기가 높아지고 있으며 다양한 종류의 사무용품들, 식음서비스 시설의 기기와 장식물을 판매한다.

국내에는 옥션 가전경매사이트(www.auction.co.kr)가 있으며 외국의 경우 다음의 사이트들이 있다.

- 이베이(www.ebay.com)
- 차린 경매(www.charynauctions.com)
- 레스토랑 경매(www.restaurantauction.com)
- 에이블 경매(www.ableauction.com)
- 인터넷 경매 명부(www.internaetauctionlist.com)

식기세척

식기세척은 주방에서 가장 궂은 일 중에 하나이다. 이 공간에서 일어나는 활동들은 주로 건강과 관련된 문제를 일으킬 수 있으며 공간을 많이 차지하고, 제대로 하지 않을 때에만 표시가 나는 일이다. 음식을 일회용 용기에 제공을 하든지 접시에 제공하든지 간에 세척해야 할 일이 생긴다. 올바른 위생의 확보는 효율적이고 비용 효과적이면서도 고객의 위생안전 보호할 수 있는 세척 시스템에 좌우된다. 레스토랑에 다기능용 싱크대만을 사용하던지, 컨베이어 시스템이 있는 세척기를 필요로 하든지 간에 식기세척에 관한 의사결정은 중요하다. 위생은 물, 화학물질, 열이 적절하게 혼합이 될 때 확보된다. 식기세척에서 기본적으로 필요로 하는 것은 잔반 제거, 세척, 위생, 린스 및 건조이다. 아래 사항을 유의한다.

- **수압이 충분한지를 확인**

업소용 식기세척기가 정상적으로 작동되기 위해 수압이 확보되어야 한다. 수압이 낮으면 식기세척 주기가 늦어지고, 자동 작동에 문제가 발생되며, 위생기준을 충족시키지 못한다.

- **물의 경도 확인**

물의 경도가 높은 경우 린스 보조제를 첨가한다고 해서 세척력이 크게 개선되는 것은 아니므로 별도의 물 연화장치가 필요하다.

- **온수 용량과 회복시간 확인**

식시세척기의 사용량과 기기의 용량에 따라서 다르겠지만, 약 65.6℃ 이상의 일정 온도의 세척수가 필요하다.

- **온수 부스터 설치**

지역 설비 회사를 조사하여 온수 부스터 제품에 관한 리베이트나 지원금이 있는지를 확인한다.

- **교차오염, 소음, 좋지 않은 냄새 등을 줄이기**

식기세척기의 위치는 가능하면 음식 전처리 공간이나 홀과는 멀리 떨어진 곳에 배치한다.

- **세척할 시점과 집기류 결정**

비싼 유리잔을 많이 사용하는 경우라면 유리잔 세척용의 세척기를 별도로 설치할 것인가? 바쁜 시간이 지나간 후에 세척 작업을 수행하기 위해서 퇴식 식기나 팬을 두는 공간을 만들어야 하는가? 물에 담갔다가 씻어야 할 독특한 모양을 지닌 기구가 있는가?

- **세척해야 할 것 고려**

유리잔에 립스틱 자국, 플라스틱의 기름 등을 깨끗이 지울 수 있는 방법을 강구한다.

- **소형 언더카운터형의 유리잔 세척기**

바, 라운지 구역이나 식당 홀의 작업 구역에 소형의 유리잔 세척기를 설치한다. 식기세척 구역에 수압이 낮은(1.6gpm) 애벌세척용 노즐을 설치하면, 에너지, 수도 및 하수 비용이 월 10만 원 정도까지 절약할 수 있다.

- **수작업의 세척**

소규모 업소나 세척작업이 많이 필요치 않는 곳에서는 다중 싱크대만 있으면 된다. 싱크대 설치시에는 지역의 위생관련 법규를 살펴보고 이를 준수한다.

- 충분한 크기의 카운터와 랙을 준비한다.
- 상호오염을 방지하기 위해 세척한 식기와 깨끗한 식기를 분리한다.
- 낭비를 줄이기 위해 세제 분배기를 설치한다.
- 온수기 근처에 싱크대를 배치함으로써 일정하고 높은 온도의 온수를 유지한다.

업소용 식기세척기

직무 수행에 필요한 식기세척기를 올바르게 선정해야 한다. 식기세척기는 언더카운터형, 스탠드형, 컨베어형이 있다. 일부는 다양한 종류의 식기와 큰 도구를 세척하기 위한 용도로 사용되나 어떤 것은 소형 유리잔이나 소형 도구를 세척하기 위한 용도로 적합하다.

- **식기세척기의 올바른 선정을 위한 질문사항**

- **용량.** 시간당 평균 셋팅 수로 중소규모의 레스토랑에서는 90~110 셋팅 정도이다.
- **물의 사용량.** 제조업체와 모델에 따라서 필요한 물량이 다르다. 1회당 소비 물량, 수압, 최소온도를 비교해 본다. 물 낭비를 최소화하기 위해 세척수, 린스수를 재활용하는 기기도 있다.
- **1회 세척 주기.** 세척과 건조에 필요한 시간은 90초에서 3분 범위이다.
- **건조 방법.** 세척 후 식기에 물얼룩이 남는가? 이런 경우 화학 린스 보조제나 물 연화제가 필요할 것이다.

- **공간 크기**. 공간은 충분한가? 작업 용량과 필요한 공간크기를 비교한다.
- **문과 랙**. 랙은 쉽게 뺄 수 있는가? 문은 쉽게 열리는가? 일자형의 세척기가 필요한가 아니면 코너형 타입이 필요한가?
- **환기**. 부가적으로 환기시설이 필요한가?
- **부속품**. 세척기에 들어가는 랙이 더 필요한가? 그렇다면 그 비용은 얼마인가?
- **세제**. 일반적으로 많이 사용되고 있는 세제 소모품−세제, 린스제−의 가격을 비교해 본다.

- **편리하고 안전한 세제 저장공간 확보**

교차오염이 일어나지 않도록 식재 보관장소와 분리된 별도의 공간을 마련하여 세제를 보관한다. 임대/세제 공급프로그램을 이용할 경우에는 매달 필요량 만큼씩 세제가 입고되므로 저장 공간을 많이 확보할 필요가 없다.

- **식기 세척실에 3조 싱크대 구비**

대용량의 용기나 기기 부속품을 세척하는 데에는 식기세척기보다는 3조 싱크대를 이용하는 것이 더 낫다.

- **얼룩**

립스틱, 기름기와 같은 얼룩, 음식찌꺼기를 쉽게 제거하는 방법을 알아본다.

▣ 기기별 선택 요령

일반적으로 많이 사용되는 기기를 구매할 때 선택 요령은 아래와 같다.

- **튀김기**

열손실과 에너지 손실을 줄이기 위해 절연 튀김기를 사용한다. 정확한 온도 유지를 위해 반도체 방식의 온도 조절장치가 내재된 튀김기를 구입한다. 기름값 절감과 안전 개선을 위해 여과시스템이 내장되었는지 살펴본다.

- **온수기**

뜨거운 물이 필요한 경우를 대비하여 고속 증폭기를 설치한다. 온수기와 모든 노출관은 분리하여 설치한다.

- **오븐**

일반 오븐과 컨벡션 오븐을 비교하기 위해 지역에 있는 주방전시관을 방문해 본다. 인건비 절감과 표준화된 일관적 품질의 음식을 제공하기 위해 자동화된 오븐을 선택한다.

- **파스타 조리기**

물을 데울 때 비용이 많이 소모되기 때문에 에너지 효율이 가장 좋은 제품을 선택한다. 전원절감장치(전원은 들어와 있으나 별도 조작을 해야 작동되는 장치)가 내장된 기기를 찾아본다.

- **브로일러**

브로일러를 주방에 설치할 경우 일부 지역은 고가의 광범위한 환기시설을 갖출 것을 요구한다. 사용 목적에 따라 오븐과 브로일러 기능이 같이 들어 있는 제품과 브로일러 기능만 있는 제품을 비교해 본다.

- **그리들**

메뉴를 고려하여 매끄러운 그리들과 홈이 파인 그리들 중 적합한 것을 선택한다. 그리들을 판매하는 제조업체를 조사하여 방문해 보고 에너지 효율을 높일 수 있도록 최고 품질의 강철제품을 선택한다.

• **레인지**

시간당 30kBTU[2]의 에너지를 내는 개방형 가스버너를 고려해 본다. 특히 이것은 오픈형 주방에서 불꽃과 타오르는 불길을 보여주는 데 적합하다. 빠르게 조리되는 인덕션 레인지도 고려해 본다. 주의사항은 레인지 위에 올려 놓기에 적합한 편편한 밑바닥의 조리기구들을 사용해야 한다는 점이다.

• **브레이징 팬**

파스타를 데우고, 베이컨을 튀기고, 고기를 익힐 때 필요한 다목적용의 브레이징 팬을 구비한다. 브레이징 팬은 특히 바쁘게 돌아가는 주방에서 효율적인 조리기구이다.

• **냉장고**

에너지관리공단의 에너지 절약 마크가 부착된 냉장고/냉동고를 찾아본다. 음식의 신선도를 유지하기 위해, 음식 보관에 적합한 온도에 따라 공간을 분리할 수 있는 장치를 설치한다. 일부 과일과 채소는 유제품보다 습도와 온도가 더 높은 곳에 보관하는 것이 좋다. 창고형 냉장고에 들어갔다가 감금되는 사고가 발생하면 경보음이 울리는 안전 시스템이 있는지를 확인한다.

• **급속 냉각기**

냉장 장치는 차가운 상태의 음식을 저장하도록 설계되었다. 그러나 급속 냉각기는 식품위생을 고려하여 120분 이내에 식품의 온도를 3~5°C로 낮춰주는 장치이다.

---

[2] BTU : British thermal unit으로 영국 열량 단위
1KBTU=1000BTU, 1BTU=0.252kcal

• **제빙기**

대형 용량의 제빙기를 구매한다. 일반적으로 식당 고객 1인당 약 0.9kg, 바 고객은 약 1.14kg, 셀프서비스나 테이크아웃 음료 매장에서는 음료수 무게의 약 1/2~2/3 정도 얼음이 필요할 것이다. 제빙기는 열이 발생되는 곳 근처에 두지 않도록 한다. 안전을 위해 미끄럼방지 고무 매트를 설치하고 밑바닥에 배수장치를 설치하여 세척과 유지관리를 용이하게 한다.

• **음료 자동 판매기**

고객이 리필을 할 때 일어날 수 있는 위생 문제를 최소화하기 위해 셀프서비스 음료 장치에 긴 레버와 버튼이 설치된 것을 선택한다. 튜브의 탈부착이 가능한 것으로 선택하여 쉽게 분리하여 깨끗하게 세척할 수 있도록 한다.

• **에스프레소 기기**

이 기기는 유지와 수리가 어렵기 때문에 선택시 더욱 신중해야 한다. 대부분의 에스프레소 기기들이 유럽에서 생산되기 때문에, 판매업자가 얼마나 오랜 기간 동안 그 제품을 취급해 왔는지를 알아보고 근처에 A/S센터가 있는지를 구매 전에 반드시 확인한다.

• **믹서**

믹서의 적정 용량을 결정하기 위해 www.eguipmentsystems.com/chart.htm사이트를 방문해 본다. 이동형 믹서를 구매하여 여러 작업대에서 사용할 수 있도록 한다. 용도에 적합한(피자 혼합, 쿠키, 진한 반죽) 작업을 하기에 충분한 마력을 가진 믹서인지를 확인하고, 오래 사용할 수 있도록 스테인리스 스틸의 믹싱볼을 선택하고, 지나친 혼합을 방지하기 위해 타이머가 부착된 것을 선택한다.

외식경영연구회 역자소개 (가나다 순)

김태희 : 경희대학교 외식경영학과
윤지영 : 숙명여자대학교 르꼬르동블루 외식경영전공
이경은 : 서울여자대학교 식품영양학전공
장혜자 : 단국대학교 식품영양학과
정혜정 : 우송대학교 외식조리유학과
최은희 : 연세대학교 식품영양과학연구소
한경수 : 경기대학교 외식조리학과
홍완수 : 상명대학교 외식영양학과

레스토랑 창업 노하우

2010년 10월 25일 인쇄
2010년 10월 30일 발행

저 자 | 로라 알듀서 · 린다 앤드류스 · 샤론 풀렌
역 자 | 외식경영연구회
발행인 | (寅製) 진욱상
발행처 | 백산출판사
서울시 성북구 정릉3동 653-40
등 록 | 1974. 1. 9. 제 1-72호
전 화 | 914-1621, 917-6240
FAX | 912-4438
http://www.ibaeksan.kr
edit@ibaeksan.kr

값 15,000원

ISBN 978-89-6183-375-2